はじめて受ける
TOEIC® TEST
総合スピードマスター

成重　寿
Narishige Hisashi

柴山かつの
Shibayama Katsuno

ビッキー・グラス
Vicki Glass

Jリサーチ出版

TOEIC is a registered trademark of Educational Testing Service (ETS).
This publication is not endorsed or approved by ETS.

受験者へのメッセージ

　TOEIC TEST (Test of English for International Communication) は、ノンネイティブの英語の運用能力を測定するテストです。年間受験者数は220万人を超え、ビジネスパーソンの英語力を判定する試験として定着しています。企業や大学における英語力評価のモノサシとして、幅広く活用されているのが現在の状況です。

　本書はTOEICを初めて受験する人や、600点を目指すリピーター受験者のために作成したものです。この1冊で、TOEICの概要を把握し、テストに必要とされるテクニックや解法のすべてを身につけることができます。

テストの全貌を知ろう

　最初に、TOEICの全貌を紹介します。「どんなテストか」「テストの構成」「解き方のキーポイント」「ボキャブラリー攻略法」「受験日の心構え」で構成されています。各パートの対策に入る前に、まず全体像をしっかり理解しておきましょう。

パート別の解法を身につけよう

　次に7つのパート別に試験対策をします。各パートについて、まず「問題のスタイル」と「出題されるテーマと内容」を把握して、必須の「解法」をマスターします。解法の学習は、問題を解きながら身につけていく実戦的なスタイルになっています。

　各パートには絶対に外せない解法があります。

　例えば、Part 2なら「文頭の言葉」を聞き取ることが不可欠です。Part 3や4では、問題文が流れる前に設問を読んでおくとスムーズに解答できます。

Part 5 は文法問題には代名詞、関係詞、品詞の識別、動詞の語形などよく出るポイントがあります。また、Part 7 では、設問の求める情報をすばやく問題文中に探し当てることが基本となります。

こうした解法をしっかり身につけることによって、TOEICがぐんと解きやすくなり、結果としてスコアも伸びます。

学習の仕上げに模擬テストにトライしよう

最後に「模擬テスト」が1セット用意されています（「問題冊子」は別冊になっています）。学習の成果を試すために、また本番の試験前の力試しに挑戦してみましょう。

TOEICでスコアを伸ばすには、テストの全容を知って、適切な学習を積み重ねることが何よりも大切です。自分のスコア目標を決め、学習スケジュールを立てて、集中的に学習するのが効果的です。

600点というスコアは、だれもが達成可能な目標と言えます。英語の得手不得手も関係ありません。明確な目標設定と、それを実現する意志、そして毎日の行動（学習）が成果をもたらすことはまさにビジネスと同じです。

本書が皆様の学習の、そして目標スコア達成のお役に少しでも立てるなら、著者としてこれほど嬉しいことはありません。

著者一同

CONTENTS

受験者へのメッセージ ……………………………………………………………… 2
学習の進め方／学習ページ／学習スケジュール ………………………………… 6

第1章　TOEICの全貌をつかむ ……………………………………………… 9

Step 1　TOEIC TEST はこんなテストだ ………………………………… 10
Step 2　テストの構成を知ろう …………………………………………… 12
Step 3　解き方のキーポイント …………………………………………… 14
Step 4　ボキャブラリーの攻略法 ………………………………………… 16
Step 5　受験日の心構え …………………………………………………… 18

第2章　全パート攻略テクニック ……………………………………………… 19

リスニング・セクション

Part 1　写真問題
問題のスタイル／テーマと内容／基本テクニック ………………………………… 20

解法
①人が1人の写真 …………………… 22　　②They が主語になる写真 ………… 24
③some が入っている複数の人や物 … 26　　④風景・インテリアの写真 ………… 28

Part 2　応答問題
問題のスタイル／テーマと内容／基本テクニック ………………………………… 32

解法
①一般疑問文 ……………… 34　　②疑問詞 When/Where … 35　　③疑問詞 Who/Whose … 36
④疑問詞 How ……………… 37　　⑤選択疑問文 ……………… 38　　⑥付加疑問文・否定疑問文 … 39
⑦平叙文 …………………… 40　　⑧提案・勧誘 ……………… 41　　⑨依頼・許可・申し出 … 42
⑩Would you mind ～ ? … 43

Part 3　会話問題
問題のスタイル／テーマと内容／基本テクニック ………………………………… 46

解法
①主題・話題を問う設問 　　　②場所を問う設問 　　　③時間を問う設問 ……… 48
④職業を問う設問 　　　⑤理由・目的を問う設問 　　　⑥未来を問う設問 ……… 52
⑦手段・数・感情を問う設問 　　　⑧問題・心配を問う設問 　　　⑨要望・希望を問う設問 … 56

ボキャブラリー＆フレーズ・フォーカス
Part 1 ………… 30　　Part 2 ………… 44　　Part 3 ………… 60　　Part 4 ………… 84

Part 4　説明文問題
問題のスタイル／テーマと内容／基本テクニック……………………62

解法 ①録音メッセージ……64　②ガイドツアー……68　③広告…………72
④スピーチ……76　⑤空港アナウンス・交通情報…80

（リーディング・セクション）

Part 5　短文空所補充問題
問題のスタイル／テーマと内容／基本テクニック……………………86

解法 ①代名詞……………88　②関係詞……………90　③接続詞・前置詞・接続副詞…92
④相関語句・イディオム…94　⑤動詞の語形………96　⑥品詞の選択………98
⑦単語問題（動詞・名詞）…100　⑧単語問題（形容詞・副詞）…102

Part 6　長文空所補充問題
問題のスタイル／テーマと内容／基本テクニック……………………106

解法 ①空所の前後を見て解答できる　②文章全体を見る必要がある……………107

Part 7　読解問題
問題のスタイル／テーマと内容／基本テクニック／文章のスタイル…………114

解法 ①メール………………………118　②広告…………………………122
③記事…………………………126　④ダブルパッセージ（フォーム＋メール）…130

第3章　模擬テスト……………………………………………143

（正解・解説）　リスニング・セクション……………………………144
　　　　　　　　リーディング・セクション…………………………196

（問題（別冊））　リスニング・セクション………………………………2
　　　　　　　　リーディング・セクション………………………………24
　　　　　　　　・マークシート……………………………………………61
　　　　　　　　・スコアレンジ換算表……………………………………63

ボキャブラリー & グラマー・フォーカス
Part 5 ………104　Part 6 ………112　Part 7 ………135

学習の進め方

本書は主にはじめてTOEICを受験するビギナーの方、600点をめざすリピーターの方が、テストの全貌を知り、7つのパートの基本的な解法を身につけるために作成されたものです。全体は3部構成になっています。

第1章　TOEICの全体像をつかもう

最初に、「どんなテストか」「テストの構成」「解き方のキーポイント」「ボキャブラリーの攻略法」「受験日の心構え」を簡潔に紹介します。TOEICの全容を知って、準備学習のイメージを固めましょう。

▼

第2章　7つのパートの解法をマスターしよう

「全パート攻略テクニック」では7つのパート別に基本的な解法を紹介します。問題が付いているので、解法を利用しながら、問題を解いてみましょう。TOEICの問題にスピーディーに対応できる解答力が身につきます。

▼

第3章　模擬テストに挑戦しよう

学習の仕上げに模擬テストにトライしましょう。本試験と同じように2時間で解答しましょう。「問題冊子」は別冊になっています。間違った問題はしっかり復習しておきましょう。

- 模擬テストには付属の「マークシート」（別冊 p.61）を切り取って使用してください。
- 模擬テストを終えたら、「スコアレンジ換算表」（別冊 p.63）を使って、自分のスコアを出してみましょう。

学習ページ

「全パート攻略テクニック」では、「解法テクニック」を身につけて、実際に問題を解いていきます。問題を解くことで、解法をしっかりマスターすることができます。

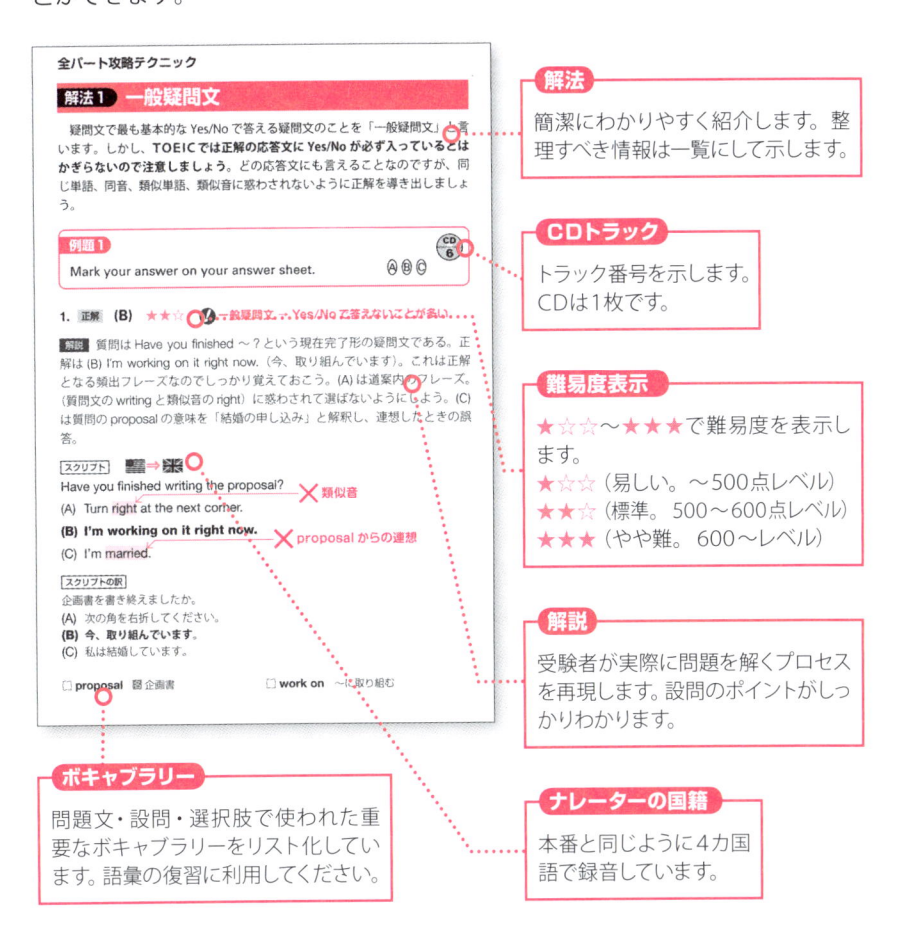

全パート攻略テクニック

解法1 一般疑問文

疑問文で最も基本的な Yes/No で答える疑問文のことを「一般疑問文」といいます。しかし、**TOEICでは正解の応答文に Yes/No が必ず入っているとはかぎらないので注意**しましょう。どの応答文にも言えることなのですが、同じ単語、同音、類似単語、類似音に惑わされないように正解を導き出しましょう。

例題1 （CD 6）
Mark your answer on your answer sheet. Ⓐ Ⓑ Ⓒ

1. 正解 **(B)** ★☆☆ 一般疑問文。Yes/No で答えないことが多い。

解説 質問は Have you finished 〜？という現在完了形の疑問文である。正解は (B) I'm working on it right now.（今、取り組んでいます）。これは正解となる頻出フレーズなのでしっかり覚えておこう。(A) は道案内フレーズ。(質問文の writing と類似音の right) に惑わされて選ばないようにしよう。(C) は質問の proposal の意味を「結婚の申し込み」と誤解し、連想したときの誤答。

スクリプト 🇬🇧→🇺🇸
Have you finished writing the proposal? → 類似音
(A) Turn right at the next corner.
(B) **I'm working on it right now.** → proposal からの連想
(C) I'm married.

スクリプトの訳
企画書を書き終えましたか。
(A) 次の角を右折してください。
(B) 今、取り組んでいます。
(C) 私は結婚しています。

□ proposal 企画書　　□ work on 〜に取り組む

解法
簡潔にわかりやすく紹介します。整理すべき情報は一覧にして示します。

CDトラック
トラック番号を示します。CDは1枚です。

難易度表示
★☆☆〜★★★で難易度を表示します。
★☆☆（易しい。〜500点レベル）
★★☆（標準。500〜600点レベル）
★★★（やや難。600〜レベル）

解説
受験者が実際に問題を解くプロセスを再現します。設問のポイントがしっかりわかります。

ボキャブラリー
問題文・設問・選択肢で使われた重要なボキャブラリーをリスト化しています。語彙の復習に利用してください。

ナレーターの国籍
本番と同じように4カ国語で録音しています。

学習スケジュール

学習スケジュールは下記を参考にご自分の目標、生活パターンに合ったものをつくりましょう。以下はスピーディーに学習を進める「短期攻略スケジュール」です。8日間で完了することができます。

		全パート攻略テクニック	
DAY 1	Part 1	写真問題	解法1～4 Q1～4
DAY 2	Part 2	応答問題	解法1～10 Q1～20
DAY 3	Part 3	会話問題	解法1～6 Q1～9
DAY 4	Part 4	説明文問題	解法1～6 Q1～15
DAY 5	Part 5	短文空所補充問題	解法1～8 Q1～16
DAY 6	Part 6	長文空所補充問題	解法1～2 Q1～6
DAY 7	Part 7	読解問題	スタイル1～7 Q1～14

	模擬テスト
DAY 8	200問／120分

- 一度、通して終えた後も、間違ったところ、知識のあいまいなところはしっかり復習するようにしましょう。
- 少しゆったりと進めたい方はDAY 1～7を2日に分割して進めてください。そうすると、模擬テストを含めて15日で完了するスケジュールとなります。

第1章
TOEICの全貌をつかむ

まずTOEICというテストがどんな内容なのか、その準備学習に何をすればいいのかを知っておきましょう。TOEICの全貌を理解することからスタートしましょう。

Step 1　TOEIC TEST はこんなテストだ … 10
Step 2　テストの構成を知ろう ……………… 12
Step 3　解き方のキーポイント ……………… 14
Step 4　ボキャブラリーの攻略法 …………… 16
Step 5　受験日の心構え ……………………… 18

第1章 TOEICの全貌をつかむ

Step 1 TOEIC TESTはこんなテストだ

TOEICは米国の非営利組織ETS (Educational Testing Service) が開発・制作する試験で、現在約120カ国で実施されています。受験者数は世界で約600万人（2010年）、日本国内で227万人（2011年）です。

●結果はスコア表示

英語によるコミュニケーション能力を測定することを目的にしており、合否判定ではなく、スコアによってテスト結果を表示します。スコアは10～990の範囲で、5点刻みです。また、5～495点の範囲で、リスニング、リーディングという技能別のスコアも表示されます。

●英語だけのテスト

TOEICは、指示文も問題もすべて英語によって行われます。すべての問題が、選択肢から正解を選ぶ形式の客観テストで、解答はマークシートに記入します。問題数はリスニング100問、リーディング100問、計200問で構成されています。解答時間は120分で、うちリスニングが45分、リーディングが75分です。リスニング・セクションは、試験会場で流される音声にしたがって進行します。

●ビジネスパーソンの英語力の世界標準

TOEICはグローバルな英語の運用力を評価するテストで、会社員・公務員、大学生が受験者の中心です。公開試験のほか、IP (Institutional Program) と呼ばれる団体受験のシステムがあり、企業や学校単位でも実施されています。

全受験者の平均スコアは574点（リスニング：316点、リーディング：258点）です。新入社員の平均スコアは494点（リスニング：271点、リーディング：223点）、大学生は445点（リスニング：249点、リーディング：196点）です。

※スコアは、2011年実施分より

インターネットから受付ができます！

TOEIC運営委員会
オフィシャル・ウェブサイト　http://www.toeic.or.jp/

TOEICスコアとコミュニケーション能力レベルとの相関表

レベル	TOEIC スコア	評価（ガイドライン）
A		**Non-Native として十分なコミュニケーションができる。** 自己の経験の範囲内では、専門外の分野の話題に対しても十分な理解とふさわしい表現ができる。Native Speaker の域には一歩隔たりがあるとはいえ、語彙・文法・構文のいずれも正確に把握し、流暢に駆使する力を持っている。
B	860	**どんな状況でも適切なコミュニケーションができる素地を備えている。** 通常会話は完全に理解でき、応答もはやい。話題が特定分野にわたっても、対応できる力を持っている。業務上も大きな支障はない。正確さと流暢さに個人差があり、文法・構文上の誤りが見受けられる場合もあるが、意思疎通を妨げるほどではない。
C	730	**日常生活のニーズを充足し、限定された範囲内では業務上のコミュニケーションができる。** 通常会話であれば、要点を理解し、応答にも支障はない。複雑な場面における的確な対応や意思疎通になると、巧拙の差が見られる。基本的な文法・構文は身についており、表現力の不足はあっても、ともかく自己の意思を伝える語彙を備えている。
D	470	**通常会話で最低限のコミュニケーションができる。** ゆっくり話してもらうか、繰り返しや言い換えをしてもらえば、簡単な会話は理解できる。身近な話題であれば応答も可能である。語彙・文法・構文ともに不十分なところは多いが、相手が Non-Native に特別な配慮をしてくれる場合には、意思疎通をはかることができる。
E	220	**コミュニケーションができるまでに至っていない。** 単純な会話をゆっくり話してもらっても、部分的にしか理解できない。断片的に単語を並べる程度で、実質的な意思疎通の役には立たない。

資料提供：一般財団法人　国際ビジネスコミュニケーション協会

第1章 **TOEICの全貌をつかむ**

Step 2 テストの構成を知ろう

　TOEIC TESTはリスニング・セクションとリーディング・セクションで構成されています。それぞれ100問ずつで、解答時間はリスニング45分、リーディング75分です。設問は選択式で、Part 2が3肢択一である以外は、すべて4肢択一です。

● TOEICの7つのパート

リスニング・セクション　45分

Part 1　写真問題（Photographs）　　10問

写真を見て、その写真を表現する最も適切な英文を4つの選択肢から選ぶ。
1問の解答時間：**5秒**

Part 2　応答問題（Question-Response）　　30問

流れてくる質問に対して、最適の応答を3つの選択肢から選ぶ。応答の選択肢も音声で流れ、テスト用紙には印刷されていない。
1問の解答時間：**5秒**

Part 3　会話問題（Short Conversations）　　30問

流れてくる会話に対して、3つの設問に答える。設問はすべて4肢択一。設問・選択肢はテスト用紙に印刷されている。設問は音声でも流れる。
1問の解答時間：**8秒**

Part 4　説明文問題（Short Talks）　　30問

流れてくるアナウンス・スピーチに対して、3つの設問に答える。設問はすべて4肢択一。設問・選択肢はテスト用紙に印刷されている。設問は音声でも流れる。
1問の解答時間：**8秒**

TOEICの問題形式は毎回同じです。難易度は統計的に調整されているので、実力が同じであれば、いつ受験しても同様のスコアが出るようになっています。

リーディング・セクション　75分

Part 5　**短文空所補充問題**（Incomplete Sentences）　**40問**

　１つの文の空所に入るのに最も適切な語句を４つの選択肢から選ぶ。

Part 6　**長文空所補充問題**（Text Completion）　**12問**

　長文につくられた空所に最も適切な語句を４つの選択肢から選ぶ。長文は４つあり、それぞれに３つの空所がある。

Part 7　**読解問題**（Reading Comprehension）　**48問**

　13セットの長文を読んで、付属する設問に解答する。設問はすべて４肢択一。シングル・パッセージ９セット、ダブル・パッセージ４セットが標準。Q181〜200はダブル・パッセージで、それぞれ５問ずつ設問が付属している。

第1章　TOEICの全貌をつかむ

Step 3 解き方のキーポイント

リスニング・セクション

❶ すばやく判断してマークする　リスニング全体

　リスニング・セクションはすばやく判断して解答することが大切です。あれこれ迷って時間を費やさないこと。長考していると、次の問題を聞き逃して無用の失点を招きかねません。流れ去った音声は思い出すことはできないので、聞き取れた情報から判断してマークしましょう。

❷ 人がメインの問題で確実に得点　Part 1

　Part 1 は、「人が主役の問題」（約 7 問）と、「風景やモノが主役の問題」（約 3 問）に大別できます。人が主役の問題は、「主語＋動詞＋目的語」が聞き分けられれば解答できます。比較的やさしいものが多いのでここで確実に得点しましょう。風景やモノが主役の問題は難解な傾向で、できなくても落ち込まないこと。

❸ 文頭をしっかり聞く　Part 2

　Part 2 は文頭に意識を集中して聞くのが鉄則です。英語は日本語と違って、重要な情報が最初にきます。Part 2 の場合、文頭の疑問詞を聞き取るだけで答えられる問題も何問かあります。依頼・許可・勧誘などの機能表現も文頭の数語で識別できます。また、TOEIC の特徴として、Why で尋ねられて Because で答えないなど、「典型的でない応答」が正解になることがよくあります。

❹ 設問・選択肢を先読みする　Part 3&4

　Part 3 と 4 は、問題文が流れる前に、設問と選択肢を先に読んでおきましょう。あらかじめターゲットの情報を知って、その情報を聞き取るというスタンスです。Directions を聞く必要はありません。また、設問も音声で流れますが、試験用紙にも書いてあるので聞く必要はありません。すばやく解答して、余った時間を次の問題の設問・選択肢の先読みに充てましょう。

リーディング・セクション

❺ 時間配分を考えておこう　リーディング全体

　リーディング・セクションでは時間の割り振りが大切です。Part 5 と 6（52問）／ Part 7（48問）で時間を二分します。標準的な時間配分は、Part 5 と 6 ＝ 26 分、Part 7 ＝ 49 分です。公式問題集、模擬問題などを解いて、自分のおおよその時間配分を決めておきましょう。

❻ 解ける問題で確実に得点する　Part 5

　Part 5 に出るものは、文法問題と語彙問題があります。文法問題は純粋に①「文法項目」を問うもののほか、②「品詞の識別」、③「動詞の語形」があります。いずれも空所が文の中でどのような要素に当たるのかを考えれば解けます。難度は高くないので確実に得点しましょう。

　語彙問題は知っているかどうかがすべてです。600 点目標なら知らない単語もある程度あるはず。長考せずにすばやく処理していきましょう。

❼ 慣用表現、文脈把握問題に注意　Part 6

　Part 6 は基本的には Part 5 の延長です。少し異なるのは、メールやビジネス文書でよく使う慣用表現を知っているかどうかが問われる問題や、文脈を理解していないと解けない問題です。本書や問題集などで練習しておくほか、ビジネス文書に親しんでおくことも大切です。

❽ 読解問題は情報検索である　Part 7

　Part 7 は設問が設定する情報を、問題文中に見つければ解答できます。緻密な英文解釈力は不要で、問われるのは大量の英文から必要な情報を探す「情報検索力」です。①設問を読む → ②問題文を検索する → ③選択肢と照合する、というプロセスが基本です。600 点目標なら、全体を見渡しながら、難しい問題文はスキップ（もちろん、適当にマークする）する判断も重要です。

第1章 TOEICの全貌をつかむ

Step 4 ボキャブラリーの攻略法

TOEICはその名称 Test of English for International Communication からも想像できるように、「ノンネイティブの英語の運用力を試す試験」です。また、「ビジネス英語」の試験でもあります。

したがって、TOEICに使われるボキャブラリーにも一定の範囲があります。

❶ **ビジネス英語ですが、専門用語は出ません。会社のどの部門の人も常識的に知っているべき言葉だけです。**

❷ **国際英語なので、アメリカやイギリスのみで通じる表現は出ません。スラングやことわざの類も出ません。**

❸ **動詞句やイディオムも国際的に通用するものです。難度の高い表現は出ません。**

右ページの図（TOEIC語彙の位置づけ）をご覧ください。

中学・高校（＋センター試験）の基礎語彙がTOEICでも基盤となります（約4000〜4500語）。動詞・形容詞・副詞・イディオムなどの多くは、この基礎語彙に含まれます。基礎語彙はリスニングに対応できる運用力も必要です。

そして、この基礎語彙に、TOEICに特徴的な語彙が加わります。TOEICに特徴的な語彙とは、ずばりビジネス語彙のことです。1000語が目標ですが、500語程度増強すればTOEICがずいぶん解きやすくなるはずです。

ビジネス語の例

expand（拡大する） **merge**（合併する）
competitive（競争力のある） **assignment**（業務）
handout（配付資料） **balance**（残高）
help-wanted ad（求人広告） **expiration date**（有効期限）

《TOEIC語彙の位置づけ》

↑ 難度

TOEICに特徴的な語彙
▼

中学・高校の基礎語彙

◀ ジャンル ▶

　基礎語彙ができている人は、左ページの例のようなビジネス語彙を上積みすることがボキャブラリー対策のポイントとなります。

《語彙増強のイメージ》

中学・高校の基礎語彙
（約4000〜4500語）

＋

ビジネス語彙
（約1000語）

第1章 TOEICの全貌をつかむ

Step 5 受験日の心構え

- ☑ TOEICは2時間の長丁場で、集中力の持続が求められます。前日は遅くまで仕事をしたり、勉強したりしないで、早めに就寝するようにしましょう。体力をつけて、ベストの状態で臨むことが何より大切です。

- ☑ 試験会場には少し余裕を持って到着するようにしましょう。会場の雰囲気に慣れておきましょう。トイレにも行っておき、試験最中にあせらないようにしましょう。

- ☑ マークシートには、名前や受験番号を正確にマークしましょう。マークしたら、必ず1回は見直しましょう。

- ☑ リスニング・セクションでは、音声に集中することが大切です。1つの設問について考えすぎて、次の設問の音声に間に合わないことがあります。すばやくマークして次の設問に備えるのが鉄則です。長考は禁物です。

- ☑ リーディング・セクションでは時間の割り振りを決めておきましょう。自分の時間配分に沿って進めていきましょう。難しい問題はスキップするいさぎよさも大切です。自分が解けそうな問題をやり残さないようにしましょう。600点目標なら、Part 7で3題くらいのやり残しは何ら問題ありません。

- ☑ マークシートにはすべてマークしましょう。中途にわからない問題があっても適当にマークして進みましょう。マークしておかないと、マークがずれてしまうという事故が起こることがあります。600点目標なら、解けない問題を後で考える余裕はないはず。わからなくても正解する確率は25％（Part 2は33％）、選択肢が2つに絞り込まれているなら、50％の正解確率があります。

第2章
全パート攻略テクニック

TOEICの7つのパートそれぞれについて、「問題のスタイル」「出題されるテーマと内容」「基本テクニック」「解法」を紹介します。「解法」は問題を解きながら実戦的にマスターすることができます。

Part 1 写真問題 ･･････････････ 20
Part 2 応答問題 ･･････････････ 32
Part 3 会話問題 ･･････････････ 46
Part 4 説明文問題 ･･･････････ 62
Part 5 短文空所補充問題 ･････ 86
Part 6 長文空所補充問題 ･･･ 106
Part 7 読解問題 ････････････ 114

第2章 全パート攻略テクニック

Part 1 写真問題

問題のスタイル

　Part 1の写真問題は10問あります。問題用紙には10枚の写真が印刷されています。放送される4つの選択肢から、写真を正しく描写しているものを選びます。
　4つ目の選択肢が読まれた後、次の問題までのポーズは5秒です。この5秒間で、次の写真を見ておきましょう。

出題されるテーマと内容

　写真のテーマはオフィスや日常生活のシーンです。人を中心とした写真や、乗り物、風景、インテリアの写真などが頻出となっています。
　出題される写真の内容は、大別すると4種類あります。それぞれの注意点を知っておきましょう。なお、④の風景・インテリアの問題は難しいものもあります。

①人が1人の場合
　その人の動作に注意して聞きましょう。

② They が主語になる場合
　They が主語になる写真は全員の共通の動作または状態を見極めて、正解を導き出しましょう。

③ some が入っている複数の人や物
　Some people は複数の人の共通の動作または状態を見極めて正解を導き出しましょう。「Some + 複数の名詞」は複数の物の共通の状態を見極めます。

④風景やインテリアなど
　風景やインテリアの写真で主語が全部違う場合は、「物の位置と状態」から判断しましょう。

基本テクニック

音声が流れる前に写真を見ましょう。Part 1 の Directions が流れるときの時間も使えます。次の7つのテクニックをしっかり頭に入れて正解を導き出しましょう。

☑ 写真に存在しない人や物は誤答

こんなことは当たり前なのですが、写真にない人や物が入った選択肢が放送されます。

☑ 小さく写っている人や物は誤答であることが多い

これがわかっていれば、小さな人や物をじっくり見る必要はありません。

☑ 想像で正解を選ばない

あくまで写真に写っている「事実」に基づいて解答しましょう。想像で選んではいけません。

☑ 音の似通った単語に注意

walk と work、hold と fold、microphone と microscope、elevator と escalator、glove と globe など。

☑ 具体的な名称より総称を含む文が正解になることが多い

・具体的な楽器の名前より → musical instrument
・具体的な道具の名前より → tool
・具体的な機械の名前より → machine
・具体的な車の名前より → vehicle

☑ something に注意

具体的な名前より something が正解になることがあります。

☑ be putting on が入った文は誤答

be putting on（〜を着ているところである）が入った文は誤答です。be wearing（〜を着用している）が入った文ならOKです。なぜなら、be putting on は動作なので写真からは着用しようとしているのか脱ごうとしているのか判断できないからです。

解法1　人が1人の写真

　人が1人で大きく写っている写真は「人の動作」が正解となることが90％なので、音声が流れる前に人の写真をしっかり見ましょう。

　選択肢の主語がThe man、The woman、He、Sheなどで統一された問題は動作に注意して正解を導き出しましょう。**holdとfoldなどが紛らわしい単語として狙われやすいです。これらの動詞の入った文は目的語までしっかり聞いて正解を導き出します。**

例題1

Ⓐ Ⓑ Ⓒ Ⓓ

1. 正解 (D) ★★☆ ❗人の動作を聞き取る

解説 人が1人の写真なので、動作をしっかり聞き取ろう。「彼（男性）は椅子を運んでいる」ので正解は (D) である。(A) は、folding（たたんでいる）を holding（持っている）と勘違いしても、chairs が複数であることが聞き取れれば誤答することはない。(B) は、会議の準備をしているのかどうかわからないので、想像で選ばないように。(C) は、彼はスツール（背もたれがない）を持っているわけではないので誤答。

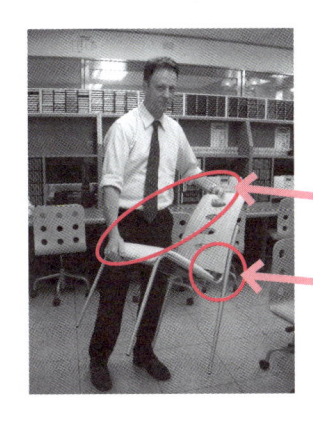

持っている・運んでいる
→ **carrying**

椅子 → **a chair**

スクリプト 🇺🇸

(A) He's folding chairs with both hands.
(B) He's preparing for a meeting.
(C) He's holding a stool.
(D) He's carrying a chair.

スクリプトの訳
(A) 彼は両手で椅子をたたんでいる。
(B) 彼は会議の準備をしている。
(C) 彼はスツール（腰掛け）を持っている。
(D) 彼は椅子を運んでいる。

- ☐ **fold** 他 たたむ
- ☐ **hold** 他 持つ
- ☐ **prepare for** 〜の準備をする

解法2　They が主語になる写真

　They が主語になる場合は共通の動作または状態を見極めて、正解を導き出しましょう。**人物は 2 人でも、多人数でも They です**。グループの中で大きく写っている人に注目してしまって誤答しないようにしましょう。

　乗り物と人々の写真はとても出題されやすいです。バスと人、飛行機と人、車と人の写真が頻出です。

例題2

2. 正解 (C) ★★☆　❗**They は人々の共通の動作に注目**

解説　バスと複数の人の写真である。「人々はバスのそばに立っている」ので正解は (C) They're standing near the bus. となる。ＴＯＥＩＣでは「主語 + be 動詞 + standing + 場所」が正解になりやすいことも知っておこう。場所は at the counter、near the plane、near the taxi などと表現される。

(A) は、バスにこれから乗るかどうかは定かでないので誤答。想像で選ばないように。(B) は、全員がメガネをかけているわけではない、つまり共通の状態ではないので誤答。(D) も be putting on（～を着ているところである）の入る選択肢は誤答。

注目
バスの近くに
→ **near the bus**

立っている
→ **standing**

スクリプト

(A)　They're boarding the bus.
(B)　They're wearing glasses.
(C)　They're standing near the bus.
(D)　They're putting on jackets.

スクリプトの訳

(A)　彼らはバスに乗るところだ。
(B)　彼らはメガネをかけている。
(C)　彼らはバスのそばに立っている。
(D)　彼らはジャケットを着用しようとしている。

☐ **board**　他 乗る；搭乗する　　　　☐ **glasses**　名 メガネ

第2章 全パート攻略テクニック

解法3　some が入っている複数の人や物

　Some people と流れてきたら、複数の人の「共通の動作」に注意して聞きます。また、Part 1 では動作を表す動詞句がよく使われます。work on（〜に取り組む）、take care of（〜を処理する）、focus on（〜に集中する）、lean against（〜にもたれる）などです。日常表現では、shake hands（握手をする）、mow the lawn（芝生を刈る）などもよく出ます。
　また、複数の物の場合の「**Some + 名詞の複数**」は「物の共通の状態」から正解を導き出しましょう。

例題3

Ⓐ Ⓑ Ⓒ Ⓓ

3. 正解 (B) ★★☆ ❗ some people は複数の人の共通の動作に注目

解説 複数の人の写真である。複数の人＝ Some people の共通の動作を見極めよう。「2人が芝生に座っている」ので正解は (B) である。(A) は、芝生はあるが刈っている人はいないので誤答。(C) は、木はトリミングされた状態だが、トリミングしている人はいないので誤答。写真にいない人についての描写はすべて間違いである。(D) も、ベンチに複数の人が座っているが、昼寝をしているわけではないのでこれも誤答である。

注目
座っている → **sitting**
芝生の上に → **on the grass**

スクリプト

(A) Some people are mowing the lawn.
(B) Some people are sitting on the grass.
(C) Some people are trimming the trees.
(D) Some people are taking a nap on the bench.

スクリプトの訳

(A) 何人かの人が芝生を刈っている。
(B) 何人かの人が芝生に座っている。
(C) 何人かの人が木々をトリミングしている。
(D) 何人かの人がベンチで昼寝をしている。

□ **mow the lawn** 芝生を刈る □ **grass** 图 芝生
□ **take a nap** 昼寝をする

第2章 全パート攻略テクニック

解法4　風景・インテリアの写真

　風景やインテリアは「物の位置と状態」から判断しましょう。位置や状態を表すには「There is ～構文」がよく使われます。**There is (are) に続く名詞を聞き取ることがポイントです。**

　位置関係を表すイディオムでは、in the distance（遠方に）、in line（列になって）、in a row（一列に並んで）、side by side（並んで）、in the corner of（～の隅に）、parallel to（～に平行に）などがよく使われます。

例題4

4. 正解 (A) ★★★ ❗ There is に続く名詞を聞き取る

解説 風景の写真なので物の位置と状態に注目しよう。まず「橋が川にかかっている」のに注目する。There is に a bridge suspended（吊り橋）が続いている (A) が正解である。(B) の「ハイウェー」と「鉄道」、(C) の「灯台」は写真に存在しないので誤答。(D) も「クルージングしている船」は見あたらない。

注目
橋 → **a bridge**
吊られた → **suspended**
川の上 → **over a river**

スクリプト 🇨🇦

(A) There is a bridge suspended over a river.
(B) There is a highway parallel to a railway.
(C) There is a lighthouse in the distance.
(D) There is a big ship cruising on the river.

スクリプトの訳

(A) 川に吊り橋がかかっている。
(B) 鉄道と平行してハイウェーが走っている。
(C) 遠方に灯台がある。
(D) 川を大きな船がクルージングしている。

- □ **suspended** 形 吊るされた
- □ **railway** 名 鉄道
- □ **in the distance** 遠方に
- □ **parallel to** 〜と平行して
- □ **lighthouse** 名 灯台
- □ **cruise** 自 船で遊覧する

ボキャブラリー・フォーカス Part 1

よく出る動作表現

- ☐ **hold** 他 持つ
- ☐ **handle** 他 取り扱う
- ☐ **work on** ～に取り組む
- ☐ **shake hands** 握手をする
- ☐ **reach for** ～に手が届く
- ☐ **greet** 自 挨拶をする
- ☐ **focus on** ～に集中する
- ☐ **lean against** ～に寄りかかる
- ☐ **search for** ～を探す
- ☐ **walk through** ～を通り抜ける
- ☐ **try on** ～を試着する
- ☐ **prop A against B** AをBに立てかける
- ☐ **sweep** 他 掃く
- ☐ **unlock** 他 鍵を外す
- ☐ **unpack** 他 荷をほどく
- ☐ **unbutton** 他 ボタンを外す
- ☐ **gather** 自 集まる
- ☐ **grasp** 他 つかむ

- ☐ **fold** 他 たたむ
- ☐ **take care of** ～の世話をする
- ☐ **put on** ～を着る；～を身につける
- ☐ **face** 他 面する
- ☐ **examine** 他 調べる
- ☐ **point at** ～を指さす
- ☐ **fill up** ～を満たす
- ☐ **lean over** ～に身を乗り出す
- ☐ **stretch one's arms** 両腕を伸ばす
- ☐ **make a bed** ベッドメーキングをする
- ☐ **lay bricks** レンガを積む
- ☐ **cast a shadow** 影を落とす
- ☐ **empty out** ～を空にする
- ☐ **unload** 他 荷物を降ろす
- ☐ **unplug** 他 栓（プラグ）を抜く
- ☐ **lie down** 横たわる
- ☐ **adjust** 他 調節する

よく出る状態表現

- ☐ **be arranged** 整理されている；並べられている
- ☐ **be lined up** 並べられている
- ☐ **be stacked** 積み重ねられている
- ☐ **be hung up** 吊るされている
- ☐ **be suspended** 吊るされている
- ☐ **be roped off** ロープで仕切られている
- ☐ **be piled up** 積み重ねられている

よく出る前置詞句

- ☐ **in a row** 一列になって
- ☐ **side by side** 並んで
- ☐ **in the distance** 遠くに
- ☐ **in the corner of** ～の隅に
- ☐ **on the corner of** ～の角に

よく出る名詞

- ☐ **vehicle** 乗り物
- ☐ **ladder** はしご
- ☐ **stairs** 階段
- ☐ **drawer** 引き出し
- ☐ **display** 陳列；展示
- ☐ **instrument** 道具
- ☐ **tool** 道具
- ☐ **fountain** 噴水
- ☐ **plant** 植物
- ☐ **wheelbarrow** 手押し車
- ☐ **hose** ホース
- ☐ **produce** 農作物
- ☐ **microphone** マイク
- ☐ **microscope** 顕微鏡
- ☐ **sculpture** 彫刻

Part 2　応答問題

問題のスタイル

　Part 2 の応答問題は全部で 30 問あります。短い質問、または発言を聞き、3 つの応答文の中から、一番ふさわしい文を選ぶという形式です。選択肢は問題用紙に印刷されておらず、完全なリスニングのテストです。
　3 つの応答文が読まれた後、次の問題までのポーズは 5 秒です。

出題されるテーマと内容

　オフィス内での 2 者間のミニ会話や、ビジネス関連のミニ会話が中心ですが、日常生活や娯楽のミニ会話も出題されます。
　ビジネス英会話や日常英会話のフレーズ集に登場するような文が多く使われます。こうした頻出フレーズを暗記するくらいしっかり身につけておくと解答しやすくなります。
　最近の傾向は下記の通りです。

テーマ	30問中
5W1H疑問文への応答	▶ 12〜14問
一般疑問文への応答	▶ 2〜4問
否定疑問文への応答	▶ 2〜3問
付加疑問文への応答	▶ 2〜3問
選択疑問文への応答	▶ 1〜2問
許可・申し出・依頼・勧誘・提案への応答	▶ 4〜5問
平叙文への応答	▶ 4〜5問

　許可・申し出・依頼・勧誘・提案への応答文は基本フレーズがあるので、チェックしておくのが効果的です。
　TOEIC 入門者は平叙文への応答を苦手とする人が多いようですが、平叙文への応答では、相手の気持ちをくみ取ることがポイントです。

基本テクニック

☑ 類似音、同じ表現は不正解！
質問文に出てくる同じ単語、同音、類似単語、類似音に惑わされて不正解を選ばないようにしましょう。同じ単語、同音、類似単語、類似音が入った選択肢が正解であるのは全体の10％くらいです。

☑ 疑問詞疑問文は冒頭を聞く
疑問詞で始まる疑問文は落ち着いてしっかり、冒頭の「疑問詞」を聞き取りましょう。疲れていたり、焦ったりすると、上級者でもWhenがWhereに聞こえてしまうことさえあります。なお、疑問詞で始まる疑問文への応答文ではYes/Noを含む選択肢は誤答です。

☑ 付加疑問文・否定疑問文への対応
付加疑問文・否定疑問文は「普通の疑問文」として応答を考えましょう。

☑ 選択疑問文は Yes/No で答えない
選択疑問文への応答ではYes/Noを含む選択肢は誤答です。選択疑問文に対する決まった応答フレーズを覚えましょう。

☑ 機能表現のパターンを知る
許可・申し出・依頼・勧誘・提案の決まったフレーズを覚えておきましょう。

☑ Why → Because ではない
Why疑問文の正解の応答にはBecauseが付いていないことが大半です。

☑ 一般疑問文 → Yes/No とはかぎらない
一般疑問文の正解の応答にはYes/Noが付いていないこともあります。

第2章 全パート攻略テクニック

解法1　一般疑問文

　疑問文で最も基本的な Yes/No で答える疑問文のことを「一般疑問文」と言います。しかし、**TOEICでは正解の応答文に Yes/No が必ず入っているとはかぎらないので注意しましょう**。どの応答文にも言えることなのですが、同じ単語、同音、類似単語、類似音に惑わされないように正解を導き出しましょう。

例題1　（CD 6）

Mark your answer on your answer sheet.　Ⓐ Ⓑ Ⓒ

1.　正解　(B)　★★☆　❗一般疑問文 → Yes/Noで答えないことが多い

解説　質問は Have you finished ～？という現在完了形の疑問文である。正解は (B) I'm working on it right now.（今、取り組んでいます）。これは正解となる頻出フレーズなのでしっかり覚えておこう。(A) は道案内のフレーズ。質問文の writing と類似音の right に惑わされて選ばないようにしよう。(C) は質問の proposal の意味を「結婚の申し込み」と解釈し、連想したときの誤答。

スクリプト　🇺🇸 ⇒ 🇬🇧

Have you finished writing the proposal?　　❌ 類似音
(A) Turn right at the next corner.
(B) I'm working on it right now.　　❌ proposal からの連想
(C) I'm married.

スクリプトの訳
企画書を書き終えましたか。
(A) 次の角を右折してください。
(B) 今、取り組んでいます。
(C) 私は結婚しています。

□ **proposal**　名 企画書　　　□ **work on**　～に取り組む

解法2 疑問詞で始まる疑問文 (When/Where)

冒頭の疑問詞を必ず注意して聞き取りましょう。**Yes/No を含む応答文は必ず誤答です**。Where と聞かれて「場所」、When と聞かれて「時・時間」が正解になる確率は 90％なので安心してください。

しかし、When の問題でも場所が正解になることもあります。例えば、質問文が When will we present our plan?（私たちはいつプランを提案するのですか）の正解が At the next monthly meeting（次の月例会です）のように場所を示すこともあるので注意しましょう。

例題2

Mark your answer on your answer sheet. Ⓐ Ⓑ Ⓒ

2. 正解 **(A)** ★☆☆ ❗ when 疑問文 → 時で答える

解説　質問は When で始まっていて、「新しいパン屋さんがオープンする日」を聞いている。In two weeks.（2週間後です）と答えている (A) が正解となる。「In + 数字 + 時間を表す名詞（minute(s), hour(s), day(s), month(s), year(s)）＝ ～後」となることを覚えておこう。(B) は、疑問詞疑問文ではYes/No を含む応答文は必ず誤答なので、即座に排除できる。(C) は場所名なので誤答。Fifth に惑わされないようにしよう。

スクリプト 🇨🇦 ⇒ 🇦🇺

When is your new bakery shop scheduled to open?

(A) In two weeks.
(B) No, it's closed today.　　　　　✗ Yes/No
(C) On Fifth Avenue.　　　　　　　✗ 時と思わせる

スクリプトの訳
あなたの新しいパン屋さんはいつ開店する予定になっていますか。
(A) 2週間後です。
(B) いいえ、本日は閉店しています。
(C) 5番街です。

☐ **be scheduled to** 　～する予定になっている

第2章 全パート攻略テクニック

解法3　疑問詞で始まる疑問文 (Who/Whose)

Who と Whose の質問では、役職名が正解になる確率が 90％あります。 Who is being transferred to the new branch office in Beijing?（誰が北京の新しい支店に転勤になりますか）との質問には Ms. Jones is. のように名前が正解になることが多いですが、It hasn't been announced yet.（まだ発表されていません）が正解になることもあります。この後者の文は他の疑問詞疑問文の正解になることも多いので覚えておきましょう。

例題3

Mark your answer on your answer sheet.　Ⓐ Ⓑ Ⓒ

3.　正解　**(C)**　★★☆　❗ Who 疑問文 → 名前や役職名で答える

解説　質問は Who で始まっていて、「今日の会議を中止にした人は誰か？」と聞いている。正解は名前と役職名で答えている (C) である。人の名前に気を取られて (A) を選択しないようにしよう。ミーティングの中止の理由を聞いているわけではないので、(B) は誤答。

スクリプト

Who decided to cancel today's meeting?
(A) Mr. Coleman is on the phone.　✗ 人の名前のひっかけ
(B) Because it is raining.　✗ 理由を聞いていない
(C) Mr. Garcia, our production manager.

スクリプトの訳
誰が今日のミーティングをキャンセルすることを決めたのですか。
(A) コールマンさんは電話中です。
(B) 雨が降っているからです。
(C) 生産部長のガルシアさんです。

☐ **be on the phone**　電話中である

解法4　疑問詞で始まる疑問文（How）

How の疑問文でよく出るのは次のパターンです。

- How　　　　→　方法・手段・様子・感情
- How long　　→　長さ・距離・期間
- How old　　 →　年月・歳
- How often　 →　頻度
- How soon　　→　時間＝どれくらいすぐに
- How far　　 →　距離

例題4

Mark your answer on your answer sheet.　Ⓐ Ⓑ Ⓒ

4. 正解　**(A)**　★★☆　❗**How long 疑問文 → 期間で答える**

解説　質問は How long で始まっていて、「会社に勤務している期間」を聞いている。正解は、「働き始めた月」を答えている (A) である。(B) は「頻度」なので How often (many times) ～で始まる疑問文なら正解。(C) は How far ～で「距離」を聞かれたら正解となる。

スクリプト　🇬🇧⇒🇨🇦

How long have you been working for this company?

(A) Since last April.
(B) Three times a week.　　❌ 頻度
(C) It is five miles away.　❌ 距離

スクリプトの訳
あなたはこの会社でどれくらい働いていますか。
(A) 去年の4月からです。
(B) 1週間に3回です。
(C) 5マイル離れています。

☐ **away**　副 離れて

解法5 選択疑問文

選択疑問文に Yes/No では答えられません。お決まりフレーズである① Either や Neither の入った文、② It doesn't matter to me.（それは私にとって問題ではありません）、③ Whichever you prefer.（どちらでも好きな方を）、④ Both are OK. などが正解になることが多いです。別の提案をする文などが正解になることもあります。

また、ＴＯＥＩＣでは質問と同じ単語の入った選択肢が正解になることは一般的に確率は低いのですが、選択疑問文では同じ単語の選択肢が正解になることもあります。

- Which would you like, beef or fish?　→　Beef, please.

例題5

Mark your answer on your answer sheet.　Ⓐ Ⓑ Ⓒ

5. 正解 **(B)** ★★☆　❗ 選択疑問文 → Neither で両方を否定

解説 質問は Which で始まっていて、「チョコレートかケーキのどちらを好きか」と聞いている。正解は Neither が入っている (B)。選択疑問文の場合は Yes/No を含む選択肢は誤答なので (A) は即座に誤答と判断しよう。(C) は、紅茶とコーヒーのことは聞かれていないので誤答。

スクリプト

Which would you prefer, chocolate or cake?　✗ Yes/No は誤答である
(A) Yes, I have a stomachache.
(B) Neither. I'm on a diet.　✗ 質問と同じ言葉のひっかけ
(C) I prefer tea to coffee.

スクリプトの訳

チョコレートとケーキのどちらがいいですか。
(A) はい。私はお腹が痛いです。
(B) どちらもけっこうです。ダイエット中なんです。
(C) 私はコーヒーより紅茶の方が好きです。

☐ **stomachache** 名 腹痛　　☐ **be on a diet** ダイエット中である

解法6　付加疑問文・否定疑問文

付加疑問文と否定疑問文は、一般疑問文と同じように考えて応答します。**質問のニュアンスは違いますが答え方は同じです。付加疑問や否定疑問で聞かれても、肯定なら Yes、否定なら No です。**

- It is too late to go out, isn't it?（遅すぎて外出できませんね）
  → Is it too late to go out?（外出するには遅すぎますか）
- Don't you have an appointment with the dentist?
  （歯医者さんの予約はしていないのですか）
  → Do you have an appointment with the dentist?
  （歯医者さんの予約はしていますか）

例題6

Mark your answer on your answer sheet.　　Ⓐ Ⓑ Ⓒ

6. 正解 **(C)**　★★☆　❗ 否定疑問文 → 一般疑問文に直して考える

解説　否定疑問文なので、Did you get back from New York last night? に直して考える。No で始まり、「帰ってきたのは今朝です」と答えている (C) が正解。(A) は質問の get の過去形の got が入っているひっかけの選択肢。(B) については、New York への旅からビジネスクラスのシートを連想して誤答しないようにしよう。

スクリプト

Didn't you get back from New York last night?　✕ 質問文と同じ動詞

(A)　Yes, I got a Christmas card.
(B)　No, I didn't get a business class seat.　✕ New York からの連想
(C) No, I returned this morning.

スクリプトの訳

昨夜ニューヨークから帰ってきたのではないのですか。
(A)　はい、私はクリスマスカードをもらいました。
(B)　いいえ、私はビジネスクラスではなかったです。
(C) いいえ、私は今朝、帰国しました。

☐ **get back from**　～から戻る

解法7　平叙文

　質問文の形をとらない平叙文も出題されます。**平叙文はメッセージの意図を読み取り、それに合った応答を選びましょう。**あなたが相手と会話するシーンを思い浮かべてください。例えば、I went to a new French restaurant yesterday. と相手があなたに話しかけたとしましょう。How was the food? と答えたら会話が成り立ちます。こうした調子で正解の応答文を選んでください。

例題7

Mark your answer on your answer sheet.　　Ⓐ Ⓑ Ⓒ

7.　正解　**(A)**　★★★　❗ 話者の気持ちをつかむ自然な応答を

解説　新しいコンピュータの「効率の良さ」を語っている平叙文に対して、正解は「仕事を早める」と同意している (A) である。they が new computers を指すことを理解しよう。(B) は平叙文と同じ単語の computer が、(C) は平叙文と同じ単語の new と than が入っているので、ひっかからないように。

スクリプト

The new computers are more efficient than the old ones.

(A) Yes, they speed up our work.
(B) She is a skillful computer programmer.　✗ 質問文と同じ単語
(C) Yes, the new workers are younger than me.　✗ 質問文と同じ単語

スクリプトの訳

新しいコンピュータは古いコンピュータより効率的です。
(A) ええ、仕事が早くなりますよ。
(B) 彼女は有能なコンピュータプログラマーです。
(C) はい、新しい従業員たちは私より若いです。

□ **efficient** 形 効率的な　　　□ **skillful** 形 有能な；腕の良い

解法8　提案・勧誘

①提案「～しませんか」のバリエーション
Why don't we ～ ? / Why not ～ ? / Shouldn't we ～ ? /
How about ～ ? / What about ～ ?
賛成する：That's a good idea. / It sounds good to me.
反対する：I don't think it's a good idea. / I'd rather not do that.

②勧誘「～したくありませんか」のバリエーション
Do (Don't) you want to ～ ? / Would you like to ～ ? /
How would you like to ～ ? / Would you be interested in ～ ? /
Why don't we ～ ?
応じる：I'd love to. / I'd be delighted to. / That's very kind of you.
断る　：I've made other plans. / I have another appointment.

例題8

Mark your answer on your answer sheet.　Ⓐ Ⓑ Ⓒ

---

8. 正解 **(B)** ★★☆　❗ 勧誘表現 → 定型的な応答も多い

解説　演劇部への入会の勧誘である。正解は誘いに応じる場合の基本表現の I'd love to. で応答している (B)。(A) は質問文の drama の派生語 dramatic が入っている。(C) は drama から俳優の連想で誤答させる選択肢である。

スクリプト

Would you like to join our drama club?
(A) It was a **dramatic** event.　✕ 質問文の drama の派生語
(B) I'd love to. Where do you rehearse?
(C) I saw an **actor** yesterday.　✕ drama からの連想

スクリプトの訳

演劇部に入会しませんか。
(A) それは劇的な出来事でした。
(B) ぜひ入会したいです。どこで稽古をするのですか。
(C) 私は昨日、俳優に会いました。

□ **dramatic** 形 劇的な　　　□ **rehearse** 自 稽古をする

解法9 依頼・許可・申し出

①依頼文「〜してくれますか」のバリエーション
Can (Could / Will / Would) you 〜 ?
承諾する：Sure. / No problem. / Certainly.　　断る：I'm afraid I can't.

②許可を求める文「〜してもよろしいですか」のバリエーション
Can (Could / May) I 〜 ? / Do you think I could 〜 ?
許可する：Of course / Sure.
拒否する：I'm afraid you can't. / I'm sorry, but 〜 .

③申し出る文「〜しましょうか」のバリエーション
Shall I 〜 ? / Do you want me to 〜 ? / Why don't I 〜 ?
応じる：I'd appreciate that. / That's very kind of you. / That would be great!
断る　：Thank you very much, but I can manage by myself.

例題9

Mark your answer on your answer sheet.　　Ⓐ Ⓑ Ⓒ

9. 正解 **(C)** ★★☆　❗ 依頼表現 → 定型的な応答にも注意

解説　Could you 〜 ? の依頼文である。No problem. で応答している (C) が正解。(A) は依頼文の meeting の派生語 meet に、(B) は arrange の動名詞 arranging にひっかからないように。

スクリプト

Could you help me arrange the desks for today's meeting?

(A) I'll meet them this afternoon.　　✕ meeting の動詞 meet
(B) I'm not good at arranging schedules.　✕ arrange の ing 形
(C) No problem. I'll have some time around 1:30.

スクリプトの訳
今日のミーティングの机を並べるのを手伝ってもらえませんか。
(A) 私は彼らに今日の午後に会います。
(B) 私はスケジュールを調整するのが上手ではありません。
(C) いいですよ。1時半あたりに時間があります。

解法10 Would you mind 〜？（依頼・許可）

最後に日本人が苦手とする mind を使った依頼・許可の質問文について学習しましょう。mind は直訳すると「気にする」を意味します。

①依頼文
Would you mind opening the window?
（窓を開けることを気にしますか＝窓を開けてくれませんか）

②許可を求める文
Would you mind my opening the window?
Do you mind if I open the window?
（私が窓を開けることを気にしますか＝窓を開けてもいいですか）

承諾する：Not at all. / Certainly not.
断る　　：Yes, I do mind. / I'd rather you didn't. /
　　　　　I'd prefer it if you didn't.

例題10

Mark your answer on your answer sheet.　　Ⓐ Ⓑ Ⓒ

10. 正解 (A) ★★☆　❗ Do you mind 〜？→ 許可なら否定文

解説 Do you mind if 〜？で許可を求めている。正解は基本応答例の (A) である。(B) はヒーターをつけたことは関係ないので誤答。質問文と同じ単語 turn に注意。(C) は質問文の conditioner の派生語 condition が誤答を誘う。

スクリプト　🇨🇦 ⇒ 🇬🇧

Do you mind if I turn off the air conditioner?
(A) I'd rather you didn't.
(B) I turned on the heater.　　✗ 質問文と同じ動詞
(C) I'm in good condition.　　✗ conditioner の派生語

スクリプトの訳
エアコンを消してもよろしいですか。
(A) 消してほしくはないです。
(B) 私がヒーターをつけました。
(C) 私は好調です。

フレーズ・フォーカス Part 2

よく出る空港・機内フレーズ

- **Would you like an aisle or a window seat?** 選択
  通路側の席と窓側の席のどちらがよろしいですか。
- **May I bring this on to the plane?** 許可
  これを飛行機に持ち込んでもよろしいですか。
- **Can I have the meal later?** 許可
  食事は後でしてもよろしいですか。

よく出るショッピング・フレーズ

- **Do you have this jacket in size 10?** 一般疑問文
  サイズ１０のこのジャケットはありますか。
- **Do you accept traveler's checks?** 一般疑問文
  トラベラーズチェックは使えますか。
- **Would you please cash these traveler's checks?** 依頼文
  トラベラーズチェックを現金にしていただけませんか。
- **Could you refund this ticket?** 依頼文
  このチケットを払い戻していただけますか。
- **What is the price?** Whatで価格や期限を聞く
  おいくらですか。
  ＊price（価格）の部分に、charge（料金）、postage（郵便料金）、fare（運賃）、fine（罰金）、membership fee（会員料金）、exchange rate（為替レート）などを入れて値段をたずねる。

よく出る電話フレーズ

- **Will you put me through to Mr. Smith?** 依頼
  スミス氏に電話をつないでくれませんか。
- **How may I direct your call?**
  どちらにおつなぎしましょうか。　＊大きな会社やホテルの受付で使われる表現。
- **Let me transfer your call.**
  電話をつなぎましょう。
- **Would you like to leave a message?**
  伝言を残されますか。
- **Can I leave a message?** 許可
  伝言を残してもよろしいですか。
- **May I call you back later?** 許可
  後で電話をかけ直してもよろしいですか。

よく出る機能表現

- **Would you go over this month's sales report?** 依頼
  今月の販売レポートを確認してくれませんか。

  ▼

- **Sure. I'll take care of it now.** 承諾
  わかりました。すぐに始めます。

- **No problem. I'll get to it soon.** 承諾
  いいですよ。すぐに取りかかります。

- **Certainly. I have some time around 1 o'clock.** 承諾
  いいですよ。1時くらいに時間があります。

- **OK, but when would you like it to be done by?** 承諾
  わかりました。いつまでに仕上げればいいですか。

- **No, I'm sorry. I'm very busy. Please ask someone else.** 断り+代案
  申し訳ないのですが、私はとても忙しいです。他の人に頼んでください。

- **Would you be interested in going out for dinner after work?** 勧誘
  仕事が終わったら夕食に出かけませんか。

  ▼

- **I'd be delighted to.** 応じる
  ぜひ行きたいですね。

- **That's very kind of you.** 応じる
  とても嬉しいです。

- **Sorry, I have another appointment.** 断る
  すみません、先約があるのです。

- **I'm sorry, but I've made other plans.** 断る
  すみません、他に予定があるのです。

- **Do you want me to draw up the annual report?** 申し出
  年次報告書を作成いたしましょうか。

  ▼

- **Thanks. I'd appreciate that.** 応じる
  ありがとう。感謝いたします。

- **Thank you very much, but I can manage it by myself.** 断る
  ありがとうございます。ですが、自分でできます。

- **It depends on the situation.** 保留する
  状況次第です。

第2章 全パート攻略テクニック

Part 3　会話問題

問題のスタイル

　Part 3 の会話問題は10題あります。1つの会話に3つの設問が付属していて、Part 3 全体で30設問で構成されています。

　2人の間の会話でA→B→A→B形式、A→B→A形式のものがありますが、ほとんどがA→B→A→B形式です。

　設問と選択肢は問題用紙に印刷されていて、4つの選択肢から正解を選びます。設問そのものも音声で読まれます。設問間のポーズは8秒です。

出題されるテーマと内容

　会話の内容は「ビジネス会話」と「日常会話」に分類できます。それぞれ次のようなテーマです。

ビジネス会話

人事関連（就職活動、面接、入社、社員研修、通勤方法、出張など）

施設関連（社員食堂、駐車場、リノベーションなど）

書類関連（スケジュール、議事録など）

対外交渉（吸収合併など）

日常会話

出張関連（空港、機内、ホテル、航空券予約など）

海外生活（ショッピング、図書館、劇場、病院、各種スクール、不動産など）

　また、電話の会話問題が多いのが最近の傾向と言えるでしょう。特に、電話の目的を問う設問がよく設定されています。英語での電話会話は苦手とする人が多いと思いますので、本書でしっかりと練習しておきましょう。

基本テクニック

☑ 先読みは必須！

会話が流れる前に問題用紙の設問文・選択肢を先に読んでおきましょう。設問文がヒントになって正解を導ける問題が多いです。できるかぎり選択肢も読んでおきましょう。選択肢を読めば焦点を当てて、聞くことができます。

★出題される設問パターンと、その正解を導き出すキーワードやキーフレーズを覚えておきましょう（☞「解法」で紹介します）。

☑ 設問文の正解は、その主語のセリフにある

例えば、What does the woman suggest? という設問なら、その正解は設問文の主語の the woman 本人のセリフに80％くらいの確率であります。

☑ 設問の情報は会話の流れの順である

設問が問う情報は放送文の流れの順に出題されることが90％であることに留意しましょう。また、過去形の設問は前半に、未来形の設問は後半に正解があることが多くなっています。

☑ 言い換えに注意

言い換えられた選択肢が正解になることがよくあります。

☑ 次の問題文の準備をする

各問題文の3つの設問はできるだけ早くマークして、余った時間で次の問題文の設問・選択肢を先読みしましょう。設問の音声は聞く必要はありません。

また、設問の正解が放送文の前半で導き出せる場合は、最後まで会話を聞かずに次の設問・選択肢の先読みをしてもいいでしょう。

Part 3は設問パターン別の解法を紹介します。この設問パターン別の解法はPart 4にもそのまま適用できます。

解法1　主題・話題を問う設問

設問例：What are they discussing (talking about)?

第一話者のセリフに80％の割合で正解のキーワードがあります。会話の冒頭文を注意して聞きましょう。会話はテーマから入るのが基本なのでこの解法が有効です！

解法2　場所を問う設問

設問例1： Where is this conversation taking place?
設問例2： Where do they work?
　　　　　Where does the woman work?
　　　　　What type of company do the speakers work at?

会話が行われている場所や会話中の話者が働く場所などはキーワードやキーフレーズを聞き取りましょう。

キーワードの例：銀行の場合
　checking account（当座預金口座）－ savings account（普通預金口座）－ deposit（預金する）－ withdraw（引き出す）

キーフレーズの例
　薬局の場合：I'll fill the prescription.（薬を調合します）
　病院の場合：I'll prescribe some medication.（薬の処方箋を出します）

解法3　時間を問う設問

設問例：When should the project be completed?

特定の月・日時・曜日・時間を問う設問なので、選択肢の先読みがとても重要です。選択肢の先読みをすれば、月・日時・曜日・時間のどれに焦点を当てて聞けばいいのかがわかります。

例題 1

1. What are they mainly talking about?
   - (A) The departure time
   - (B) The checkout time
   - (C) The sign-in time
   - (D) The arrival time

   Ⓐ Ⓑ Ⓒ Ⓓ

2. Where does this conversation take place?
   - (A) At an airport
   - (B) At a bookstore
   - (C) At a hotel
   - (D) At a supermarket

   Ⓐ Ⓑ Ⓒ Ⓓ

3. When does this conversation happen?
   - (A) In February
   - (B) In April
   - (C) In October
   - (D) In December

   Ⓐ Ⓑ Ⓒ Ⓓ

第2章 **全パート攻略テクニック**

Questions 1-3 ★★☆ 🇨🇦⇒🇺🇸

スクリプト　**Questions 1 through 3 refer to the following conversation.**

W: Excuse me, ①I'd like to extend the ②checkout time until 2 p.m. My flight doesn't leave until 5:30.

M: As you may know, the regular checkout time is noon. ③April is the peak tourist season, so ②we are fully booked today. A group of 40 guests check in around 2. I recommend you arrive at the airport 3 hours before the departure time. It takes one hour from here to the airport by shuttle bus.

W: I understand the situation, but I'm a little bit tired today. Could you extend my checkout time until 1?

M: OK. I could give you an extra hour. I hope you feel better soon.

スクリプトの訳　設問 1 〜 3 は次の会話に関するものです。

女性：すみません。①②チェックアウトの時間を午後 2 時まで延長していただきたいのですが。私が乗る飛行機は 5 時 30 分まで出発しないのです。

男性：ご存知かもしれませんが、通常のチェックアウト時間は正午となっております。③4 月は最高の旅行シーズンでして、②当ホテルは本日満室でございます。40 名の団体のお客様が 2 時ごろにチェックインなさいます。空港には出発時刻の 3 時間前に到着されることをお勧めします。ここから空港まではシャトルバスで約 1 時間かかります。

女性：状況は理解できますが、今日は少し疲れているのです。チェックアウトの時間を 1 時まで延長していただけませんか。

男性：わかりました。1 時間なら大丈夫です。すぐに気分がよくなられることをお祈りします。

- ☐ **extend** 他 延長する
- ☐ **peak** 形 最高の
- ☐ **departure time** 出発時刻
- ☐ **sign-in time** 受付時刻
- ☐ **checkout time** チェックアウトの時間
- ☐ **recommend** 他 勧める
- ☐ **extra** 形 余分の

50

1. 正解 (B)　❗第一話者のセリフからキーワードを聞き取る

解説　「彼らが主に話し合っていることの主題」が問われている。第一話者の女性の I'd like to extend the checkout time until 2 p.m. を聞き取ろう。checkout time（チェックアウトする時刻）の延長についての会話がこの後も続く。正解は (B) The checkout time である。

2. 正解 (C)　❗場所のキーワードやキーフレーズを聞き取る

解説　「会話の場所」が問われている。キーワードである checkout time や、キーフレーズ we are fully booked today（本日は満室です）から、正解は (C) At a hotel である。checkout からスーパーマーケットの check-out counter（レジ）を連想して (D) を選ばないように。

3. 正解 (B)　❗When ～? の設問は選択肢の先読み →「月」に注意

解説　「会話が行われている月」が問われている。男性のセリフの April is the peak tourist season から、正解は (B) In April である。

注意!
設問の正解が放送文の前半で導き出せる場合は、最後まで会話を聞かずに次の設問と選択肢の先読みをしましょう。

設問・選択肢の訳

1. 彼らは主に何について話していますか。
   - (A) 出発の時刻
   - **(B) チェックアウトの時刻**
   - (C) 受付の時刻
   - (D) 到着の時刻

2. この会話はどこで行われていますか。
   - (A) 空港で
   - (B) 本屋で
   - **(C) ホテルで**
   - (D) スーパーマーケットで

3. この会話はいつ行われていますか。
   - (A) 2月
   - **(B) 4月**
   - (C) 10月
   - (D) 12月

解法4　職業を問う設問

設問例：What is A's occupation? / Who is A? / Who is A talking to?

職業はキーワードやキーフレーズに注意しましょう。

キーワードの例：architect（建築家）の場合
blueprint（設計図）― design（デザイン）― building（建物）

キーフレーズの例：plumber（配管工）の場合
I'll fix the kitchen faucet.（台所の蛇口を修理しましょう）

解法5　理由・目的を問う設問

設問例1：Why is the man interested in the job?

Why の設問一般について、次の表現に注目すると正解を導き出せます。
① 話者が Why と質問した場合、その次の話者のセリフに注意する。
② because ～ / since ～ / as ～ / due to ～ / because of ～など理由を表す表現の「～」に注目。
③ to ～（～ために）の「～」を聞き取る。
④ actually ～ / but ～の「～」を聞き取る。

設問例2：Why does A call? / What is the purpose of A's call?

次の定型表現に注意して正解を導き出しましょう。
I'm calling to ～ / I'm calling about ～ / I'm calling in regard to ～
I'm calling to let you know ～ / I'm calling to remind you ～

解法6　未来を問う設問

設問例1：What is A going to do next?
設問例2：What will happen next?

最後の方のセリフに注意しましょう。いろいろと話し合った後で何をするかを決めるわけですから、これからの行動は最後で話されます。

例題2

4. Who is Mary Smith?
   (A) A market researcher
   (B) A restaurant owner
   (C) An accountant
   (D) A sales representative

   Ⓐ Ⓑ Ⓒ Ⓓ

5. Why does the man want to see Mary Smith?
   (A) She was popular in her former company.
   (B) She worked for the man's father's company.
   (C) She comes from the man's hometown.
   (D) She has worked with the man before.

   Ⓐ Ⓑ Ⓒ Ⓓ

6. What is the woman probably going to do next?
   (A) Cancel a reservation
   (B) Contact a restaurant
   (C) Call a new employee
   (D) E-mail a former employee

   Ⓐ Ⓑ Ⓒ Ⓓ

第2章 全パート攻略テクニック

Questions 4-6 ★★★ 🇦🇺⇒🇬🇧

スクリプト Questions 4 through 6 refer to the following conversation.

W: I'm thinking of having a welcome party for ④Mary Smith next Monday. You'll be in the office, right?

M: I'm scheduled to take a day off on that day. I'm curious to meet her, ④⑤because I heard she had a good reputation in her old company for her sales performance and her way with words. My younger sister works there as a market researcher. So, is Ms. Smith starting work next Monday?

W: That's right. By the way, I was thinking of having a lunch party from 1 to 3 at a new restaurant named "Bonjour". I think it's best to introduce her to our staff members in a relaxed atmosphere. I haven't reserved the restaurant yet. Should I change the date?

M: I can come to the party if it's in the afternoon. ⑥You should reserve a table now, because that restaurant is always crowded.

スクリプトの訳 設問4〜6は次の会話に関するものです。

女性: ④メアリー・スミスさんの歓迎会を来週の月曜日にしようかと思っています。あなたはオフィスにいますよね？

男性: その日は休むことになっているんです。④⑤彼女は、販売成績が良く話し方も上手で前の会社で評判が良かったと聞いていますので、ぜひ会いたいですね。私の妹はその会社でマーケットリサーチャーとして働いているんです。それで、スミスさんは来週の月曜日に勤務を始めるのですか。

女性: そうです。ところで、ボンジュールという名前の新しいレストランで1時から3時までランチパーティーをしようと思っていたのですが。彼女を和やかな雰囲気の中で私たちのスタッフに紹介するのがいいと思うのです。まだレストランを予約はしていないんです。日程を変えましょうか。

男性: 午後なら、パーティーに参加できますよ。そのレストランはいつも混んでいるので、⑥今テーブルを予約した方がいいですよ。

- □ **be scheduled to** 〜をする予定になっている
- □ **take a day off** 休暇をとる
- □ **be curious to** 〜することに興味がある
- □ **reputation** 名 評判
- □ **sales performance** 販売成績
- □ **accountant** 名 経理係
- □ **sales representative** 販売員
- □ **former** 形 前の；元の

4. 正解 **(D)**　⚠️ **Who 〜？の設問はキーワード、キーフレーズに注意**

解説　「メアリー・スミスの職業」が問われている。男性の1回目のセリフの I heard she had a good reputation in her old company for her sales performance and her way with words. を聞き取ろう。she は Mary Smith のこと。キーワードの her sales performance（営業成績）から営業担当者だとわかる。正解は (D) A sales representative である。

5. 正解 **(A)**　⚠️ **Why does the man 〜？の設問は because に注意**

解説　「男性がメアリー・スミスに会いたい理由」が問われている。男性が1回目のセリフで because I heard she had a good reputation in her old company と言っていることから、彼女は前の会社で人気があったことがわかる。had a good reputation → was popular、old → former と言い換えられている (A) She was popular in her former company. が正解である。

6. 正解 **(B)**　⚠️ **これからの行動は最後の方に注意**

解説　「女性が次に何をする可能性が高いか」が問われている。男性が最後のセリフで You should reserve a table now. と女性にアドバイスしている。したがって、女性はレストランに連絡するはずである。reserve → contact に言い換えられている (B) Contact a restaurant が正解。

設問・選択肢の訳

4. メアリー・スミスの職業は何ですか。
    (A) マーケットリサーチャー
    (B) レストランのオーナー
    (C) 経理係
    (D) 販売員

5. なぜ男性はメアリー・スミスに会いたいのですか。
    (A) 彼女は前の会社で人気があった。
    (B) 彼女は男性の父の会社で勤務していた。
    (C) 彼女は男性の故郷の出身である。
    (D) 彼女は男性と働いたことがある。

6. 女性は次におそらく何をするでしょうか。
    (A) 予約をキャンセルする
    (B) レストランに連絡する
    (C) 新入社員に電話をする
    (D) 前の従業員にEメールをする

解法7　手段・数・感情を問う設問

設問例：How does A go (come) to + 場所？
　　　　How many (often) 〜？
　　　　How does A feel?

選択肢の先読みをしましょう。
正解の言い換えにも注意しましょう。
例：dozen ⇔ 12　　a decade ⇔ 10 years

解法8　問題・心配を問う設問

設問例：What is A's problem? / What is A concerned about?
　　　　What is the problem?

何か問題が生じていることを念頭に置いて会話を聞きましょう。

解法9　要望・希望を問う設問

設問例1：What does A tell (ask) B to do? / What does A request?

次に紹介する定型表現の「〜」に注目して聞きましょう。
Can you 〜？/ Could you 〜？/ Would you 〜？/ Please 〜
Don't forget to 〜（忘れずに〜をしてください）
Do you think you can 〜（〜をしていただけますか）
I'd appreciate it if you could 〜（〜をしていただければありがたいです）

設問例2：What does A suggest B do?

次に紹介する定型表現の「〜」に注目して聞きましょう。
Let's 〜 / You should 〜
I suggest 〜（〜を提案します）
How about 〜 ing?（〜をしませんか）
Why don't you 〜？（〜したらどうですか）
You can 〜（〜をしてもいいですよ）
Can't we 〜？（〜できませんか）

例題3

7. How does the man come to work?
    (A) By train
    (B) By bicycle
    (C) By bus
    (D) On foot

    Ⓐ Ⓑ Ⓒ Ⓓ

8. What is the man's problem?
    (A) He cannot get along with his coworkers.
    (B) He cannot focus on his work.
    (C) He is sometimes late for meetings.
    (D) He cannot get a promotion.

    Ⓐ Ⓑ Ⓒ Ⓓ

9. What does the woman suggest?
    (A) Taking a vacation
    (B) Reading a newsletter
    (C) Calling a taxi
    (D) Working in another room

    Ⓐ Ⓑ Ⓒ Ⓓ

第2章 全パート攻略テクニック

Questions 7-9 ★★☆

スクリプト　Questions 7 through 9 refer to the following conversation.

M: Jessica, do you know when the renovation of the company parking lot will be completed? ⑦I'm tired of commuting by bus.

W: It was supposed to be completed by the end of August, but it's one month behind schedule due to the summer vacation. Actually, I'm fed up with the crowded trains myself.

M: And the noise from the construction site irritates me. Sometimes ⑧I can't concentrate on my work because of it.

W: There are two empty rooms available for people who need a quiet place to work. ⑨I suggest you work there.

スクリプトの訳　設問7〜9は次の会話に関するものです。

男性: ジェシカ、いつ会社の駐車場の改装が完了するか知っているかい？ ⑦バス通勤に疲れているんだ。

女性: 8月末に完了することになっていたんだけど、夏休みで1カ月遅れているのよ。実際に、私だって満員電車にはうんざりよ。

男性: それに、建設現場からの騒音でイライラすることもある。⑧時々、騒音で仕事に集中できないんだ。

女性: 静かな場所で仕事をしたい人のために利用できる空き部屋が2つあるわ。⑨そこで仕事をしたらいいじゃない。

- □ **renovation** 名 改装
- □ **parking lot** 駐車場
- □ **be behind schedule** スケジュールが遅れている
- □ **actually** 副 実は
- □ **be fed up with** 〜にうんざりする
- □ **construction site** 建設現場
- □ **irritate** 他 〜をイライラさせる
- □ **concentrate on** 〜に集中する
- □ **available** 形 利用できる
- □ **get along with** 〜とうまくやっていく
- □ **coworker** 名 同僚
- □ **get a promotion** 昇進する

7. 正解 (C) ⚠ 設問文の How → 交通手段に注意して聞く

解説 「男性の通勤方法」が問われている。男性が1回目のセリフで、I'm tired of commuting by bus. と話している。したがって、正解は (C) By bus である。電車で通勤するのは女性なので間違わないようにしよう。

8. 正解 (B) ⚠ 問題が生じていることを念頭に男性のセリフを聞く

解説 「男性の問題」が問われている。男性は2つ目のセリフで I can't concentrate on my work because of it. と話している。concentrate on → focus on と言い換えられている (B) He cannot focus on his work. が正解である。

9. 正解 (D) ⚠ 提案の定型表現に注意して聞く

解説 「女性が男性に提案していること」が問われている。最後の女性のセリフで、騒音のために仕事に集中できない男性に a quiet place to work（静かに働ける場所）を挙げて、I suggest you work there. と勧めている。別の部屋を勧めているので、正解は (D) Working in another room となる。

設問・選択肢の訳
7. どんな方法で男性は通勤していますか。
   (A) 電車で
   (B) 自転車で
   (C) バスで
   (D) 徒歩で

8. 男性の問題は何ですか。
   (A) 彼は同僚とうまくやっていけない。
   (B) 彼は仕事に集中できない。
   (C) 彼は時々ミーティングに遅れる。
   (D) 彼は昇進できない。

9. 女性は何を提案していますか。
   (A) 休暇を取ること
   (B) ニュースレターを読むこと
   (C) タクシーを呼ぶこと
   (D) 別の部屋で働くこと

ボキャブラリー・フォーカス Part 3

求人・応募・人事

- ☐ **want ad** 求人広告
- ☐ **résumé** 名 履歴書
- ☐ **applicant** 名 志願者
- ☐ **candidate** 名 候補者
- ☐ **employment contract** 雇用契約
- ☐ **transfer** 名 転勤
- ☐ **promotion** 名 昇進
- ☐ **pay raise** 昇給
- ☐ **resign** 自 辞職する
- ☐ **retire** 自 退職する
- ☐ **dismiss** 他 解雇する
- ☐ **lay off** 〜を解雇する
- ☐ **cut back staff** スタッフを削減する
- ☐ **fill up** 〜を満たす
- ☐ **downsize** 他 (企業などの) 人員を削減する
- ☐ **merger** 名 合併
- ☐ **bankruptcy** 名 倒産
- ☐ **buyout** 名 買収

工場・配送

- ☐ **overhaul** 他 点検する
- ☐ **assembly line** 組み立てライン
- ☐ **line worker** 生産ラインの労働者
- ☐ **inventory** 名 在庫・物の一覧表
- ☐ **warehouse** 名 倉庫
- ☐ **ship** 他 出荷する
- ☐ **distribute** 他 配布する

空港

- ☐ **baggage claim tag** 手荷物預かり証
- ☐ **baggage allowance** 手荷物許容量
- ☐ **boarding pass** 搭乗券
- ☐ **carry-on bag** 機内持ち込み手荷物
- ☐ **aisle seat** 通路側の座席
- ☐ **carousel** 名 コンベヤー

劇場

- □ **box office** 切符売り場
- □ **audience** 名 聴衆
- □ **applause** 自 拍手する 名 拍手
- □ **orchestra seat** オーケストラ席
- □ **balcony** 名 階上席

病院・薬局

- □ **physical checkup** 健康診断
- □ **X-ray** 名 レントゲン
- □ **shot** 名 注射
- □ **blood pressure** 血圧
- □ **ambulance** 名 救急車
- □ **be hospitalized** 入院する
- □ **physician** 名 内科医
- □ **surgeon** 名 外科医
- □ **operation** 名 手術
- □ **prescribe medication** 薬の処方箋を出す
- □ **pharmacist** 名 薬剤師
- □ **medicine** 名 薬
- □ **fill a prescription** 薬を調剤する

銀行

- □ **deposit** 他 預金する
- □ **withdraw** 他 引き出す
- □ **interest** 名 利子；金利
- □ **balance** 名 残高
- □ **savings account** 普通預金口座
- □ **checking account** 当座預金口座

郵便局

- □ **postage** 名 郵便料金
- □ **registered mail** 書留郵便
- □ **parcel post** 小包郵便
- □ **weigh** 他 重さをはかる

図書館

- □ **borrow a book** 本を借りる
- □ **bookshelf** 名 本棚
- □ **periodical** 名 定期刊行物
- □ **overdue** 形 期限の切れた

クリーニング店

- □ **laundry** 名 クリーニング店
- □ **remove a stain** シミ抜きをする

Part 4　説明文問題

問題のスタイル

Part 4の説明文問題は10題あります。1つの放送文に3つの設問が付属していて、Part 4全体で30設問で構成されています。

Part 3と違って、1人の話者によって読まれる英文を聞いて設問に答えます。設問と選択肢は問題用紙に印刷されていて、4つの選択肢から正解を選びます。設問そのものも音声で読まれます。設問間のポーズは8秒です

出題されるテーマと内容

内容的に、次のような5種類に分類することができます。

❶ **録音メッセージ**：自動応答による音声、不在の相手に残すメッセージ
最近の傾向として、不在の相手に残すメッセージがよく出題されています。

❷ **ガイドツアー**：観光ツアー、工場見学ツアー、美術館ツアーなど

❸ **広告**：店頭アナウンス、テレビやラジオでのアナウンス

❹ **スピーチ**：人を紹介する、自分自身や会議、講座の内容を紹介する
スピーチの流れやキーフレーズを覚えておくと、聞き取りやすくなり、同時に実際の仕事でも役立ちます。

❺ **アナウンス**：交通情報、社内アナウンス、空港アナウンス、機内アナウンスなど

Part 4のアナウンスは長いからといってたじろいではいけません。設問が指定する必要な情報だけを聞き取ればいいのです。必要な情報だけを聞き取り正解を導き出せるように、解法をしっかり身につけておきましょう。

基本テクニック

☑ 先読みは必須！

説明文が流れる前に問題用紙の設問文・選択肢を先に読んでおきましょう。先読みが大切なのは Part 3 と同じです。最後まで、先読み→聞き取りをリズムよく進めましょう。Part 3 と違って話者は1人だけなので、焦点は少し絞りやすくなると言えるでしょう。

☑ キーワード、キーフレーズをつかむ

出題パターンを把握し、正解を導き出すキーワード、キーフレーズを押さえましょう。すると、必要な情報に集中して聞けるようになります。

人の職業・勤務先・肩書についての設問では、人名のそばのキーワードやキーフレーズに注意して聞きましょう。場所についての設問でも、キーワード、キーフレーズを聞き取るのが基本です。

☑ 最初と最後に正解のポイントがある

多くの説明文において、最初から1～3文目に、また最後から1～3文目に正解のポイントが1つずつあります。

☑ スピーチの聞き手は you や people で表される

だれかが多数の人々に語りかけている場合には、聞き手（聴衆）は you または people で表現されるので、注意しましょう。

☑ 次の行動、次に起こることは最後の方で読まれる

次の行動（What will A do next?）や次に起こること（What will happen next?）は最後の方に注意して聞きましょう。

解法1 録音メッセージ

録音メッセージには、①自動応答による音声、②不在の相手に残すメッセージの2種類があります。

①自動応答による音声

✓ 最初に放送される次のようなフレーズから、設問のターゲットになる「**電話がつながった場所**」がわかります。

> You have reached ~
> Thank you for calling ~ ── **電話がつながった場所**の正解がある
>
> We are open (can be reached) from A to B. ── **営業時間**がわかる

✓ 「**情報の内容と押すボタンのペア**」をしっかり聞き取りましょう。この情報は多くの場合、中ほどで放送されます。

✓ 設問でよく問われるのは「**施設の行事**」などです。

✓ 「**アドバイス**」は最後の方にあることが多いので、注意して聞きましょう。

②不在の相手に残すメッセージ

✓ 「**メッセージを残した人の情報**」は最初の方で流れます。肩書がない場合は、キーワードやキーフレーズから正解を導き出します。

> This is ~. ── **メッセージを残した人の名前・勤務先・肩書**がある

✓ 「**メッセージの目的**」も最初の部分に注意して聞き取りましょう。

> I'm calling to let you know ~
> I'm calling because ~ ── **メッセージの目的**がわかる

✓ 不在の相手に残す「**日時の確認**」などがよく設問のターゲットになります。

✓ 不在の相手に対する「**依頼**」は最後の方に注意しましょう。

✓ 「**連絡先**」も多くの場合、最後の方にあります。

例題 1

1. Who is calling?
   (A) A real estate agent
   (B) A carpenter
   (C) A landlord
   (D) A researcher

   Ⓐ Ⓑ Ⓒ Ⓓ

2. What problem does the speaker mention?
   (A) The apartment is in the countryside.
   (B) The apartment is in front of the bus stop.
   (C) The apartment rent is outside the client's price range.
   (D) The apartment is a little bit old.

   Ⓐ Ⓑ Ⓒ Ⓓ

3. What does Ms. Clancy ask Mr. Martin to do?
   (A) Visit the apartment
   (B) Renovate the house
   (C) Talk with the architect
   (D) Return her call

   Ⓐ Ⓑ Ⓒ Ⓓ

第2章 全パート攻略テクニック

Questions 1-3 ★★☆ 🇨🇦

スクリプト

Questions 1 through 3 refer to the following recorded message.

Good afternoon, Mr. Martin. This is from Judith Clancy. ①I've found an apartment you might be interested in. Montana Apartment House has a four-bedroom apartment available, and I think it's very suitable for your family. It's a 10-year-old apartment, but has just been renovated. The apartment is in a peaceful neighborhood, so I think you can concentrate on your research. Also, it's very convenient and is only five minutes' walk from the bus stop, and there's a supermarket within 10 minutes' walking distance. On this city bus route there are two universities. ②There is only one thing I'm concerned about, which is that it's beyond your budget. I think it's a good property, though, so we should see the place as soon as you can. ③Please call me back.

スクリプトの訳

設問1～3は次の録音メッセージに関するものです。

こんにちは、マーティンさん。こちらジュディス・クランシーです。①あなたが興味をもちそうなアパートを見つけました。モンタナ・アパートメント・ハウスは4ベッドルームのアパートで、あなたのご家族にふさわしい物件だと思います。築10年のアパートですが、改装されたばかりです。静かな地域にありますので、あなたは研究に集中できると思います。また、とても便利でもあります。バス停までわずか徒歩5分で行けますし、スーパーマーケットも徒歩10分の圏内にあります。この市バス路線には大学が2校あります。②1つだけ気になることは、あなたの予算を超えているということです。でも良い物件だと思うので、できるだけ早く見に行くべきだと思います。③折り返しお電話をお願いします。

- □ **suitable** 形 ふさわしい
- □ **concentrate on** ～に集中する
- □ **be concerned about** ～を心配する
- □ **property** 名 物件
- □ **carpenter** 名 大工
- □ **researcher** 名 研究者
- □ **be renovated** 改装される
- □ **convenient** 形 便利がよい
- □ **budget** 名 予算
- □ **real estate agent** 不動産業者
- □ **landlord** 名 大家；家主

1. 正解 **(A)** 🔔 **メッセージを残した人の職業**
   → キーワードやキーフレーズを聞き取る

   解説 「電話にメッセージを残した人の職業」が問われている。キーフレーズである I've found an apartment you might be interested in. を聞き取ろう。アパートを探すのは不動産業者なので、正解は (A) A real estate agent である。

2. 正解 **(C)** 🔔 **問題点があることを念頭において聞く**

   解説 「話し手が語っている問題点」が問われている。There is only one thing I'm concerned about, which is that it's beyond your budget. を聞き取ろう。正解は (C) The apartment rent is outside the client's price range. である。be beyond your budget が be outside the client's price range に言い換えられている。

3. 正解 **(D)** 🔔 **不在の相手に対する依頼は最後の方に正解がある**

   解説 「クランシーさんがマーティンさんに依頼していること」が問われている。クランシーさんが残したメッセージの最後にある Please call me back. を聞き取ろう。正解は (D) Return her call となる。call 〜 back が return に言い換えられている。

設問・選択肢の訳

1. 誰が電話をしていますか。
   (A) 不動産業者
   (B) 大工
   (C) 家主
   (D) 研究者

2. 話し手はどのような問題を述べていますか。
   (A) アパートは田舎にある。
   (B) アパートはバス停の前にある。
   (C) アパートの賃貸料は顧客の希望価格を超えている。
   (D) アパートは少し古い。

3. クランシーさんはマーティンさんに何をするように依頼していますか。
   (A) アパートを訪問する
   (B) 家を改装する
   (C) 建築家と話す
   (D) 折り返し電話をする

解法2　ガイドツアー

ツアーには美術館・工場見学や観光地訪問があります。

✓ Good morning や Good afternoon のあいさつから始まることが多く、あいさつで「**ツアーの始まる時間帯**」（午前中か夕刻かなど）がわかります。

✓ ツアーの「**場所**」「**時間や日数**」「**概略や手順**」「**禁止事項**」が設問のターゲットになり、これは次のような表現がヒントになります。

Welcome to 〜
We would like to welcome you to 〜
I'd like to show you around 〜　　　**場所名**がわかる
I'll be your guide through 〜

I'll be your guide for our 〜 day (〜 hour) trip.
During this 〜 day (hour) trip
　　　　　　　　　　　　ツアーの時間や日数がわかる

I'll start by telling you about today's schedule. 〜
Before I begin our tour 〜
　　　　　　　　　　　　ツアーの概略や手順の説明が続く

Please refrain from 〜 ing.
Please do not 〜 .
〜 is prohibited.　　　**禁止されていること**がわかる
〜 isn't allowed.

✓ 美術館や工場見学などでは「**いつ質問してよいか**」がよく問われます。

✓ 「**食事の場所**」や「**ギフトショップの場所**」もよく問われます。ギフトショップの場所は最後の方に注意して聞きましょう。

✓ ツアー参加者の「**解散の場所・時間**」は最後の方に注意しましょう。

✓ 最後に「**アンケート記入**」を求められることが多く、これもよく設問対象になります。

例題2

4. What is the speaker doing?
   (A) Explaining the outline of the tour
   (B) Showing visitors around the town
   (C) Escorting tourists to the bus
   (D) Arranging a schedule

   Ⓐ Ⓑ Ⓒ Ⓓ

5. According to the talk, what is not allowed in the World Safari Park?
   (A) Using a flash
   (B) Feeding the animals
   (C) Putting one's arm out of the window
   (D) Getting off the bus

   Ⓐ Ⓑ Ⓒ Ⓓ

6. Who is Peter Lucas?
   (A) A restaurant owner
   (B) A scientist
   (C) A tour guide
   (D) A dolphin trainer

   Ⓐ Ⓑ Ⓒ Ⓓ

第2章 全パート攻略テクニック

Questions 4-6 ★★☆ 🇦🇺

[スクリプト]

Questions 4 through 6 refer to the following talk.

Good morning. My name's Linda Chen, and I'll be your guide for this one-day tour. ⁽⁴⁾I'll start by telling you about today's schedule. First we will visit the World Safari Park at 10 and participate in a one and a half hour safari park tour. I'd like to remind you of a few things. You can hop on and off at several locations and see the animals up close, but ⁽⁵⁾please don't approach or feed them. Then, we'll have a buffet-style lunch at Restaurant Cosmopolitan from noon to 1 o'clock. After that we'll arrive at the Fantastic Aquarium at around 1:30. From 1:30 to 3:30, you can do your own thing there. You can enjoy looking at various kinds of tropical fish and see the Pink Dolphin show. ⁽⁶⁾If you want, you can attend a seminar by Peter Lucas, a marine biologist, from 2 to 2:30. We will leave there around 3:30 and drop you off at the hotel at 5 p.m.

[スクリプトの訳]

設問4〜6は次のトークに関するものです。

おはようございます。リンダ・チェンと申します。本日、1日ツアーのガイドを務めさせていただきます。⁽⁴⁾最初に本日のスケジュールをお話しいたします。まず、10時にワールドサファリパークを訪問し、1時間半のサファリパークツアーに参加します。いくつか注意させていただきます。数カ所でバスの乗り降りができますし、動物を近くで見ることもできますが、⁽⁵⁾動物に近づいたり、エサを与えたりしないでください。次に正午から1時までレストラン・コスモポリタンでバイキングスタイルの食事をとります。それから、1時半ごろにファンタスティック水族館に到着します。1時30分から3時30分までは何をしていただいてもかまいません。さまざまな種類の熱帯魚を観賞することもできますし、ピンクドルフィン・ショーを見ることもできます。⁽⁶⁾ご希望なら海洋学者のピーター・ルーカス氏による2時から2時半までのセミナーに参加することもできます。3時30分ごろに水族館を出発して、午後5時には皆さんをホテルにお送りする予定です。

- ☐ **participate in** 〜に参加する
- ☐ **remind** 他 思い出させる
- ☐ **hop on and off** 〜に飛び乗ったり飛び降りたりする
- ☐ **feed** 他 エサを与える
- ☐ **aquarium** 名 水族館
- ☐ **marine** 形 海洋の
- ☐ **biologist** 名 生物学者
- ☐ **drop 〜 off** 〜を(車から)降ろす
- ☐ **outline** 名 概要

4. 正解 **(A)** ❗ **キーフレーズをつかむ**

解説 「話し手が何をしているか」が問われている。3文目の I'll start by telling you about today's schedule. を聞き取ろう。つまり、話し手はツアーの概略を話しているので、正解は (A) Explaining the outline of the tour となる。

5. 正解 **(B)** ❗ **〜 isn't allowed で禁止されている行動がわかる**

解説 「ワールドサファリパークで禁止されていること」が問われている。放送文の真ん中くらいの please don't approach or feed them. を聞き取ろう。them は文脈より animals のことだとわかる。正解は (B) Feeding the animals である。

6. 正解 **(B)** ❗ **人の職業は人名のそばに注意して聞く**

解説 「ピーター・ルーカスの職業」が問われている。最後から2文目の If you want, you can attend a seminar by Peter Lucas, a marine biologist の Peter Lucas, a marine biologist を聞き取ろう。marine biologist（海洋生物学者）は「科学者」なので、正解は (B) A scientist となる。

設問・選択肢の訳

4. 話し手は何をしていますか。
(A) ツアーの概要を説明している
(B) 訪問者に町を案内している
(C) 旅行者をバスにエスコートしている
(D) スケジュールを組んでいる

5. この話によれば、ワールドサファリパークでは何が禁止されていますか。
(A) フラッシュを使うこと
(B) 動物にエサを与えること
(C) 窓から手を出すこと
(D) バスから降りること

6. ピーター・ルーカスとはどんな人ですか。
(A) レストランのオーナー
(B) 科学者
(C) ツアーガイド
(D) イルカのトレーナー

第2章 全パート攻略テクニック

解法3　広告

　広告には店頭アナウンスと、ラジオやテレビでのアナウンスがあります。バーゲンや商品・サービスが宣伝されます。

- ✓ バーゲンにはシーズンのバーゲン、店じまいバーゲン、開店〜年記念バーゲンなどがあります。annual なら「1年に1度」、semiannual なら「1年に2度」です。

    Attention, shoppers!　　**店内バーゲン**とわかる。
    　　　　　　　　　　　　　続く文に**バーゲンの開催される理由**がくることが多い

- ✓ バーゲンでは対象商品と割引率がペアで出題されることが多いので、数字に注意して聞きましょう。

    discounts of 30% on all furniture
    （すべての家具が30％割引）

- ✓ バーゲンの場合は「**開催期間**」、特に「**バーゲン終了日**」が問われることが多いので、日に注意して聞きましょう。

- ✓ 商品・サービスの広告は最初の方で「**広告の対象**」がアナウンスされます。

    Do you plan a renovation or repairs to your home?
    （自宅をリフォーム・リペアする予定がありますか）

- ✓ 商品・サービスの広告では、「**優れた点・長所**」がアナウンスされることが多いので注意して聞きましょう。
- ✓「**購入の特典**」は多くの場合、最後の方で述べられます。
- ✓「**購入方法**」や「**支払い方法**」なども最後の方で話される項目です。

例題 3

7. How often does the store hold sales?
   (A) Once a year
   (B) Twice a year
   (C) Three times a year
   (D) Four times a year

   Ⓐ Ⓑ Ⓒ Ⓓ

8. By what percentage has kitchenware been discounted?
   (A) 15%
   (B) 30%
   (C) 40%
   (D) 50 %

   Ⓐ Ⓑ Ⓒ Ⓓ

9. When does the special offer end?
   (A) Monday
   (B) Wednesday
   (C) Saturday
   (D) Sunday

   Ⓐ Ⓑ Ⓒ Ⓓ

第2章 全パート攻略テクニック

Questions 7-9 ★★☆ 🇺🇸

スクリプト

Questions 7 through 9 refer to the following announcement.

Attention, shoppers! ⁷We are now having a semiannual sale at unbeatable prices! Shoes and bags have been discounted by 40% on the first floor. Discounts for both men's and women's clothing on the second floor range from 30% to 60%. Find discounts of 20% to 60% on all types of furniture on the third floor, and ⁸discounts of 50% on all kitchenware on the fourth floor. ⁹This sale continues until 8 p.m. on Saturday night! Pickard's Department Store will be closing in one hour. Wednesday is our store holiday. We will reopen at 10 a.m. on Thursday. Thanks for shopping with us.

スクリプトの訳

設問7〜9は次のアナウンスに関するものです。

お客様にお知らせです。⁷ただ今、半期に一度のバーゲンセールを破格値で実施しています。1階では靴と鞄が40％引きです。2階では男性、女性の衣料品が30％から60％の割引です。3階ではすべてのタイプの家具が20％から60％引きとなっています。⁸4階ではすべての台所用品が50％引きです。⁹このセールは土曜日の夜の8時に終了いたします！ ピッカーズ百貨店は1時間後に閉店いたします。水曜日は定休日です。木曜日は午前10時より営業いたします。お買いものいただきありがとうございます。

- **semiannual** 形 1年に2回の
- **range from A to B** AからBまでに及ぶ
- **furniture** 名 家具
- **clothing** 名 衣類
- **kitchenware** 名 台所用品
- **reopen** 動 再開する

7. 正解 **(B)**　❗ Attention, shoppers! の後にバーゲンの開催理由がくる

解説　「バーゲンの頻度」が問われている。Attention, shoppers! に続く We are now having a semiannual sale at unbeatable prices! の semiannual をしっかり聞き取ろう。semiannual は「1年に2回」を意味するので、正解は (B) Twice a year となる。

8. 正解 **(D)**　❗ 商品と割引率をペアで聞く。kitchenware と数字に注目

解説　「台所用品の割引率」が問われている。放送文の中ほどの discounts of 50% on all kitchenware on the fourth floor. を聞き取ろう。「台所用品は50%の割引」であることがわかるので、正解は (D) 50% である。

9. 正解 **(C)**　❗ 曜日に注意を集中しよう

解説　「バーゲンの終了日」が問われている。This sale continues until 8 p.m. on Saturday night! を聞き取れば、「土曜日」にバーゲンが終了することがわかる。正解は (C) Saturday である。

設問・選択肢の訳

7. どれくらいの頻度で店はバーゲンを開催しますか。
   (A) 1年に1回
   (B) 1年に2回
   (C) 1年に3回
   (D) 1年に4回

8. 台所用品は何パーセント割り引かれていますか。
   (A) 15％
   (B) 30％
   (C) 40％
   (D) 50％

9. 特別オファーはいつ終了しますか。
   (A) 月曜日
   (B) 水曜日
   (C) 土曜日
   (D) 日曜日

解法4 スピーチ

　ゲストスピーカー、講演者、受賞者を紹介するスピーチ、講習会、会議などの冒頭のスピーチがよく出題されます。社内でのお知らせのアナウンスなどもこれに準じた内容です。

✓ 自己紹介は最初の方で行うので、ここで**「役職名」**や属する**「会社の業種」**などを聞き取りましょう。

✓ Thank you for 〜、Welcome to 〜などの「〜」に**「会合等の目的」「対象者」「頻度」「期間」「時間」**などの正解の情報が述べられます。

Thank you for 〜
Welcome to 〜
I'd like to thank you for 〜

設問例：How often is the conference held?
正解を導く文の例：Thank you for **coming to our annual conference.**
　　　　　　　　　　　　　　　　　　　　　　　↓
　　　　　　　　　　　　　　　　　　　正解：Once a year

✓ 人を紹介する場合は**「名前」**と共に**「職業」**を述べることが多いですが、ここが設問のターゲットになります。

✓ **「講習会や講演会の最後、またはその後に何が行われるか」**は最後の方に正解の情報があるのが普通です。講演者への質問、講演者の本の販売、サイン会などがよくターゲットになります。

✓ 社内のお知らせのアナウンスは**「日時」**と**「目的」**をしっかり聞き取りましょう。

例題 4

10. How many days will this seminar last?
  (A) One day
  (B) Two days
  (C) Three days
  (D) Five days

  Ⓐ Ⓑ Ⓒ Ⓓ

11. Who is the audience for this seminar?
  (A) New company supervisors
  (B) Company representatives
  (C) New salespersons
  (D) Cross-cultural communicators

  Ⓐ Ⓑ Ⓒ Ⓓ

12. What will the participants receive in the afternoon?
  (A) Certificates
  (B) Feedback
  (C) Textbooks
  (D) Gifts

  Ⓐ Ⓑ Ⓒ Ⓓ

第2章 全パート攻略テクニック

Questions 10-12 ★★★ 🇨🇦

スクリプト

Questions 10 through 12 refer to the following talk.

Good morning. ⁽¹⁰⁾⁽¹¹⁾Thank you for participating in this one-day seminar for new sales representatives. I'm Agnes Bishop, and I'm your instructor today. This seminar consists of two parts; the morning session and the afternoon session. In the morning, I'll teach you appropriate greetings in various cross-cultural situations as well as essential body language. In the afternoon, we'll be exploring various business situations, such as presentations and negotiations. ⁽¹¹⁾You're expected to make a sales presentation by using various tools which we'll give you on the spot. These presentations will be monitored by our CCTV. ⁽¹²⁾After that, you will have a feedback session with advice for improvement. I'm sure that you'll benefit from this 5-hour seminar.

スクリプトの訳

設問 10 ～ 12 は次のトークに関するものです。

おはようございます。⁽¹⁰⁾⁽¹¹⁾新人セールスパーソンの1日講習会にご参加いただきありがとうございます。アグネス・ビショップと申します。本日の講師を務めさせていただきます。このセミナーは午前と午後の2部から構成されます。午前の部では、さまざまな異文化の場面にふさわしい挨拶の方法や、それに伴う大切なボディランゲージをお教えします。午後は、プレゼンテーションや交渉などのさまざまなビジネスの場面を学びます。皆さんは、私たちがその場で渡すさまざまなツールを使って、⁽¹¹⁾販売のプレゼンをすることになっています。これらのプレゼンはCCTVでモニターされます。⁽¹²⁾その後、改良点をアドバイスするフィードバックのセッションがあります。この5時間のセミナーで皆さんが多くのことを学べると確信しています。

- ☐ **participate in** ～に参加する
- ☐ **consist of** ～から成り立つ
- ☐ **greeting** 名 挨拶
- ☐ **essential** 形 大切な
- ☐ **negotiation** 名 交渉
- ☐ **make a presentation** プレゼンをする
- ☐ **on the spot** その場で
- ☐ **improvement** 名 改良
- ☐ **supervisor** 名 上司；管理職
- ☐ **certificate** 名 免許証
- ☐ **sales representative** 販売員
- ☐ **appropriate** 形 ふさわしい
- ☐ **cross-cultural** 形 異文化の
- ☐ **explore** 他 探る；調査する
- ☐ **be expected to** ～する予定である
- ☐ **feedback** 名 意見；評価
- ☐ **benefit from** ～から得る
- ☐ **representative** 名 代表者

10. 正解 **(A)** ⚠ **Thank you for に続いて、会合の期間がくる**

解説 「セミナーの日数」が問われている。Thank you for participating in this one-day seminar for new sales representatives. の one-day を聞き取るだけでいい。正解は (A) One day である。

11. 正解 **(C)** ⚠ **Thank you for の次にセミナーの対象者がくることが多い**

解説 「セミナーの対象者」が問われている。設問 10 に同じく、Thank you for participating in this one-day seminar for new sales representatives. をしっかり聞き取ろう。sales representatives が salespersons に言い換えられているので注意。正解は (C) New salespersons である。なお、冒頭部分を聞き逃しても、You're expected to make a sales presentation からもセミナーの対象者を推測できる。

12. 正解 **(B)** ⚠ **afternoon の後に注意して聞こう**

解説 「参加者が午後に受けるのは何か」と問われている。最後から 2 文目の After that, you will receive a feedback session with advice for improvement. を聞き取ろう。午後には「フィードバック」を受けるので、正解は (B) Feedback である。なお、この正解の feedback は evaluation などに言い換えられる可能性もある。

設問・選択肢の訳

10. このセミナーは何日間続きますか。
   (A) 1 日
   (B) 2 日
   (C) 3 日
   (D) 5 日

11. このセミナーの聴衆は誰ですか。
   (A) 会社の新しい管理職
   (B) 会社の代表者
   (C) 新人の販売担当者
   (D) 異文化コミュニケーター

12. 参加者は午後に何を受け取るでしょうか。
   (A) 免許証
   (B) 評価
   (C) 教科書
   (D) 贈り物

解法5 空港アナウンス・交通情報

　空港アナウンスや交通情報は、目的と対象者と日時、変更がある場合はその理由に注意して聞きましょう。空港アナウンスは電車やバスのアナウンスにも応用できます。

①空港アナウンス

✓ 設問のターゲットになりやすい「**便名**」「**出発地**」「**目的地**」「**予定の変更**」は最初の方にアナウンスされるのが普通です。冒頭を聞き逃さないように。

✓ 変更・キャンセルの理由はマーカーになる表現があります。

| due to 〜
caused by 〜 | 搭乗時刻（boarding time）、搭乗ゲート（boarding gate）、出発時刻（departure time）などの**変更の理由**、フライトの**キャンセルの理由**がわかる |

②交通情報

✓ 「**交通渋滞、道路の閉鎖の理由**」は前出の due to 〜、caused by 〜に注目しましょう。

✓ 「**交通渋滞、道路閉鎖への対処法のアドバイス**」は設問のターゲットになりますが、「別のルートを利用する」（use an alternate route）とか、「公共交通機関を利用する」（use a public transportation system）などとアドバイスされます。最後の方にアナウンスされるのが普通です。

✓ 「**交通情報の更新**」については最後の方に放送されるのが一般的です。

Stay tuned for an update in 〜 minutes.
The traffic report will be updated 〜.

　　　　　　　　　　　　どれくらいの頻度で更新されるかがわかる

例題5

13. What is the final destination of the flight?
    (A) Lima
    (B) Los Angeles
    (C) Buenos Aires
    (D) Mexico City

14. What has been changed?
    (A) The gate number
    (B) The arrival time
    (C) The boarding time
    (D) The flight number

15. What time does the boarding begin?
    (A) At 9
    (B) At 9:30
    (C) At 10
    (D) At 10:30

第2章 全パート攻略テクニック

Questions 13-15 ★★☆

スクリプト

Questions 13 through 15 refer to the following announcement.

⑬ This is an announcement for passengers of Flight 253 bound for Buenos Aires, with stops in Mexico City and Lima. ⑭ The boarding gate has been changed to 12. Unfortunately, the departure will be slightly delayed due to the inclement weather. The ground crew is presently deicing the wings. Also, Flight 253 is overbooked. We have four more passengers than available seats, so we are offering $500 to volunteers who agree to take a later flight. Anyone who would be willing to do so, please come to our check-in counter. ⑮ We should be boarding at half past ten. Thank you for your patience.

スクリプトの訳

設問 13 〜 15 は次のアナウンスに関するものです。

⑬ メキシコシティー、リマ経由ブエノスアイレス行き253便の乗客の皆様にお知らせいたします。⑭ 搭乗ゲートは12番に変更になりました。申し訳ございませんが、出発時刻は悪天候のために少し遅れそうです。地上勤務の整備士が現在、翼部の除氷を施しております。また、253便は定員を4名オーバーしておりますので、後の便への搭乗を申し出てくださるお客様には、500ドル差し上げます。ご希望の方は、チェックインカウンターまでお越しください。⑮ 10時半に搭乗を開始する予定です。ご協力をありがとうございます。

- □ **bound for**　〜行きの
- □ **departure**　名 出発
- □ **be delayed**　遅れる
- □ **inclement weather**　悪天候
- □ **ground crew**　地上勤務の整備士
- □ **deice**　他 除氷する
- □ **be overbooked**　定員をオーバーしている
- □ **available**　形 利用できる
- □ **boarding gate**　搭乗ゲート
- □ **slightly**　副 少し
- □ **due to**　〜のために
- □ **presently**　副 現在
- □ **final destination**　最終目的地

13. 正解 **(C)** 🔔 目的地は最初の方にアナウンスされることが多い

解説 「フライトの最終目的地」が問われている。冒頭文の This is an announcement for passengers of Flight 253 bound for Buenos Aires, with stops in Mexico City and Lima. から、目的地を示す bound for Buenos Aires を聞き取ろう。正解は (C) Buenos Aires である。

14. 正解 **(A)** 🔔 変更点は最初の方でアナウンスされることが多い

解説 「変更したこと」が問われている。2文目の The boarding gate has been changed to 12. の The boarding gate（搭乗ゲート）をしっかり聞き取ろう。ゲート番号が変更されたので、正解は (A) The gate number である。搭乗時刻（boarding time）は変更になっていないので、(C) The boarding time を選ばないように。

15. 正解 **(D)** 🔔 選択肢を読んで、求める搭乗時刻を意識して聞く

解説 「搭乗時刻」が問われている。最後から2文目の We should be boarding at half past ten. を聞き取れれば、正解の (D) At 10:30 を選べる。half past がうまく聞き取れない人もいるので注意しよう。

設問・選択肢の訳

13. フライトの最終目的地はどこですか。
- (A) リマ
- (B) ロサンゼルス
- **(C) ブエノスアイレス**
- (D) メキシコシティー

14. 何が変更されましたか。
- **(A) ゲート番号**
- (B) 到着時刻
- (C) 搭乗時刻
- (D) 便名

15. 何時に搭乗を開始しますか。
- (A) 9時
- (B) 9時半
- (C) 10時
- **(D) 10時半**

ボキャブラリー・フォーカス Part 4

電話メッセージ

- ☐ **You have reached ~.** ～につながりました
- ☐ **The line is busy.** 話し中です
- ☐ **hold on** （電話を）切らないで待つ
- ☐ **hang up** （電話を）切る

ガイドツアー・工場見学

- ☐ **admission fee** 入場料
- ☐ **exhibition** 名 展示
- ☐ **masterpiece** 名 傑作
- ☐ **reminder** 名 注意事項
- ☐ **protective clothing** 防護服
- ☐ **restricted area** 制限区域
- ☐ **be prohibited** 禁止する
- ☐ **itinerary** 名 旅行スケジュール
- ☐ **usher** 名 案内係
- ☐ **restore** 他 復元する
- ☐ **laboratory** 名 実験室；研究所
- ☐ **designated place** 指定の場所
- ☐ **refrain from** ～を控える

コマーシャル

- ☐ **launch** 他 （新製品を）売り出す
- ☐ **voucher** 名 割引券；商品引換券
- ☐ **cashier** 名 レジ係
- ☐ **store hours** 店の営業時間
- ☐ **last** 自 続く
- ☐ **limited time** 限定期間
- ☐ **refund** 他 払い戻す
- ☐ **store holiday** 定休日

スピーチ・会議

- ☐ **attendee** 名 出席者
- ☐ **commemorate** 他 記念する
- ☐ **on behalf of** ～を代表して
- ☐ **in honor of** ～を称えて
- ☐ **awards ceremony** 授賞式
- ☐ **agenda** 名 予定；スケジュール
- ☐ **minutes** 名 議事録

天気予報・交通情報

- ☐ **weather forecast** 天気予報
- ☐ **meteorologist** 名 気象学者
- ☐ **temperature** 名 気温
- ☐ **warning** 名 警報
- ☐ **heat wave** 熱波
- ☐ **humid** 形 湿った
- ☐ **shower** 名 にわか雨
- ☐ **flood warning** 洪水警報
- ☐ **toll booth** 料金所
- ☐ **collision accident** 衝突事故
- ☐ **traffic congestion** 交通渋滞
- ☐ **make a detour** 遠回りする

機内放送

- ☐ **departure** 名 出発
- ☐ **board** 自他 搭乗する
- ☐ **bound for** ～行きの
- ☐ **take off** 離陸する
- ☐ **emergency exit** 非常出口
- ☐ **headwind** 向かい風
- ☐ **tailwind** 名 追い風
- ☐ **turbulence** 名 乱気流
- ☐ **connecting flight** 接続便
- ☐ **land** 自 着陸する
- ☐ **customs clearance** 税関手続き

Part 5 短文空所補充問題

問題のスタイル

Part 5 はセンテンスの中に空所があって、そこに入る最適の語（句）を4つの選択肢から選ぶ形式です。全部で40問あります。

出題されるテーマと内容

設問の内容としては、大きく分けて、3種類に分類できます。

①文法を問う	②品詞を識別する	③語彙を問う
約10問	約10問	約20問

①**文法を問う設問は難しいものはほとんどありません**。中学・高校の英文法の知識ですべて解答できます。よく出る文法項目は、「代名詞」「関係詞」「前置詞・接続詞」「述部の形」などです。文法問題は全問正解するつもりで臨むべきでしょう。

②品詞を識別する設問もそれほど難しくありません。空所のある部分が文の中でどのような要素に当たるかがわかれば、**仮にターゲットになっている単語の意味がわからなくても解答することが可能です**。

③語彙を問う設問は、600点を目指す受験者がもっとも苦労する問題でしょう。**ひと言で言ってしまえば、語彙問題を解けるかどうかは、その単語を知っているかどうかです。**

もし太刀打ちできないようであれば、適当にマークして次の設問に進むべきです。語彙問題は時間をかけて考えて正解が見つかるものではありません。時間を空費するのを避けるのが賢明です。

リーディング・セクションは時間配分がスコアに影響します。Part 5 は1問＝平均30秒を目安に解いていきましょう。40問ありますから、Part 5 全体で20分です。

基本テクニック

Part 5 をすばやく正確に解くためには問題の見極めが大切です。

❶ 文法問題　❷ 品詞の識別問題

空所が文の中のどの要素なのかに注目しましょう。文の要素がわかれば、問題文中に知らない単語があっても解答できます。

文の要素	品詞
主語	▶ 名詞・動名詞
述語	▶ 動詞
目的語	▶ 名詞・動名詞
補語	▶ 名詞・形容詞・現在分詞・過去分詞
名詞を修飾	▶ 形容詞・現在分詞・過去分詞
動詞・形容詞・副詞・文を修飾	▶ 副詞
接続する要素	▶ 前置詞・接続詞・接続副詞・関係詞

❸ 語彙問題

文脈から、空所に入るべき最適の選択肢を選びます。前後の言葉との結びつきで解ける問題と、文全体または空所の節全体を読まないと解けない問題があります。

注意!

Part 5 の問題はすべて書き言葉のビジネス文です。ビジネス表現が多用され、かなり長い文もあります。

しかし、「文法」「品詞の識別」の問題は簡単なことが多いので、文の見かけに惑わされないようにしましょう。知らない単語が2つ3つあっても設問のポイントを見抜ければ解答は可能です。

第2章　全パート攻略テクニック

解法1　代名詞

　代名詞の問題は基本知識があればすべて解答できます。代名詞の一覧を確認しておきましょう。

代名詞を選ぶポイント

①文のどの要素で使われているのか
②どの言葉の代用として使われているか

　①文の要素としては、名詞を修飾していて（→所有格）、② Ms. Ashley を代用しているなら、her を選ぶ、というようなプロセスをたどります。

　注意すべきは、所有代名詞と再帰代名詞です。
　「所有代名詞」 は、my purse ＝ mine のように **「所有格＋名詞」** を1語にまとめたものです。
　「再帰代名詞」 は、主語と同じ人やモノを指します。また、by myself（私だけで）、for yourself（あなたの力で）のように特定の前置詞と結びついてよく使います。

代名詞の一覧

	一人称単数	二人称単数	三人称単数	一人称複数	二人称複数	三人称複数
主格	I	you	he/she/it	we	you	they
所有格	my	your	his/her/its	our	your	their
目的格	me	you	him/her/it	us	you	them
所有代名詞	mine	yours	his/hers	ours	yours	theirs
再帰代名詞	myself	yourself	himself/herself/itself	ourselves	yourselves	themselves

例題 1

Although the team members were asked to turn in their proposal yesterday, ------- couldn't make it in time.

(A) it
(B) he
(C) them
(D) they

Ⓐ Ⓑ Ⓒ Ⓓ

1. 正解 (D) ★☆☆　❗ 代名詞は前にある名詞をチェック

解説 空所はカンマの後ろで couldn't make が続くので主語が入る。まず (C) を外せる。従属節を見ると主語は the team members なので、これを受ける三人称複数の (D) they を選ぶ。

訳 チームは昨日、提案を出すように求められていたが、間に合わなかった。

□ **make it** 間に合う

例題 2

When the manager heard about the mistake with the shipment, he was beside ------- with anger.

(A) himself
(B) myself
(C) themselves
(D) herself

Ⓐ Ⓑ Ⓒ Ⓓ

2. 正解 (A) ★★☆　❗ 〈前置詞 + 再帰代名詞〉は定型表現に注意

解説 選択肢はすべて再帰代名詞なので、文脈に合うものを選ぶ。空所の文の主語は he であり、これに合った (A) himself が正解となる。beside oneself で「我を忘れて」の意味。

訳 部長は配送のミスについて聞いたとき、怒りに我を忘れた。

□ **shipment** 配送

解法2　関係詞

関係詞の問題は、まず関係代名詞か関係副詞かを区別して、次にそれぞれの用法を見極めることです。空所の部分が文のどの要素になっているかを理解することがポイントです。

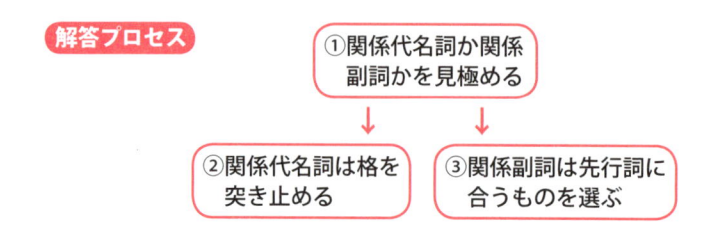

解答プロセス

① 関係代名詞か関係副詞かを見極める
　↓　　　　　↓
② 関係代名詞は格を突き止める　　③ 関係副詞は先行詞に合うものを選ぶ

①空所の後続の文に欠けた要素（主語・目的語・所有格の代名詞）があれば、空所に入るのは関係代名詞です。欠けた要素がない完全な文が続いていれば、空所に入るのは関係副詞です。

②関係代名詞は後続の文の欠けた要素を代行しているので、「欠けた要素の格＝関係代名詞の格」となります。

関係代名詞	主格	所有格	目的格
人	who	whose	whom/who
モノ	which	whose / of which	which
人・モノ	that	—	that

③関係副詞の種別は先行詞を見て決定します。the day なら when、the reason なら why を選びます。

関係副詞	先行詞	先行詞の例
when	時を表す語	day, year など
where	場所を表す語	house, country など
why	理由を表す語	reason
how	なし	—

> **例題3**
>
> All employees ------- are planning on attending the seminar need to register in the personnel office by May 15.
>
> (A) who　　(B) whom　　(C) whomever　　(D) whoever
>
> Ⓐ Ⓑ Ⓒ Ⓓ

3. 正解 **(A)**　★☆☆　❗ 空所の後の節に主語がない → 主格の関係代名詞

解説　選択肢はすべて関係代名詞なので、空所に適切なものを考える。空所の後は are planning on と続き、主語がなく、plan はここでは自動詞で目的語がなくても成立する。そこで、(A) who が正解となる。複合関係代名詞の whoever は「〜の人はだれでも」「だれが〜しても」という意味を表すときに使う。

訳　そのセミナーに出席する予定の社員は全員、5月15日までに人事部で登録する必要がある。

☐ **register** 動 登録する　　☐ **personnel** 名 人事

> **例題4**
>
> Analysts were dumbfounded and could not explain the reason ------- the economy took a sudden downturn this quarter.
>
> (A) where　　(B) when　　(C) why　　(D) which
>
> Ⓐ Ⓑ Ⓒ Ⓓ

4. 正解 **(C)**　★★☆　❗ 空所の後は完全な文 → 関係副詞

解説　空所の前は the reason で、後には完全な文が続く。そこで、関係副詞が入ることがわかる。「理由」を導く関係副詞は why なので (C) が正解となる。the reason why は the reason または why のどちらかを省略することもできる。

訳　アナリストたちは驚きに言葉を失い、今四半期に経済が急落した理由を説明できなかった。

☐ **dumbfounded** 形 驚いて言葉を失った
☐ **downturn** 名 下降；下落　　☐ **quarter** 名 四半期

第2章 全パート攻略テクニック

解法3 接続詞・前置詞・接続副詞

　接続詞と前置詞の問題は、この両者が選択肢に混在していることが多いという特徴があります。時には、接続副詞も混じります。

解答プロセス

①空所に入るべきものが接続詞か前置詞かを見極める

↓

②接続詞なら、等位接続詞（接続副詞）か従位接続詞かを決める

③前置詞なら、その意味・機能から最適なものを選ぶ

↓

④順接か逆接かなど、機能・意味から最適のものを選ぶ

　①接続詞か前置詞かを見極めるには、空所の要素が名詞を導いていれば前置詞、「主語＋動詞」が続いていれば接続詞です。②等位か従位かは、前後が対等の関係なら等位、接続詞が入る節が補足的な説明をするのは従位です。③前置詞はよく出るものを押さえて、最適のものを選びましょう。

《注意すべき従位接続詞》

- **although**（～だけれども）
- **since**（～だから、～から）
- **unless**（～でないなら）
- **while**（～している間、～の一方）
- **until**（～まで［前置詞でも使う］）
- **whether**（～かどうか）

《注意すべき前置詞》

- **despite**（～にかかわらず）
- **during**（～の期間に）
- **around**（およそ）
- **among / amid**（～の間に）
- **by**（～という時までに）
- **across**（～の向こう側に、～を横切って）

　接続詞と同様に文をつなぐ言葉に接続副詞があり、Part 5 でもよく出るので主要なものを知っておきましょう。接続副詞は等位接続詞と同様の機能ですが、意味が多様なので、文脈に適したものを選びましょう。

《注意すべき接続副詞》

- **besides**（そのうえ）
- **furthermore**（さらに）
- **nevertheless**（にもかかわらず）
- **otherwise**（そうでなければ）
- **therefore**（それゆえに）
- **however**（しかしながら）

例題 5

There is a very short deadline on the report, ------- there is little room for error.

(A) except　　　(B) so　　　(C) until　　　(D) but

5. 正解 **(B)** ★☆☆　❗空所の後は完全な文 → 接続詞か接続副詞

解説　空所の後は文なので接続詞か接続副詞が入る。まず、前置詞の (A) except を外せる。次に、空所の前後は主従の関係ではないので従位接続詞の (C) until（前置詞でも使う）は外せる。さらに、前半は「レポートの締め切りは間近に迫っている」、後半は「ミスは許されない」なので、順接の関係である。したがって、順接の接続副詞の (B) so が正解となる。

訳　レポートの締め切りは間近に迫っているので、ミスは許されない。

☐ **deadline** 名 締め切り

例題 6

There were a few people who held up protest signs ------- the crowd of supporters.

(A) while　　　(B) since　　　(C) except　　　(D) amid

6. 正解 **(D)** ★★☆　❗空所の後は名詞 → 前置詞

解説　空所の次は名詞で前置詞が入るので、まず接続詞の (A) while を外せる。空所の前は There were a few people 〜（〜する何人かの人々がいた）で、空所の後は the crowd of supporters（大勢の支援者）。a few people と the crowd の関係を考えると、the crowd の「間」に a few people がいたと考えられるので、(D) amid（〜の間に）が正解である。

訳　大勢の支援者たちの間で、何人かが抗議のプラカードを掲げていた。

☐ **hold up** 〜を掲げる　　☐ **protest signs** 抗議のプラカード
☐ **supporter** 名 支持者

解法4　相関語句・イディオム

　Part 5 には相関語句やイディオム（動詞句）もよく出題されます。よく出るものはある程度決まっているので、まずそれらを押さえておきましょう。
　イディオムについてはビジネスでよく使う基本的なものを中心に覚えておきましょう。ＴＯＥＩＣは non-native speakers のテストなので、難しいものは出ません。動詞句も基本的なものだけで十分です。

頻出の相関語句

both A and B（A も B も）

either A or B（A か B のどちらか）

neither A nor B（A でも B でもない）

not A but B（A ではなく B）

not only A but also B（A ばかりでなく B もまた）

so 形容詞・副詞 that ～（とても…なので～）
　The budget is **so** tight **that** we can't invest in the new venture.
　（予算がとてもきついので、我々は新しい事業に投資できない）

such 名詞 that ～（とても…なので～）
　We have **such** a tight budget **that** we can't invest in the new venture.
　（我々の予算はとてもきついので、我々は新しい事業に投資できない）

頻出のイディオム

in spite of（～にもかかわらず）	**regardless of**（～にもかかわらず）
instead of（～の代わりに）	**due to / because of**（～の理由で）
according to（～によれば）	**in terms of**（～の観点から）
take over（～を引き継ぐ）	**benefit from**（～から利益を得る）
comply with（～を遵守する）	**look forward to**（～を楽しみに待つ）
order from（～に注文する）	**be entitled to**（～する権利がある）

> **例題 7**
>
> Keith is interested in ------- the duties nor the salary of the new job offer so he turned it down.
>
> (A) whether　　(B) neither　　(C) either　　(D) both
>
> Ⓐ Ⓑ Ⓒ Ⓓ

7. 正解 **(B)**　★☆☆　❗ 空所と nor との相関に気づく

解説　空所の後にある nor に注目する。nor は neither に呼応して、neither A nor B で「A も B も〜ない」という表現になる。ここでは「A ＝業務にも、B ＝給与にも興味がない」という意味。(B) が正解である。either A or B なら「A か B のどちらか」である。

訳　キースは新しい仕事のオファーの業務内容にも給与にも関心がなかったので、それを断った。

☐ **duty** 名 業務　　　　　　　　☐ **turn down** 〜を断る

> **例題 8**
>
> Our firm is located behind the main train station and ------- the large manufacturing plant.
>
> (A) up to　　(B) over to　　(C) next to　　(D) prior to
>
> Ⓐ Ⓑ Ⓒ Ⓓ

8. 正解 **(C)**　★★☆　❗ 空所は behind と並列されている

解説　is located は主語の場所・位置を表す表現で、behind the main train station と ------- the large manufacturing plant という2つの場所が並列されている。したがって、空所には場所を導く前置詞句が入ると考えて、(C) next to（〜の隣に）を選ぶ。

訳　当社は主要駅の裏手にあり、大きな製造工場に隣接している。

☐ **firm** 名 会社　　　　　　　　☐ **be located** 位置している
☐ **manufacturing** 名形 製造業（の）

解法5　動詞の語形

Part 5 には、同じ動詞のさまざまな語形から適切なものを選ぶ問題が必ず出ます。

空所が文の中でどの要素かがわかれば、正解を導けます。仮にその単語の意味がわからなくても解答可能なので、このタイプの問題はぱっと見てあきらめずに、必ずトライしましょう。

①空所が助動詞の次、to の次など
▶▶　原形

②現在時制で、空所が三人称単数の主語に対応
▶▶　三人称単数の s が付く

③空所が主語・目的語・補語になる／前置詞に続く
▶▶　動名詞（-ing）

④空所が be 動詞に続く
▶▶　現在分詞＝進行形（-ing）　または　過去分詞＝受動態（-ed）
※主語が「〜する」なら現在分詞、主語が「〜される」なら過去分詞。

⑤空所が名詞を修飾する
▶▶　現在分詞（-ing）　または　過去分詞（-ed）
※能動的に名詞にかかるなら現在分詞、受動的にかかるなら過去分詞。
　an interesting story（面白い話）　a locked room（鍵のかけられた部屋）

注意！

「〜させる」という意味を持つ動詞に注意しましょう。例えば、amaze は「驚かせる」という意味なので、amazing は「（モノが）驚かせる」で、amazed なら「（人が）驚く」となります。他に次のような動詞がビジネスシーンでよく使われます。

- **impress**（印象づける）
- **encourage**（元気づける）
- **confuse**（混乱させる）
- **convince**（納得させる）
- **inspire**（奮い立たせる）
- **disappoint**（失望させる）
- **exhaust**（疲れさせる）

例題 9

Ms. Harcourt enjoys working alone and only on occasion she ------- for assistance.

(A) will have asked
(B) asks
(C) asking
(D) asked

9. 正解 (B) ★☆☆ ❗ 空所は enjoys と並列の関係

解説 動詞 ask の形を選ぶ。問題文は and で 2 文がつながっている。and は等位接続詞で動詞の形（時制）は前半と後半で同じになる必要がある。前半の enjoys は現在形なので、空所も現在形の (B) asks にしなければならない。

訳 ハーコートさんはひとりで働くのが好きで、たまにしか支援を求めない。

□ **on occasion** 時折   □ **assistance** 名 支援

例題 10

There will be a huge fiscal impact if the new law -------.

(A) will be enacted
(B) is enacting
(C) is enacted
(D) has enacted

10. 正解 (C) ★★★ ❗ 条件を表す副詞節では現在形を使う

解説 空所の前は the new law（新法）。動詞 enact は「制定する」という意味で、主語が law なので受け身で使わなければならない。まず、能動態の (B) と (D) は外せる。次に、条件を表す副詞節では未来のことも現在形で表すので、will を使って未来形にしている (A) は不適。(C) が正解となる。

訳 その新法が成立すれば、大きな財政上の影響があるだろう。

□ **huge** 形 非常に大きな   □ **fiscal** 形 財政の
□ **impact** 名 影響；インパクト

第2章 全パート攻略テクニック

解法6 品詞の選択

Part 5 には、同じ意味の単語で、品詞が異なるもの（派生語）から空所に適切なものを選ぶ問題が毎回たいてい 10 問くらい出ます。

この問題も、空所が文の中でどんな要素かをつかむことがポイントです。単語の意味がわからなくても解答可能です。

品詞を選ぶポイント

①空所が主語・目的語・補語になっている ▶▶ **名詞**

> 名詞の典型的な語尾
> **-tion、-sion、-ment、-nce、ity、-ship、-ness**

②空所が名詞を修飾する／補語になっている ▶▶ **形容詞**

> 形容詞の典型的な語尾
> **-ble、al、-ful、ent、-ic、-ive、-ous**

③空所が動詞・形容詞・副詞・文全体を修飾する ▶▶ **副詞**

> 副詞の典型的な語尾　**-ly**

注意！

-ly が語尾の形容詞もある。friendly、lovely、lonely、deadly など。only、quarterly、yearly などは形容詞・副詞の両方で使える。

④空所が述語の役割を果たす ▶▶ **動詞**

例題 11

The new color scheme of the office will ------- match all of the colors of the new logo.

(A) precise
(B) precisely
(C) preciseness
(D) precision

11. 正解 **(B)** ★★☆ 　空所は動詞を修飾する

解説　空所は助動詞の後ろ、動詞の前なので副詞と考えられる。副詞の典型的な語尾を持つ (B) precisely（厳密に）を選ぶ。(A) は形容詞で「厳密な」、(C) は名詞で「厳密さ」、(D) も名詞で「厳密」の意味。(C) と (D) はどちらも典型的な名詞の語尾を持っている。

訳　オフィスの新しい色彩スキームは、新しいロゴのすべての色と厳密に一致するだろう。

☐ **scheme** 名 計画；構成　　　☐ **match** 他 ～に一致する

例題 12

Banks and other public ------- are closed on public holidays.

(A) institution
(B) institutions
(C) institutional
(D) institutionally

12. 正解 **(B)** ★★☆ 　空所は主語になっている

解説　空所は public（公共の）の後にあり、and を介して banks と並列されている。したがって、public ------- は banks と同種のものでなければならない。名詞でかつ複数である必要がある。したがって、(B) が正解。public institutions で「公共機関」の意味。

訳　銀行や他の公共機関は、祝日には休業する。

☐ **public holiday** 祝日

解法7 単語問題（動詞・名詞）

単語問題は、同じ品詞で意味が異なる単語が選択肢に並び、最適のものを選ぶというものです。動詞・名詞・形容詞・副詞を合わせて全部で約20問あります。

ターゲットになる単語はビジネスでよく使われるものです。

解答のポイント

①空所の前後の文脈を確認して、意味が合うものを選びます。

②慣用的な決まった表現の一部が空所になっているときは、その表現に合ったものを選びます。

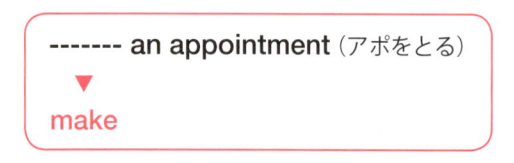

```
------- an appointment （アポをとる）
  ▼
make
```

③単語と単語の結びつき（コロケーション）が決まっているものは、組み合わせが適切なものを選びます。

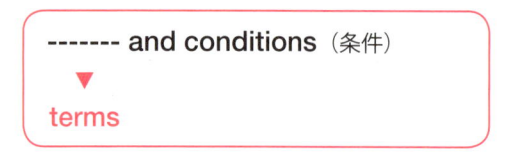

```
------- and conditions （条件）
  ▼
terms
```

単語問題は、知っているかどうかがすべてと言えます。

選択肢の単語を
- 全部知らない　　　　　　　▶▶　正解確率25％
- 1つ知っている　　　　　　▶▶　同33％
- 2つ知っている　　　　　　▶▶　同50％
- 3つないしは全部知っている　▶▶　同100％

という確率を頭に入れて進めましょう。長考は禁物です。わからなければ、いさぎよく可能性の高そうなものをマークして次の設問に進みましょう。

まず、動詞と名詞の例題にトライしてみましょう。

例題 13

A majority of the public thinks that the government should ------- the health care system.

(A) attract
(B) install
(C) sell
(D) reform

13. 正解 (D) ★★☆ **❗ system との相性を考える**

解説 「政府が医療システム (the health care system) を〜すべき」という文脈。選択肢は (A)「引きつける」、(B)「設置する」、(C)「売る」、(D)「改革する」で、(D) が最適である。

訳 人々の大多数は、政府が医療システムを改革すべきだと考えている。

□ **majority** 名 大多数；過半　　□ **the public** 大衆；人々

例題 14

Before traveling abroad, you should find out the local tipping ------- of the places you are visiting.

(A) ideas
(B) ways
(C) areas
(D) customs

14. 正解 (D) ★★☆ **❗ tipping との関係を考える**

解説 tipping は「チップ」のことで、その直後に空所がある。local (地元の) もヒントにして考えると、local tipping customs (地元のチップの習慣) とするのが最適である。したがって、(D) が正解。他の選択肢は (A)「考え」、(B)「方法」、(C)「地域」。

訳 海外旅行に行く前に、訪れる地域の地元のチップの習慣を確認しておくほうがいい。

□ **tipping** 名 チップ；心付け

解法8 単語問題（形容詞・副詞）

形容詞は価格・程度・確度・時間などを表すものはビジネスでよく使うので、要注意です。

《価格・程度》
affordable/reasonable（手頃な価格の）　competitive（他に負けない）
remarkable（顕著な）　substantial（十分な；かなりの）

《確度》
certain（確実な）　definite（明確な；確実な）　reliable（信頼できる）
accurate（正確な）　specific（特定の；具体的な）

《時間の前後関係》
former（前の；前任の）　previous/prior（前の；先の）
following/subsequent（続く；次の）　upcoming（今度の）

《似た形で注意すべきもの》
late（形 遅れた　副 遅れて）　later（形 後の　副 後ほど）
lately（副 最近）　latest（形 最新の）　latter（形 後者の）

《区別したい形容詞ペア》
・confident（自信がある）――――――― confidential（守秘義務のある）
・considerable（[数量・程度が] 相当な）― considerate（思いやりのある）
・economic（経済の）――――――――― economical（節約の）
・industrial（工業の；産業の）―――――― industrious（勤勉な）
・respectful（礼儀正しい）―――――――― respective（それぞれの）
・successful（成功した）―――――――― successive（連続する）

副詞もよく出る単語があるので、まずそれらを押さえておきましょう。

《時間》
still（まだ）　yet（まだ、notと一緒に）　ever（かつて、いつも）
already（すでに）

《頻度》
always（いつも）　frequently/often（頻繁に）　sometimes（時々）
rarely/seldom（めったに～ない）　never（決して～ない）

《確実性》
certainly（確実に）　probably（おそらく）　maybe（たぶん）

例題15

Recently scientists have made ------- advances in medical research to help those who suffer from chronic illnesses.

(A) sanitary　　(B) hospitable　　(C) inconclusive　(D) remarkable

Ⓐ Ⓑ Ⓒ Ⓓ

15. 正解 **(D)** ★★☆　❗ advances との相性と文脈から判断

解説 空所に入るべき形容詞は直後の advances（進歩）を修飾する。また、to 以下は「慢性病に苦しむ人々を助けるために」なので、空所に入るのはポジティブな意味のものでなければならない。選択肢は (A)「衛生の」、(B)「温かくもてなす」、(C)「決定的でない」、(D)「目立った；注目すべき」なので、(D) が正解である。

訳 科学者たちは最近、慢性病に苦しむ人々を助ける医学研究で、注目すべき進歩を成し遂げている。

☐ **advance** 名 進歩　　　　　　☐ **suffer from** 〜に苦しむ
☐ **chronic** 形 慢性の　　　　　☐ **illness** 名 病気

例題16

We are ------- trying to keep up with our competitors by releasing innovative products.

(A) constantly　　(B) rarely　　(C) nearly　　(D) suddenly

Ⓐ Ⓑ Ⓒ Ⓓ

16. 正解 **(A)** ★★☆　❗ trying to 〜としっくり合うものを

解説 空所の後は trying to keep up with our competitors（競合他社についていこうとする）。「どのようについていこうとするか」を考えると、(A) の「たえず」が最適である。他の選択肢は (B)「めったに〜ない」、(C)「ほとんど；ほぼ」、(D)「突然」。

訳 私たちは革新的な商品を発表することによって、たえず競合他社に対抗しようとしている。

☐ **keep up with** 〜に遅れずについていく　☐ **competitor** 名 競合相手
☐ **release** 他 発表する　　　　　　　　　☐ **innovative** 形 革新的な

グラマー・フォーカス Part 5

時制のルール

現在形　習慣的な動作・事実・真理
　　　　　主語が単数なら三単現の s が必要

Jack **commutes** to the company by subway. ← 毎日行う習慣的な動作
（ジャックは地下鉄で通勤している）

過去形　過去を示す言葉がある
　　　　　主節・従属節に過去形の動詞がある

The stocks **plunged** after the government announced a tax raise.
（政府が増税を発表すると、株価が急落した）

現在完了形　過去の一時点が現在に影響・関係する
　　　　　　　経験の表現 ever, never, once, before など
　　　　　　　継続の表現 for, since など
　　　　　　　完了の表現 just, already など

I **have been working** on this contract since Monday.
（私は月曜日からずっとこの契約書にかかりきりだ）

**時・条件を表す副詞節では未来のことも
現在形（現在完了形）で表す**

Our project will start as soon as the management **has approved** the budget. （経営陣が予算を承認したらすぐに、我々のプロジェクトは進行する）

← as soon as 以降は時を表す副詞節

仮定法のルール

仮定法過去　現在の事実に反する仮定

If I **were** you, I **wouldn't** quit the company. ← 〈If S 過去形 〜, S would [could, might] 原形 〜.〉
（もし私があなたなら会社を辞めないだろう）

仮定法過去完了　過去の事実に反する仮定

〈If S 過去完了形 〜, S would [could, might] have 完了形 〜.〉

If we had released the product earlier, **we would have been** the market leader. （我々がその製品をもっと早く発売していたら、我々がマーケットリーダーになっていただろう）

仮定法現在　要求・主張・助言・命令の動詞が導く that 節
　　　　　　　必要・重要の形容詞が導く that 節

It's <u>imperative</u> that every manager **attend** the banquet.（マネジャーは全員、その晩餐会に出席しなければならない）

> that 節中の動詞は原形になる
> （または should を付ける）

動名詞と不定詞

動名詞だけを目的語に取る

enjoy（楽しむ）	avoid（避ける）	consider（考える）	mind（気にする）
finish（終える）	suggest（勧める）	admit（認める）	miss（しそこなう）

+ *do*ing

不定詞だけを目的語に取る

wish（願う）	hope（望む）	expect（期待する）	plan（計画する）
decide（決める）	agree（同意する）	fail（しそこなう）	intend（つもりである）

+ to *do*

動名詞・不定詞の両方を目的語に取る

begin（始める）	like（好む）	love（期待する）
prefer（より好む）	propose（提案する）	continue（続ける）

+ *do*ing / to *do*

よく出る〈受動態 + 不定詞〉

be asked to *do*（～するよう頼まれる）

be required to *do*（～することを求められる）

be allowed to *do*（～することを許される）

be urged to *do*（～することを促される）

be encouraged to *do*（～することを勧められる）

be supposed to *do*（～することになっている）

be expected to *do*（～する予定である）

be slated to *do*（～する予定である）

第2章 全パート攻略テクニック

Part 6　長文空所補充問題

問題のスタイル

Part 6は長文（パッセージ）の中に空所が3つずつあって、最適のものを選択肢から選ぶ問題です。長文は4題、設問数は合計で12問あります。

出題されるテーマと内容

Part 6は基本的には、短文空所補充のPart 5の延長です。多くは空所の前後を見れば解答ができます。しかし、中には文脈を理解して解答しなければならない問題があり、その場合は文章全体を把握する必要があります。

長文の種類は、メール・手紙、通知書、案内書、広告などが中心です。文章に難解なものはなく、読むのに苦労することは少ないでしょう。

基本テクニック

☑ 空所の前後を見て解けるものが多い

Part 6をすばやく解くには、空所の前後だけを見て解答できるもの（アンサーキーが近くにある）か、文章全体を見る必要があるもの（アンサーキーが空所から離れたところにある）かを見極めることです。前者がほとんどです。

☑ 常用表現をチェックしておこう

メール・手紙などでよく使う常用表現の知識が問われることがあるので、日頃からビジネス文書に親しんでおくことが大切です。この点はPart 7の対策と同時に行えば効率的です。

☑ 時間配分はPart 5と6で26分が目安

Part 6の時間配分も1問＝30秒を目安に考えましょう。ただ、文脈理解が必要な設問には1分程度かかることも考えておく必要があります。600点目標の受験者は、時間配分はPart 5と6とを合わせて52問で26分を基準に考えておくのがいいでしょう。

解法1　空所の前後を見て解答できる

①文法問題
Part 5 の延長で、動詞の形、代名詞、品詞の識別などがよくターゲットになります。

②単語問題
こちらも Part 5 の延長で、同一品詞のさまざまな単語から空所に最適のものを選ぶ問題です。簡単な慣用表現やコロケーション（単語と単語の結びつき）が問われることがよくあるのでパターンを知っておきましょう。

③文脈問題
文脈を整えるのに必要な「接続詞」「接続副詞」「時間の副詞」を選ぶ問題です。

- 順接　▶▶　and, so, therefore など
- 逆接　▶▶　but, although, however, while, otherwise など
- 付加　▶▶　besides, in addition, as well as など
- 時間　▶▶　then, when, afterwards, beforehand など
- 条件　▶▶　if, unless など

注意!
空所のある文だけを見ても解けないことがあるので、その場合には前の文（場合によっては、後の文）を見るようにしましょう。前の文を見れば多くの場合、アンサーキーが見つかります。

解法2　文章全体を見る必要がある

④内容問題
3問目の空所を解答するのに、文章の冒頭や前半を見る必要がある問題が時々出ます。例えば、その文章の内容を apology（お詫び）, complaint（クレーム）, invitation（招待）, confirmation（確認）から特定するような問題です。

注意!
内容問題が出題されることも考えると、文章を最初からすべて読んでいくのも1つの方法です。ただ、内容問題は数が少ないので、時間を優先したい人は空所の前後だけで解ける問題をまず解いていくという姿勢でもいいでしょう。600点目標なら Part 6 で2問程度の失点は許されます。

第2章 全パート攻略テクニック

例題 1

Questions 1-3 refer to the following e-mail.

To: Marco Giorgio
From: BlueSky Airlines
Subject: Your reservation

Dear Mr. Giorgio:

This is to confirm your reservation for flight 347 from New York to Washington, D.C. departing on August 2 at 10:30 a.m. and returning on August 7 at 7:45 p.m. Please note that you have not selected the option for check-in baggage. ------- check in

1. (A) Additionally
   (B) However
   (C) In order to
   (D) As a result Ⓐ Ⓑ Ⓒ Ⓓ

extra baggage, you will have to pay an additional fee. You must be sure to print out your boarding pass and present it at the check-in desk along with a valid passport. Please come to the check-in desk at least two hours ------- to your departure time.

2. (A) during
   (B) after
   (C) before
   (D) prior Ⓐ Ⓑ Ⓒ Ⓓ

You must allow time for security checks. Remember to pack your bags carefully and to keep them with you at ------- times. Thank

3. (A) some
   (B) all
   (C) recent
   (D) old Ⓐ Ⓑ Ⓒ Ⓓ

you for choosing BlueSky Airlines.

1. 正解 (C) ★★☆　❗文脈問題 → 主節との接続を考える

解説　空所の直後は check という動詞。また、check in extra baggage の直後にカンマがあって you will have to pay an additional fee. と続く。不定詞（句）を入れればうまくつながるので、(C) の In order to（〜のために）を選ぶ。他の選択肢は (A)「加えて」、(B)「しかしながら」、(D)「結果として」。

2. 正解 (D) ★★☆　❗文脈問題 → 時間関係を考える

解説　空所を含む文脈は at least two hours ------- to your departure time で、選択肢はいずれも時間の関係を示す言葉。しかし、to がすでにあるので、(A)、(B)、(C) はいずれも不適。(D) を選んで prior to（〜より前に）とすると、「出発時刻の遅くとも2時間前までに」となり文意も通る。

3. 正解 (B) ★☆☆　❗語彙問題 → at all times（いつも）

解説　空所のある文は「バッグ類は慎重にまとめ、〜のときにもお手元から離さないようにしてください」。どんなときかは、文脈から「いつも」と考えられるので、(B) の all を選んで、at all times とする。

訳　設問1〜3は次のメールに関するものです。

宛先：マルコ・ジョルジオ
送信元：ブルースカイ航空
件名：ご予約について

ジョルジオ様

ご予約の確認のためにメールいたします。ご予約は8月2日午前10時30分のニューヨーク発ワシントンDC行きの347便で、お帰りは8月7日午後7時45分発の便です。預け入れ手荷物のオプションは選択されていませんのでご注意ください。手荷物を預け入れる①には、追加料金がかかります。搭乗券を忘れずにプリントアウトし、有効なパスポートとともにチェックインデスクへ提示してください。出発時刻の遅くとも2時間②前までにチェックインデスクへお越しください。
手荷物検査のため時間に余裕を持たせてください。バッグ類は慎重に荷詰めして、③いつもお手元から離さないようにしてください。ブルースカイ航空をご利用いただき、ありがとうございます。

- □ **confirm** 他 確認する
- □ **option** 名 選択肢
- □ **boarding pass** 搭乗券
- □ **valid** 形 有効な
- □ **depart** 自 出発する
- □ **fee** 名 料金
- □ **present** 他 提示する

例題2

Questions 4-6 refer to the following memo.

To: All employees
From: Jack Schreiber

I wanted to let you all know that our company has been nominated for an award in the upcoming Business Awards Show. We were selected in the category of "Best Deal of the Year" and we have Susan Whittaker to thank for it. She was the person that helped us ------- that big deal with Tensoft

4. (A) fly
　(B) ground
　(C) land
　(D) depart　Ⓐ Ⓑ Ⓒ Ⓓ

Corporation. Susan and I and some of the general managers who were instrumental in sealing the deal will attend the awards -------. I would like to thank you all for your hard work and effort

5. (A) web site
　(B) nomination
　(C) company
　(D) ceremony　Ⓐ Ⓑ Ⓒ Ⓓ

and hopefully we will not only be taking this award home on Saturday night, we will be up for many others in the future. I ------- about the event hourly on our homepage so please be sure

6. (A) blog
　(B) blogged
　(C) has blogged
　(D) will be blogging　Ⓐ Ⓑ Ⓒ Ⓓ

to check it out.

4. 正解 **(C)** ★★★　❗ 語彙問題 → land a deal（取引をまとめる）

解説　空所の後は that big deal と続く。deal（取引）との相性（コロケーション）を考えると、(C) の land しか適当なものはない。land a deal で「取引をまとめる」の意。

5. 正解 **(D)** ★★☆　❗ 内容問題 → 第1文がヒントになる

解説　attend the awards ------- という文脈で、attend の目的語として適当かどうかを考え、まず (A) web site と (C) company は外せる。この文章の冒頭からすでに nomination は終わっているので、(D) の ceremony を選び、「授賞式に出席する」とする。アンサーキーが空所から離れたところにある問題である。

6. 正解 **(D)** ★★☆　❗ 文法問題 → 時制を確定する

解説　動詞 blog の時制を選ぶ問題。about 以下には the event があり、これは文脈から冒頭にある Business Awards Show のこと。このイベントについては前文の we will not only be taking this award home on Saturday night から未来のことである。したがって、未来進行形の (D) を選ぶ。未来進行形は近未来の予定によく使われる。

訳　設問 4 〜 6 は次の回覧に関するものです。

宛先：全社員
差出人：ジャック・スクレイバー

みなさんにお知らせします。わが社が次回のビジネスアワードショーの受賞者として推薦されたのです。わが社が選ばれたのは「年間最高取引」の部門で、スーザン・ウィテイカーに感謝しなくてはなりません。彼女はテンソフト社との高額な契約を締結するのに力を貸してくれました。スーザンと私は、この契約締結に尽力した部長数名とともに、授賞式に出席する予定です。みなさん全員の勤勉な仕事ぶりと努力にお礼を言いたいと思います。そして願わくは、土曜の夜にこの賞を持ち帰るだけではなく、これからも他のさまざまなものを目標にしていきたいと思います。授賞式について、わが社のホームページのブログに遂次書き込んでいきますので、ぜひチェックしてください。

- **nominate** 他 指名する；候補とする
- **upcoming** 形 来るべき
- **seal a deal** 取引を成立させる
- **hourly** 副 たえず；時間ごとに
- **award** 名 賞
- **instrumental** 形 助けとなる；貢献した
- **take 〜 home** 〜を持ち帰る

ボキャブラリー・フォーカス Part 6

覚えておきたいコロケーション

〈動詞 + 名詞〉

- [ ] make efforts　　　　　　　　努力する
- [ ] keep in touch　　　　　　　連絡を保つ
- [ ] hold a meeting　　　　　　会議を開く
- [ ] throw a party　　　　　　　パーティーを開く
- [ ] seal [finalize] a contract　　契約に調印する
- [ ] renew a contract [subscription]　契約［定期購読］を更新する
- [ ] raise money　　　　　　　　資金を調達する
- [ ] grab a bite　　　　　　　　味見をする

〈形容詞 + 名詞〉

- [ ] small change　　　　　　　小銭
- [ ] wanted ad　　　　　　　　求人広告
- [ ] competitive edge　　　　　競争力

〈名詞 + 名詞〉

- [ ] product line　　　　　　　製品ライン
- [ ] customer satisfaction　　　顧客満足（度）

覚えておきたい慣用表現・イディオム

- [ ] Please don't hesitate to *do*　　ご遠慮なさらずに〜してください
- [ ] Please feel free to *do*　　　　お気軽に〜してください
- [ ] I'd appreciate it if you could 〜　〜していただければありがたいのですが
- [ ] I wonder if you could 〜　　　〜していただけませんでしょうか
- [ ] It's my (great) honor to *do*　　〜して（誠に）光栄です

☐ It's been a pleasure *do*ing	〜して良かったです
☐ I wish I could, but 〜	できればそうしたいのですが〜
☐ Something is wrong with 〜	〜に何か問題があります
☐ would like to *do*	〜したい
☐ have to *do*	〜しなければならない
☐ be sure to *do*	確実に〜する
☐ let me know 〜	〜を私に知らせる
☐ allow A to *do*	Aに〜することを許可する
☐ have yet to *do*	まだ〜していない
☐ A rather than B	BよりむしろA
☐ so far	今までのところ
☐ can't make it	間に合わない；できない
☐ thanks to	〜のおかげで
☐ under way	進行中で
☐ at one's convenience	ご都合のいいときに
☐ at the moment	今のところ
☐ before long	まもなく；やがて
☐ by the way	ところで
☐ in fact	実のところ；それどころか
☐ from now on	今から
☐ more or less	多かれ少なかれ
☐ sooner or later	遅かれ早かれ
☐ without further notice	これ以上の通告なしに
☐ without delay	遅滞なく

Part 7　読解問題

問題のスタイル

　Part 7は13題の問題文があり、48問の設問で構成されています。13題の問題文の内訳は、最初の9題はシングルパッセージ（SP）で設問数28問、後の4題はダブルパッセージ（DP）で設問数は20問です。
　問題文の並びは概ね次のようになっています。付属の設問数も示します。
　設問の内容としては、大きく分けて、6種類に分類できます（☞次ページ）。

簡単なSP	標準的なSP	難しいSP	DP（前半はやや易）
2〜3問	3〜4問	5問	5問

効率的な解き方
①簡単なSPはすべて解く。
②難しそうなSPがあったらスキップしてDPに進む。
③時間があればSPに戻る。時間切れが近づけばすべてマークする。
④時間切れ間近でも「単語問題」はすぐ解けるのでトライしよう。

出題されるテーマと内容

　出題される文章はほとんどがビジネ文です。メール、レター、告知、回覧、広告をはじめ、アンケートや請求書、旅程表などの文書も出題されます。基本的にビジネスパーソンが仕事で読むもの、生活の場で利用するものです。
　問題文にはさまざまなものがありますから、本書も利用して慣れておくことが大切です。
　多彩な問題が出るので、使われるボキャブラリーも多彩ですが、専門用語の類は含まれません。
　Part 7の設問の特徴は、その設問を解くのに必要な情報（アンサーキー）を問題文の中に見つければ正解を導けるということです。したがって、アンサーキーをいかにすばやく見つけるかという「情報検索力」が求められることになります。

基本テクニック

☑ 設問の特徴を知っておこう

設問は主に次の6つに分類できます。解き方の基本を頭に入れて、練習問題で実際にトライしてみましょう。

Type 1	文章の目的・書かれた理由を問う	文章の冒頭を見る。
Type 2	個別情報を問う	設問のキーワードを利用して、アンサーキーを見つける。
Type 3	書かれていない情報を指摘する（NOT設問）	問題文中にある情報を選択肢と照合しながら消していく消去法で対応する。最後に残ったのが正解。
Type 4	類推問題（inferred, suggested, true about などが使われる）	アンサーキーを探す。消去法が有効なことも。
Type 5	単語の意味を問う	文脈に合った意味の選択肢を選ぶ。
Type 6	クロスレファレンス設問	ダブルパッセージで、両方の文章の情報を利用して解答する

☑ パラフレーズに注意しよう

Part 7 の設問の正解選択肢は、問題文の表現が言い換えられている（パラフレーズ）ことが多くあります。executives → management、not expensive → affordable などです。言い換えに慣れておくことが大切です。

☑ タイムマネジメントをしっかりと

残り時間を意識しながら、冷静に進めましょう。600点クリアが目標なら、3題程度のやり残しは十分許容範囲です。やり残しが出るという前提で最善を尽くすことが大切です。

> **注意!**
> 問題の解き方の基本は、①まず設問だけ（選択肢は見ない）をぱっと見て、②問題文を最初から最後まで読む。③設問に戻り問題文の情報と照合して選択肢を選ぶ。オーソドックスですが、結果的に無駄のない、効率的な解き方です。
> ただし、問題文が短い場合や、表やフォーム形式の場合は、問題文全体を読まずに、設問を先に読んでから必要な情報を探すスタイルでも問題ありません。

第2章 全パート攻略テクニック

文章のスタイル

Part 7には大別すると、次の7つの文章スタイルがあります。難度や対処法をチェックしておきましょう。

メール・レター

①**種類**：メール（e-mail）、手紙（letter）

②**難度**：★〜★★　簡単なものが多いが、内容による。

③**解法ポイント**

- 「文書の目的」を問う設問がよく設定される。用件（Subject）欄を見て、メール・レターの冒頭を見れば、ほぼ解答できる。This is 〜、I'm interested in 〜、I'm pleased to announce 〜など読み手の注目を喚起する表現がマーカーになる。
- 受信者に何かを「お願いする」、あるいは受信者に「行動を促す」情報は最後に書かれていることがほとんど。
- 頻度は多くないが、「人物の属性」を問う設問もある。差出人や受取人の肩書をチェックしよう。

告知文

①**種類**：社内回覧（memorandum/memo）、告知（notice）、情報（information）、パンフレット（brochure）など。

②**難度**：★〜★★　比較的簡単なものが多い。600点目標の受験者は確実に得点したい。

③**解法ポイント**

- 「文章の目的」を問う設問は、I'd like to 〜、I recommend 〜、We are having 〜、Residents are advised to 〜などマーカー表現の直後を見よう。
- 「箇条書き」「情報が並列された箇所」はNOT設問の対象になりやすい。

説明書

①**種類**：指示書（instructions）、マニュアル（manual）、保証書（warranty）、契約書（contract）など。

②**難度**：★★〜★★★　マニュアルは独特の書き方がされる。保証書や契約書は基本的な法律表現に慣れているかどうかがポイント。

③**解法ポイント**

- 指示書やマニュアルは「手順」に沿って書かれる。保証書や契約書は「条項」が並列されるような書き方である。文章の流れを知っておきたい。
- 細かい個別情報が設問の対象になる。NOT設問も設定されやすい。
- 「問い合わせ方法」「例外的な事項」などは設問のターゲットになりやすい。

広告

①**種類**：商品広告、バーゲン広告、求人広告、不動産広告、旅行広告など。

②**難度**：★〜★★★　バーゲン広告や商品広告は易しいものが多い。求人広告や不動産広告は使われる表現に慣れておく必要がある。

③解法ポイント
- 「商品広告」で冒頭がキャッチフレーズで始まっているときは、数行読まないと何の広告かわからないことがある。
- 「商品広告」では「商品の特徴・内容・仕様」が、「バーゲン」は「割引」「特典」「バーゲン期間」「詳細情報へのアクセス法」などが設問の対象になる。
- 「求人広告」では、候補者の「資格・経験・能力」などが列記され、これらの情報が設問のターゲットになる。求人広告への「応募方法」もよく問われる。

記事

①種類：レポート、新聞記事、社内報、ブログなど。

②難度：★★～★★★　シングルパッセージの最後に出ることが多い。その際は長く語彙難度も高い傾向がある。ぱっと見て、スキップするかどうか判断したい。

③解法ポイント
- 記事・レポート型の文章は第1パラグラフにテーマが示される。文章の目的が問われたら、第1パラグラフを見よう。
- 情報量が多いので、さまざまな設問設定がありうる。NOT設問や、文章の2カ所を見ないと解答できない設問もあるので注意。

フォーム

①種類：スケジュール（schedule）、旅行計画（itinerary）、申込用紙（application form）、アンケート（questionnaire/survey）、請求書（invoice）、明細書（statement）など。

②難度：★～★★　フォームや表の中に書かれている情報に難しいものはない。600点目標なら得点源である。

③解法ポイント
- フォームや表は頭から通して読む必要はない。設問を見て、必要な情報を探す。
- 付属の説明文中にアンサーキーがある可能性もある。
- 小さな文字で注記（アスタリスク＊で始まることが多い）が記載されていることがあるが、この注記がよくアンサーキーになる。
- 「アンケート」の場合には、回答者がチェックした回答に基づいて、回答者の嗜好や購買傾向を類推させる設問が出ることがある。

ダブルパッセージ

①種類：「メール＋メール」「メール＋レター」「メール＋スケジュール」「メール＋請求書」「求人広告＋メール」など、組み合わせは多彩。

②難度：★～★★★　文章の組み合わせによる。一方に長い文章が入るときには解答にも時間がかかる。最初の2セットは比較的平易なものが多い。

③解法ポイント
- 設問の多くはシングルパッセージの延長で、文書のどちらかにアンサーキーを見つけるだけで解答できる。基本的には5つある設問の前半は第1文書に関するもので、後半は第2文書に関するものになっている。
- 両方の文書を相互参照しないと解けないクロスレファレンス設問が出る。解答に少し時間がかかるので注意しよう。
- ダブルパッセージ全体に単語問題が2問程度ある。簡単なものは確実に得点したい。

第2章 全パート攻略テクニック

解法 1　メール

Questions 1-3 refer to the following e-mail.

From:	bernadino@gofree.com
To:	k_han@sfn.com
Subject:	A special discount for you
Date:	October 11

Dear Ms. Han,

Thank you for your kind comments regarding our delivery service. At Gofree Grocery we strive to bring our customers the best products in an efficient and timely manner. Comments from our dedicated customers keep our business going with the highest of standards. To show our appreciation, we would like to offer you a 20 percent discount on any purchase from our store. Just type in the code provided below the next time you make an online purchase and the 20 percent will automatically be deducted from your total cost. There is no time limit on your discount, so feel free to claim it at any time.

CODE: AKXBT1006

We thank you once again for your kind patronage and look forward to serving you in the future.

Kind regards,
Bill Bernadino
CEO, Gofree Grocery

1. Why is Mr. Bernadino sending Ms. Han this e-mail message?

    (A) To get feedback from her
    (B) To get a 20 percent discount from her
    (C) To give her a special award
    (D) To thank her for her comments

2. How can Ms. Han receive a discount on her next order?

    (A) By contacting Mr. Bernadino
    (B) By sending him more comments
    (C) By inputting a special code
    (D) By purchasing 20 dollars worth of items

3. When can Ms. Han get her discount?

    (A) In 24 hours
    (B) Before she makes her next order
    (C) At any time
    (D) After replying to Mr. Bernadino

第2章 **全パート攻略テクニック**

Questions 1-3　★★☆

問題文の訳　設問1〜3は次のメールに関するものです。

送信元：bernadino@gofree.com
宛先：k_han@sfn.com
件名：特別ディスカウントのご提供
日付：10月11日

ハン様

<u>当社の配送サービスについて、ご丁寧なご意見をありがとうございました。</u>　← **Q1** 書かれた理由　ゴーフリー・グロサリーでは、最高の品物を効率よくスピーディーにお客様にお届けするよう努力を重ねております。ごひいきのお客様からのご意見によって当社の業務は最高品質を保つことができます。お礼のしるしとして、当店でのお買い物を2割引にさせていただきます。次回にオンラインでお買い物をされる際に、<u>下記のコードを入力してください。お買い物総額から自動的に2割が引かれます。</u> <u>この割引に期限はありませんので、いつでもお好きなときにご利用ください。</u>

Q3 ディスカウントの期間　　**Q2** ディスカウントの受け方

CODE: AKXBT1006

ご愛顧に重ねて御礼申し上げます。またのご利用をお待ち申し上げます。

よろしくお願いいたします。
ビル・バーナディノ
ゴーフリー・グロサリーCEO

- □ **regarding** 前 〜に関して
- □ **strive to** 〜するよう努力する
- □ **timely** 形 時宜を得た
- □ **appreciation** 名 感謝
- □ **deduct** 他 差し引く；控除する
- □ **patronage** 名 愛顧
- □ **award** 名 賞
- □ **delivery** 名 配送
- □ **efficient** 形 効率的な
- □ **dedicated** 形 ごひいきの；献身的な
- □ **provide** 他 提供する
- □ **claim** 他 要求する
- □ **feedback** 名 意見

1. 正解 **(D)**　⚠ メールを送った理由

解説　「メールを送った理由」を聞いているので、冒頭を見る。第1文に Thank you for your kind comments regarding our delivery service. とあり、「配送サービスについてのコメント」に感謝をしている。第2文以下は、「顧客からのコメントの大切さ」→「謝礼としてのディスカウント」と話は続く。「彼女の意見に感謝するため」とする (D) が正解。

2. 正解 **(C)**　⚠ 個別情報

解説　設問の discount という単語は第1パラグラフの半ばに To show our appreciation, we would like to offer you a 20 percent discount on any purchase from our store. と出てくる。ここからは20%のディスカウントが受けられることしかわからないので次の文を見ると、コードを入力する（Just type in the code）ことによって、自動的に20％引かれる（and the 20 percent will automatically be deducted from your total cost）というわけである。type in を input に言い換えて表現した (C) が正解である。

3. 正解 **(C)**　⚠ 個別情報

解説　「ディスカウントの時期」については、第1パラグラフの最後に There is no time limit on your discount, so feel free to claim it at any time. という記述がある。no time limit や claim it at any time より、ディスカウントに有効期間は設定されていない。(C) が正解となる。

設問・選択肢の訳
1. なぜバーナディノさんはハンさんにこのメールを送っているのですか。
   (A) 彼女からの意見を聞くため
   (B) 彼女から2割引にしてもらうため
   (C) 彼女に特別な賞を授与するため
   (D) 彼女の意見に感謝するため

2. ハンさんはどのようにして次の注文で割引を受けることができますか。
   (A) バーナディノさんに連絡することで
   (B) 彼にもっと意見を送ることで
   (C) 特別なコードを入力することで
   (D) 20ドル相当の品物を購入することで

3. ハンさんはいつ割引を受けられますか。
   (A) 24時間後に　　　　　　　　　(B) 次の注文をする前に
   (C) いつでも　　　　　　　　　(D) バーナディノさんに返信した後で

解法2　広告

Questions 4-6 refer to the following advertisement.

At Musical Taste we have the largest selection of all the different types of musical instruments on the market, from tin whistles to grand pianos. We have it all. And not only that, if you require something we don't have on our shelves we will make a custom instrument for you based on your design. We even make reproductions of classical instruments that are no longer in use. Our experts work with precision and detail in order to offer you the most precise instrument, and it is delivered to your doorstep in six to eight weeks. Most of our customers are professional musicians who have high standards when it comes to their musical instruments, but we invite musicians of all levels to see what we have to offer. We are open 7 days a week from 9:00 a.m. to 10:00 p.m. for your convenience. Please check out our web site for more information. We do not sell our instruments online as we feel it is essential to come and try them out.

4. What can be inferred about this advertisement?　類推問題 →各選択肢を問題文と照合する

 (A) The shop only carries rare instruments.
 (B) The shop only makes custom instruments.
 (C) The shop caters mostly to high-level musicians.
 (D) The shop does not sell instruments commercially.

　　　　　　　　　　　　　　　　　Ⓐ Ⓑ Ⓒ Ⓓ

5. What is NOT offered at the shop?　NOT設問 →消去法で誤答選択肢を消していく

 (A) Handmade instruments
 (B) Copies of classical instruments
 (C) A delivery service
 (D) Designer brand instruments

　　　　　　　　　　　　　　　　　Ⓐ Ⓑ Ⓒ Ⓓ

6. How can a customer buy an instrument?　個別情報 → buy の類似表現を探す

 (A) By making a design only
 (B) By ordering online
 (C) By going to the shop in person
 (D) By sending in an order form

　　　　　　　　　　　　　　　　　Ⓐ Ⓑ Ⓒ Ⓓ

第2章 全パート攻略テクニック

Questions 4-6 ★★☆

問題文の訳　設問4～6は次の広告に関するものです。

Q5 店で提供されるもの → 消去

ミュージカルテイストでは、ティンホイッスルからグランドピアノまで、市場に出ているすべての種類の楽器を幅広く取り揃えています。あらゆるものがあります。そして、それだけではありません。もし当店にないものをお望みの場合は、お客様の設計を基にして特注の楽器をお作りします。すでに使用されていない古典楽器の複製もいたします。当店の専門職人は、お客様のために精緻を極めた楽器をお作りするため、正確さと緻密さに徹した仕事をし、6週間から8週間後にご自宅までお届けいたします。当店のお客様はほとんどが、ご自分の楽器について高い基準をお持ちのプロフェッショナルの音楽家ですが、あらゆるレベルの音楽家の皆様に当店が提供する楽器をご覧いただければと思います。ご来店の便宜を図るため、定休日はなく午前9時から午後10時まで開店しております。詳しい情報は当店のウェブサイトをご覧ください。ご来店いただき、試していただくことが大切と考えているため、オンラインでの楽器の販売は行っておりません。

Q6 楽器の購入法　　Q4 広告について類推できること

- **musical instrument** 楽器
- **tin whistle** ティンホイッスル；ペニーホイッスル
- **require** 他 ～を必要とする
- **based on** ～に基づいて
- **classical** 形 古典的な
- **precise** 形 正確な；精密な
- **convenience** 名 便宜
- **try ～ out** ～を試す
- **cater to** ～にサービスなどを提供する
- **shelves** 名 棚
- **reproduction** 名 複製
- **precision** 名 正確さ；精密さ
- **when it comes to** ～の話になると
- **essential** 形 きわめて重要な
- **rare** 形 めずらしい

4. 正解 (C) 類推設問

解説　問題文の中ほどにある Most of our customers are professional musicians who have high standards に注目。ここから、(C) の「この店の客はほとんどがレベルの高い音楽家だ」が正解となる。第1文に At Musical Taste we have the largest selection of all the different types of musical instruments on the market, from tin whistles to grand pianos. とあることから、(A) と (B) は誤り。また、Most of our customers や We are open 7 days a week from 9:00 a.m. to 10:00 p.m. for your convenience. から Musical Taste が楽器店であることは明らかなので (D) も誤り。

5. 正解 **(D)**　❗ NOT 設問

解説　(A) の「手作りの楽器」は if you require something we don't have on our shelves we will make a custom instrument for you based on your design. に、(B) の「古典楽器の複製」は We even make reproductions of classical instruments に、(C) の「配送サービス」は it is delivered to your doorstep にそれぞれ対応する。(D) の「デザイナーブランドの楽器」だけが記述がないのでこれが正解となる。

6. 正解 **(C)**　❗ 個別情報

解説　「販売方法」については、最後の We do not sell our instruments online as we feel it is essential to come and try them out. に注目。「オンラインでは販売せずに、来店して（楽器に）触れてもらう」という販売方針が読み取れる。この文の後半の記述を「実際に店舗に行くことで」と言い換えた (C) が正解である。

| 設問・選択肢の訳 |

4. この広告についてどのようなことが言えますか。
    (A) この店はめずらしい楽器のみを取り扱っている。
    (B) この店は特注楽器のみを製作している。
    (C) この店の客はほとんどがレベルの高い音楽家だ。
    (D) この店は一般向けに楽器を売っていない。

5. この店で取り扱っていないのは何ですか。
    (A) 手作りの楽器
    (B) 古典楽器の複製
    (C) 配送サービス
    (D) デザイナーブランドの楽器

6. 客はどのようにして楽器を買うことができますか。
    (A) デザインだけを作成することで
    (B) オンラインで注文することで
    (C) 実際に店舗に行くことで
    (D) 注文表を送ることで

第2章 全パート攻略テクニック

解法3 記事

Questions 7-9 refer to the following article.

> Although unemployment has been steadily rising over the past year, the month of July has seen surprising declines in unemployment in young people between the ages of 16 and 20. Analysts say that a higher number of new graduates from high school and college students landed temporary or permanent employment during the month of July. The unemployment rate that month was 9.8 percent, which is the lowest July rate in five years. Most of the jobs obtained by youths were in the food industry and retail customer service, with a small percentage obtaining jobs within the corporate sector. Analysts cannot predict, however, if this is the beginning of a trend or just a temporary decrease.

7. What is the purpose of this article? 　文章の目的 →冒頭を見る
   (A) To report an analyst's prediction
   (B) To report an increase in the unemployment rate among youths
   (C) To report that young people are getting more jobs
   (D) To report the unemployment rate among college graduates

   Ⓐ Ⓑ Ⓒ Ⓓ

8. The word "sector" in line 2 from the bottom is closest in meaning to 　単語問題 → corporate との組み合わせに着目
   (A) space
   (B) shape
   (C) piece
   (D) part

   Ⓐ Ⓑ Ⓒ Ⓓ

9. What is implied about the unemployment rate in July?
   　類推問題 →誤答選択肢を消去していく
   (A) It decreased by at least five percent this year.
   (B) It is not known whether it will continue its current trend.
   (C) It was at its lowest rate in ten years.
   (D) Analysts predict it will continue to decrease.

   Ⓐ Ⓑ Ⓒ Ⓓ

第2章 全パート攻略テクニック

Questions 7-9 ★★☆

問題文の訳 設問7～9は次の記事に関するものです。

Q7 記事の目的

昨年は失業率が徐々に上昇を続けたが、7月には16歳から20歳の若年層の失業率が驚くべきことに下降している。専門家によると、高校や短大の卒業生の多くが7月中に臨時雇用または正規雇用の契約を結んだと見られる。7月の失業率は9.8パーセントで、過去5年間の7月の数字としては最も低い。若年層が獲得した職の多くは飲食業と小売接客業で、少数が企業部門で職を得ている。しかし、専門家もこれが新たな傾向となるのか、単なる一時的な下降なのかは予測できていない。

Q9 7月の失業率について言えること　Q8 sector に一番近い単語

- □ **unemployment** 名 失業
- □ **decline** 名 下降；下落
- □ **land** 他（仕事を）見つける
- □ **permanent** 形 正社員の
- □ **corporate sector** 企業部門
- □ **current** 形 現在の
- □ **steadily** 副 着実に
- □ **analyst** 名 アナリスト；分析専門家
- □ **temporary** 形 臨時の；一時的な
- □ **obtain** 他 獲得する
- □ **predict** 他 予測する

7. 正解 (C) 🔔 文章の目的

解説　第1文の主節で the month of July has seen surprising declines in unemployment in young people between the ages of 16 and 20 と「7月期に若年層の失業率が低下した」と述べ、次の文以降もこの7月の雇用増について解説している。したがって、「若者が多くの仕事を獲得していることを報告すること」とする (C) が最適である。

8. 正解 (D) 🔔 単語問題

解説　sector は within the corporate sector で使われている。sector は「他と区別された領域や部分」という意味で、ここでは、food industry（飲食業）や retail customer service（小売接客業）と対比して、「企業という産業領域」を指す。(D) の part（全体に対する部分）が最適。(A) の space は「空いている、または利用可能な空間・領域」のことで、意味合いが違う。

9. 正解 (B) 類推問題

解説 「失業率」については最後に Analysts cannot predict, however, if this is the beginning of a trend or just a temporary decrease. と書かれている。アナリストは「トレンドの始まりか、一時的な低下かわからない」としているので、(D)「専門家は下降が続くと予測している」は誤りで、(B)「現在の傾向が続くかどうかはわからない」が正解となる。(A)「今年は少なくとも5パーセント減少した」は記述がない。(C)「過去10年で最も低かった」は which is the lowest July rate in five years から誤り。

設問・選択肢の訳

7. この記事の目的は何ですか。
   (A) 専門家の予測を報告すること
   (B) 若者の失業率の増加を報告すること
   (C) 若者が多くの仕事を獲得していることを報告すること
   (D) 短大の卒業生の失業率を報告すること

8. 後ろから2行目の「sector」という単語に最も意味の近いものはどれですか。
   (A) 空間
   (B) 形
   (C) かけら
   (D) 部分

9. 7月の失業率についてどのようなことが言えますか。
   (A) 今年は少なくとも5パーセント減少した。
   (B) 現在の傾向が続くかどうかはわからない。
   (C) 過去10年で最も低かった。
   (D) 専門家は下降が続くと予測している。

解法4　ダブルパッセージ（フォーム＋メール）

Questions 10-14 refer to the following schedule and e-mail.

Upcoming Trade Show Schedule

May 2, 11:00 a.m.: First day on site to start setting up booths
May 3, 11:00 a.m.: Construction of the booths
May 4, 11:00 a.m.: Electricity installed and furniture brought in
May 5, 11:00 a.m.: Delivery of the goods to be shown
May 6, 11:00 a.m.: Set up and display of the goods
May 7, 10:00 a.m.: Opening day, booths manned by Alex and Fiona
May 8, 10:00 a.m.: Next day of show, booths manned by Carol and Marty
May 9, 9:30 a.m.: Closing day. Attending staff members are Carol, Marty, Fiona, Alex, Bill and Allison. Alex will make a closing speech.
May 10 11:00 a.m.: Break down of booths and clean up
May 11 11:00 a.m.: Last day to clear out of the site

To:	alex@bds.net
From:	fiona@bds.net
Subject:	The upcoming trade show schedule

Dear Alex,

I was looking over the schedule for the upcoming trade show and had a few questions. I noticed that the crews for the set up and break down of the booths are not mentioned. Are we also required to do those things, or are you using outsourced labor? Also, we have some perishable items that will be displayed. Have you arranged for refrigeration facilities? Are we required to help with breaking it down afterward? Also, what should we do if we get any orders? I would be happy to assist you in any other tasks beyond the two days that I am required to be there. I will show up at least a half an hour earlier before manning the booths to make sure that the displays are clean and set up properly. I look forward to it.

Regards,
Fiona

10. What will happen on the second day of the trade show?
　　　　　　　　　　　　　　　　　個別情報 → May 8 を見る

(A) The booths will be constructed.
(B) Alex and Fiona will work at the booths.
(C) Carol and Marty will work at the booths.
(D) Marty and Carol will construct the booths.

Ⓐ Ⓑ Ⓒ Ⓓ

11. Why did Fiona send an e-mail message to Alex?
　　　　　　　　　　　　　文章の目的 →メールの前半を見る

(A) To offer to work at a booth
(B) To ask for a different assignment
(C) To ask about perishable items
(D) To ask some things about the set up

Ⓐ Ⓑ Ⓒ Ⓓ

12. What does Fiona NOT ask about the trade show?
　　　　　　　　　　NOT 設問 →消去法で誤答選択肢を消していく

(A) If there will be a way to keep some items cool
(B) If Alex can come in earlier to check the set up
(C) If people from the outside will do the set up
(D) If a display is required

Ⓐ Ⓑ Ⓒ Ⓓ

13. What does Fiona want to know about May 2?
　　　　　　　　　　クロスレファレンス →両方の文書を見る

(A) If she is responsible for helping
(B) If someone else can take her place
(C) If Alex has arranged for refrigeration facilities
(D) If she should take orders from customers

Ⓐ Ⓑ Ⓒ Ⓓ

14. What will Fiona do on the closing day of the trade show?
　　　　　　　　　　クロスレファレンス →両方の文書を見る

(A) Help Alex with various tasks
(B) Show up at 9:00
(C) Take down the booth
(D) Make a closing speech

Ⓐ Ⓑ Ⓒ Ⓓ

第2章 全パート攻略テクニック

Questions 10-14 ★★★

問題文の訳 設問10〜14は次のスケジュールとメールに関するものです。

[文書①]

次回のトレードショーのスケジュール

5月2日、午前11時：　　　現場の第1日目。ブースの設営開始
5月3日、午前11時：　　　ブースの組み立て
5月4日、午前11時：　　　電気の導入、備品の搬入
5月5日、午前11時：　　　展示用製品の配送
5月6日、午前11時：　　　製品の設置および展示
5月7日、午前10時：　　　初日、ブース当番はアレックスとフィオナ
5月8日、午前10時：　　　ショーの第2日目、ブース当番はキャロルとマーティ
5月9日、午前9時30分：最終日。参加メンバーはキャロル、マーティ、フィオナ、アレックス、ビル、アリソン。アレックスによる閉会の挨拶
5月10日、午前11時：　　ブースの解体と清掃
5月11日、午前11時：　　現場の片付けをして終了

Q10 トレードショーの2日目に起こること
Q14 トレードショーの最終日にフィオナがすること

[文書②]

宛先：alex@bds.net
送信者：fiona@bds.net
件名：次回トレードショーのスケジュール

アレックス　　　Q11 フィオナがアレックスにメールを送った理由

次回のトレードショーのスケジュールを見ましたが、いくつか質問があります。ブースの設営と解体の担当者が書かれていないようです。それも私たちがやるのでしょうか、それとも外注を頼むのですか。また、展示物の中に腐りやすいものがあります。冷蔵設備は用意されているでしょうか。終了後その解体も手伝う必要がありますか。また、注文を受けた場合、どうすればよいのでしょうか。私は2日間の当番ですが、それ以外の仕事があればお手伝いします。ブース当番の少なくとも30分前には顔を出して、展示物がきれいに整然と並べられているかどうか確認するつもりです。楽しみにしています。

Q13 5月2日についてフィオナが知りたいこと

Q14 トレードショーの最終日にフィオナがすること

Q12 フィオナがトレードショーについて述べていること → 消去

よろしくお願いします。
フィオナ

- **upcoming** 形 次回の；来たるべき
- **on site** 現場で
- **display** 名 展示（物）
- **trade show** トレードショー；貿易見本市
- **install** 他 設置する
- **man** 他 〜に要員を配置する

132

- ☐ **make a closing speech** 閉会の挨拶をする
- ☐ **crew** 名 要員；チーム
- ☐ **outsourced labor** 外注した労働力
- ☐ **refrigeration facilities** 冷蔵設備
- ☐ **show up** 現れる
- ☐ **assignment** 名 業務
- ☐ **breakdown** 名 解体
- ☐ **mention** 他 言及する
- ☐ **perishable** 形 腐りやすい
- ☐ **afterward** 副 後で
- ☐ **properly** 副 適切に；きちんと

10. 正解 (C) 🚨 個別情報

解説 スケジュールを見る。注意したいのは、Trade Show の開催期間は May 7 (Opening day) から May 9 (Closing day) の3日間であり、他の日はその準備と片付けであること。開催2日目を聞いているので、May 8, 10:00 a.m.: Next day of show, booths manned by Carol and Marty を見る。「Carol と Marty がブースにつめる」ということなので、(C) が正解である。

11. 正解 (D) 🚨 文章の目的

解説 メールの冒頭文は I was looking over the schedule for the upcoming trade show and had a few questions. で「質問がある」と言っている。第3文には Are we also required to do those things, or are you using outsourced labor? とあり、「ブース設営について手伝うことがないか」たずねている。以下も、ブースの設営、片付けなどに関する質問。選択肢では「設営についていくつかのことを尋ねるため」とする (D) が最適。

12. 正解 (B) 🚨 NOT 設問

解説 メールを見る。(A)「品物を冷たく保存する方法があるかどうか」は Have you arranged for refrigeration facilities? に、(C)「外部の人が設営をするかどうか」は are you using outsourced labor? に、(D)「展示 (設営) をしなければならないかどうか」は the crews for the set up and break down of the booths are not mentioned. Are we also required to do those things にそれぞれ対応する。(B)「アレックスが設営現場を点検するために早めに来られるかどうか」だけが書かれていないので、これが正解である。

13. 正解 (A) 🚨 クロスレファレンス

解説 スケジュールの May 2 を見ると、First day on site to start setting up booths とあり、「ブースの設置を始める日」である。一方、メールにある I noticed that the crews for the set up and break down of the booths are not mentioned. Are we also required to do those things, の記述は May 2 の設置の仕事も含むと考えられる。Fiona は「手伝いが必要かどうか」を聞いているので、「彼女が手伝わなければならないのかどうか」とする (A) が正解である。

第2章 全パート攻略テクニック

14. 正解 **(B)** 🛈 クロスレファレンス

解説　May 9 を見ると、集合時刻は 9:30 で、出席者には Fiona が含まれている。一方、Fiona のメールでは I will show up at least a half an hour earlier before manning the booths として、「30 分早めに行く」と述べている。つまり、彼女は「9 時にはブースに行く」ということなので、(B) が正解である。show up は「現れる」の意。(D) の「閉会の挨拶をする」のはスケジュールより、Alex である。

設問・選択肢の訳

10. トレードショーの 2 日目には何がありますか。
(A) ブースが組み立てられる。
(B) アレックスとフィオナがブースで仕事をする。
(C) キャロルとマーティがブースで仕事をする。
(D) マーティとキャロルがブースを組み立てる。

11. なぜフィオナはアレックスにメールを送ったのですか。
(A) ブースでの仕事を申し出るため
(B) 違う仕事を願い出るため
(C) 腐りやすい品物についてたずねるため
(D) 設営についていくつかのことをたずねるため

12. フィオナがトレードショーについてたずねていないことは何ですか。
(A) 品物を冷たく保存する方法があるかどうか
(B) アレックスが設営現場を点検するために早めに来られるかどうか
(C) 外部の人が設営をするかどうか
(D) 展示をしなければならないかどうか

13. 5 月 2 日についてフィオナが知りたいことは何ですか。
(A) 彼女が手伝わなければならないかどうか
(B) 他の誰かが彼女の代わりをできるかどうか
(C) アレックスが冷蔵設備を用意しているかどうか
(D) 客からの注文を彼女が取るべきかどうか

14. トレードショーの最終日にフィオナは何をする予定ですか。
(A) いろいろな仕事でアレックスを手伝う
(B) 9 時に現場に来る
(C) ブースを取り壊す
(D) 閉会の挨拶をする

ボキャブラリー・フォーカス Part 7

よく出るビジネス語 100

★：要注意単語

会社・オフィス

- ★ ☐ establish / found 他 (会社を)設立する
- ★ ☐ headquarters 名 本社
- ☐ branch 名 支店
- ☐ general affairs 総務
- ★ ☐ personnel / human resources 人事
- ☐ extension 名 (電話の)内線
- ☐ copier 名 コピー機
- ☐ anniversary 名 (創立)記念日
- ☐ subsidiary 名 子会社
- ☐ division 名 部門
- ☐ accounting 名 経理
- ☐ cafeteria 名 社員食堂
- ★ ☐ office supplies 事務用品
- ★ ☐ paper jam 紙詰まり

請求書・見積書

- ☐ invoice / bill 名 請求書
- ☐ outstanding balance 未払い残高
- ★ ☐ transaction 名 取引
- ★ ☐ monthly statement 月次明細書
- ☐ withdraw 他 (お金を)引き出す
- ☐ quotation / estimate 名 見積書
- ☐ expiration date (クレジットカードなどの)有効期限
- ☐ transfer 名他 送金(する)
- ☐ savings account 普通預金口座
- ☐ interest rate 金利

業務

- ☐ assignment / duty 名 業務
- ☐ run errands お使いに行く
- ☐ work overtime 残業する
- ★ ☐ commute 自 通勤する
- ☐ profit / loss 利益/損失
- ☐ bottom line 損益分岐点；(the ～)最重要点
- ☐ expense 名 経費
- ★ ☐ reimbursement 名 (経費などの)払い戻し
- ☐ chores 名 雑用
- ☐ routine 名 日常の決まった仕事
- ★ ☐ work the shift 交代勤務で働く
- ☐ quarter 名 四半期
- ☐ revenue 名 収入

135

人事

- □ **applicant** 名 応募者
- □ **candidate** 名 候補者
- □ **résumé** 名 履歴書
- □ **interview** 名 面接
- □ **reference** 名 推薦者
- ★□ **take over** ～を引き継ぐ
- □ **replacement** 名 後任者
- □ **subordinate** 名 部下
- ★□ **colleague** 名 同僚
- ★□ **raise** 名 昇給
- □ **promote** 他 昇格させる ◆promotion（昇格）
- □ **transfer** 他 転勤させる 名 転勤
- □ **allowance** 名 手当
- □ **insurance** 名 保険
- □ **checkup** 名 健康診断

会議・プレゼン

- □ **moderate / preside over** 司会をする
- □ **attendee** 名 出席者
- □ **agenda** 名 協議事項；議題
- □ **convene** 他 (会議を) 招集する
- □ **adjourn** 他 散会する；休会する
- □ **objection** 名 反対意見
- □ **vote** 名 自 採決（する）
- ★□ **minutes** 名 議事録

企業戦略・合併

- □ **strategy** 名 (全体的な) 戦略 ◆tactics [部分的な] 戦術
- ★□ **merger** 名 合併 ◆M & A (merger and acquisition)（合併・吸収）
- □ **joint venture** 合弁事業
- □ **alliance** 名 提携
- □ **synergy** 名 相乗効果
- □ **restructure** 他 ～の事業再編をする
- ★□ **turn around** （業績を）回復させる；黒字化する
- □ **downsize** 他 縮小する
- □ **bankrupt** 形 倒産した ◆bankruptcy（倒産）
- ★□ **expand** 他 拡大する ◆expansion（拡大）

不動産

- ☐ **real estate** 不動産　◆**real estate agent**（不動産業者）
- ★☐ **mortgage** 名 住宅ローン；担保　　☐ **down payment** （ローンの）頭金
- ★☐ **rent** 名 家賃　　☐ **spacious** 形 広々とした
- ☐ **vacant** 形 空き家の；空いている　　☐ **neighborhood** 名 近隣（地域）
- ☐ **refurbish / renovate** 他 改修する；リフォームする
- ☐ **subdivision** 名 (区分) 分譲地　　☐ **residential area** 住宅地域
- ☐ **utilities** 名 公共料金；公益事業

契約・交渉

- ☐ **contract** 名 契約（書）　　★☐ **draft** 名 草案；ドラフト
- ☐ **seal a deal** 契約に調印する　　★☐ **terms and conditions** 条件
- ☐ **party** 名 (契約の) 当事者
- ☐ **obligatory / compulsory** 形 義務のある
- ☐ **deadline** 名 期限；締め切り　　☐ **signature** 名 サイン；署名
- ☐ **valid** 形 有効な　◆**invalid**（無効な）
- ★☐ **renew** 他 更新する　　☐ **attorney** 名 弁護士

出張・スケジュール

- ☐ **itinerary** 名 旅行スケジュール
- ★☐ **accommodations** 名 宿泊施設
- ☐ **book / reserve** 他 予約する
- ☐ **reconfirm** 他 予約を確認する
- ★☐ **fare** 名 運賃　◆「料理」「(イベントの) 出し物」という意味も。
- ☐ **trade show** 展示会；商品見本市
- ★☐ **venue** 名 (イベントなどの) 開催場所
- ☐ **reception** 名 晩餐会；レセプション

動詞カプセル10

1 増減する

- □ **increase**
  他 増やす 自 増える
- □ **raise**
  他 引き上げる
- □ **decline**
  自 減少する 他 断る
- □ **reduce**
  他 減らす
- □ **decrease**
  他 減らす 自 減る

2 拡大する・縮小する

- □ **expand**
  他 拡大する
- □ **extend**
  他 拡張する
- □ **spread**
  他 広げる 自 広がる
- □ **enlarge**
  他 引き延ばす
- □ **shrink**
  自 縮む

3 取引する

- □ **negotiate**
  自 交渉する
- □ **guarantee**
  他 保証する
- □ **fulfill**
  他 実行する
- □ **collaborate** *with*
  自 協業する
- □ **merge** *with*
  自 合併する

4 採用する・退職する

- □ **apply** *for*
  自 応募する
- □ **hire**
  他 採用する
- □ **employ**
  他 雇用する
- □ **retire**
  自 退職する
- □ **resign** *from*
  自 辞任する

5 人事・資格

- □ **transfer**
  他 転勤させる
- □ **evaluate**
  他 査定する
- □ **designate**
  他 任命する；指定する
- □ **assign**
  他 割り振る；任命する
- □ **evaluate**
  他 評価する

⑥ 準備する・実行する

- **prepare (for)**
  自他 準備する
- **estimate**
  他 見積もる
- **conduct**
  他 運営・管理する
- **implement**
  他 実行する
- **proceed**
  自 進行する

⑦ 金銭

- **earn**
  他 稼ぐ
- **expire**
  自 期限が切れる
- **charge**
  他 請求する
- **afford**
  他 〜する余裕がある
- **donate**
  他 寄付する

⑧ 表明する

- **disclose**
  他 公表する
- **inquire** *about*
  自 問い合わせる
- **present**
  他 提示する；提案する
- **propose**
  他 提案する
- **specify**
  他 明確に述べる

⑨ 賛成する・承認する

- **accept**
  他 受け入れる
- **consent** *to*
  自 同意する
- **adopt**
  他 採用する
- **compromise**
  自 妥協する
- **approve**
  他 承認する

⑩ 要請する

- **require**
  他 必要とする
- **claim**
  他 要求する
- **complain** *about*
  自 クレームを言う
- **file** *for*
  自 申し立てる
- **ensure**
  他 請け合う；保証する

139

形容詞・副詞カプセル12

1 適正

- **proper** 適当な；上品な
- **appropriate** 適当な；妥当な
- **adequate** 妥当な；間に合う
- **decent** まともな；慎み深い
- **authentic** 真正の（反 **false** 偽りの）

2 重要

- **essential** 必須の；本質的な
- **crucial** 決定的な；きわめて重大な
- **critical** 決定的な；危機の
- **vital** 不可欠な
- **primary** 第一の

3 義務

- **mandatory** 命令の；強制の
- **imperative** 必須の
- **binding** 拘束力のある
- **optional** 選択できる
- **voluntary** 自主的な

4 価値・利益

- **reasonable** 相応の；手頃な
- **affordable** 価格が手頃な
- **luxury** 豪華な；ぜいたくな
- **complimentary** 無料の
- **lucrative** 儲かる

5 注目

- **remarkable** 注目すべき
- **amazing** 驚くべき
- **incredible** 信じられないほどの
- **prominent** 著名な；卓越した
- **acclaimed** 定評のある；賞賛を受けている

6 能力

- **competent** 有能な
- **proficient** 熟達した
- **qualified** 能力・資格のある
- **experienced** 経験のある
- **skilled** 技能のある

7 性格・考え

- **diligent** 勤勉な
- **dedicated** 献身的な
- **flexible** 柔軟な
- **innovative** 革新的な
- **generous** 気前のいい

8 関係

- **alternative** もう一方の
- **respective** それぞれの
- **exclusive** 独占的な
- **mutual** 相互の
- **unanimous** 全会一致の

9 場所・位置

- **domestic** 国内の；家庭の
- **adjacent** 近隣の
- **remote** 離れた；ありそうにない
- **surrounding** 周囲の
- **isolated** 孤立した

10 クオリティ

- **competitive** 競争力のある
- **cutting-edge** 最先端の
- **top-end** 最上級の
- **posh** 豪華な
- **ordinary** 普通の；並の

🔟 時間（形容詞）

- **due** 期限がきている
- **prior** 前の
- **subsequent** 次の；続いて起こる
- **urgent** 至急の
- **tentative** 仮の；一時的な

---

12 時間（副詞）

- **immediately** 今すぐに
- **simultaneously** 同時に
- **eventually** 結果的に
- **previously** 以前に
- **afterward(s)** 後で（反 **beforehand** 事前に）

第3章
模擬テスト

TOEICの本試験と同じ200問の模擬テストにチャレンジしましょう。問題文・マークシート・スコアレンジ換算表は別冊の「問題冊子」に収録されています。問題冊子は本体から簡単に取り外せます。
リスニング・セクションはCD（Track 24-87）の音声にしたがって進め（約45分）、リーディング・セクションは75分の制限時間で解いてみましょう。

正解・解説

リスニング・セクション ……… 144
リーディング・セクション ……… 196

第3章 模擬テスト

Part 1

1. 正解 **(C)** ★★☆ ❗人が1人の場合は動作に注意して聞く CD 25

解説 「女性は機械の方を向いている (facing)」ので正解は (C) である。(A) の「女性が指示を読んでいる」ことや、(B) の「女性がカードを挿入しようとしている」ことは写真からはわからないので誤答。想像で選んではいけない。(D) の a stole (ストール) は is wearing (身につけている) であるが、is putting on (身につけようとしている) ではない。

スクリプト

(A) A woman is reading instructions.
(B) A woman is inserting a card into an ATM.
(C) A woman is facing the machine.
(D) A woman is putting on a stole.

スクリプトの訳

(A) 女性は指示を読んでいる。
(B) 女性はカードをATMに挿入している。
(C) 女性は機械の方を向いている。
(D) 女性はストールを身につけようとしている。

- **instructions** 名 指示
- **face** 他 〜の方を向く
- **insert** 他 挿入する
- **stole** 名 ストール

---

2. 正解 **(D)** ★★☆ ❗人が1人の場合は動作に注意して聞く CD 26

解説 「彼女は書類仕事 (paperwork) を処理している (handle)」ので正解は (D) である。(A) のようにノートに書き込んでいないし、(B) の電話は存在しないので誤答。(C) は、コンピュータは存在するが彼女は「電源を入れる (switch on)」動作をしていない。

スクリプト

(A) She's writing in a notebook.
(B) She's hanging up the telephone.
(C) She's switching on a computer.
(D) She's handling paperwork.

スクリプトの訳

(A) 彼女はノートに書き込んでいる。
(B) 彼女は電話を切ろうとしている。
(C) 彼女はコンピュータの電源を入れている。
(D) 彼女は書類仕事を処理している。

- **hang up the telephone** 電話を切る
- **handle** 他 処理する
- **switch on** 〜の電源を入れる
- **paperwork** 名 書類仕事

3. 正解 (B) ★★☆ ❗ theyが主語になる写真は共通の動作・状態に注目 CD 27

解説　「彼らは同じ方向へ (in the same direction) 歩いている」ので、正解は (B) である。(A) はトラックに荷物が積んであることから、また (C) は後ろにある像 (statue) に惑わされて想像で選んではいけない。(D) も、美術館は写っていないので誤答。

スクリプト

(A) They're loading a truck.
(B) They're walking in the same direction.
(C) They're looking at the statue.
(D) They're going toward the museum.

スクリプトの訳

(A) 彼らはトラックに荷物を積み込んでいる。
(B) 彼らは同じ方向に歩いている。
(C) 彼らは像を見ている。
(D) 彼らは美術館に向かっている。

- □ **load** 他 荷物を積み込む　　□ **in the same direction** 同じ方向に
- □ **statue** 名 像　　□ **go toward** 〜に向かう

4. 正解 (C) ★★☆ ❗ some people は複数の人の共通の動作・状態に注目 CD 28

解説　「複数の人が次の階に上がっている (going up to the next floor)」ので正解は (C) である。(A) は、複数の人が elevator ではなく、escalator に乗っているので誤答。類似単語に迷わされないように。(B) は1人が階下に降りているが、複数の人の共通の動作ではないので誤答。(D) も、両手で手すり (rail) を持つ複数の人が写っていないので誤答。

スクリプト

(A) Some people are in the elevators.
(B) Some people are going downstairs.
(C) Some people are going up to the next floor.
(D) Some people are holding the rails with both hands.

スクリプトの訳

(A) 何人かの人がエレベーターに乗っている。
(B) 何人かの人が階下に降りている。
(C) 何人かの人が次の階に上がっている。
(D) 何人かの人が両手で手すりを持っている。

- □ **go downstairs** 階下に降りる　　□ **rail** 名 手すり

第3章 模擬テスト

5. 正解 (A) ★★☆ ❗ 物を something で表すことがある

解説「女性は下を向いて何か (something) を見ている」ので正解は (A) である。具体的な物の名称ではなく something が正解になることがある。(B) の「女性が自転車をロックしている」のか、(D) の「所持品をバスケットに入れている」のか、具体的なことはわからないのでいずれも誤答。想像で選ばないように。(C) も、自転車は壁に寄り掛かっているわけではないので誤答である。

スクリプト

(A) The woman is looking down at something.
(B) The woman is locking her bicycle.
(C) The bicycles are leaning against a wall.
(D) The woman is putting her belongings into the basket.

スクリプトの訳

(A) 女性は下を向いて何かを見ている。
(B) 女性は自転車をロックしている。
(C) 自転車は壁に寄り掛かっている。
(D) 女性はバスケットに持ち物を入れようとしている。

- □ **lean against** 〜に寄り掛かる
- □ **put A into B** AをBに入れる
- □ **belongings** 名 持ち物

---

6. 正解 (C) ★☆☆ ❗ some 〜、people の共通の動作に注目する

解説「人々は鳥にエサをあげている (feeding)」ので正解は (C) である。(B) は、人々は釣りをしていないので誤答。数羽の鳥は「飛んで (flying up)」いないし、「岸の上 (on the shore)」にもいないので、(A) も (D) も誤答である。(D) は near the shore なら正解となる。

スクリプト

(A) Some birds are flying up into the sky.
(B) People are fishing in the pond.
(C) People are feeding the birds.
(D) Some birds are on the shore.

スクリプトの訳

(A) 数羽の鳥が空高く飛んでいる。
(B) 人々は池で魚を釣っている。
(C) 人々は鳥にエサをあげている。
(D) 数羽の鳥が岸辺にいる。

- □ **feed** 他 〜にエサを与える
- □ **shore** 名 岸；沿岸

7. 正解 (A) ★★★ 　物は総称がよく使われる

解説　「彼は梯子 (ladder) を車に (against a vehicle) 立てかけている (propping)」ので (A) が正解である。具体的な名前 (truck) より総称 (vehicle) が正解になることが多い。(B) は、彼は梯子に上っていないので誤答。(C) は、彼は柱 (pole) を立てかけているわけではないので誤答。(D) も、彼は倉庫 (warehouse) を作ってはいないので誤答である。

スクリプト

(A) **He's propping a ladder against a vehicle.**
(B) He's climbing the ladder.
(C) He's setting up a pole.
(D) He's constructing a warehouse.

スクリプトの訳

(A) **彼は梯子を車に立てかけている。**
(B) 彼は梯子に上っている。
(C) 彼は柱を立てている。
(D) 彼は倉庫を作っている。

- **ladder** 图 梯子
- **climb** 他 上る
- **warehouse** 图 倉庫
- **prop A against B** AをBに立てかける
- **set up** ～を立てる

---

8. 正解 (B) ★★☆ 　風景は物の位置と状態から判断する

解説　「車が影を落としている (casting shadows)」ので (B) が正解である。cast a shadowで覚えておきたい。(A) は「バイク (motorcycles)」が、(D) は「車庫 (garage)」が写真にはないので誤答。(C) も、車は道路の左側ではなく右側に駐車されているので誤答である。

スクリプト

(A) Some motorcycles are parked in a line.
(B) **Cars are casting shadows.**
(C) Cars are parked on the left of the road.
(D) There is a garage near the car.

スクリプトの訳

(A) 数台のバイクが1列に並べられている。
(B) **車が影を落としている。**
(C) 車は道路の左側に駐車されている。
(D) 車のそばに車庫がある。

- **in a line** 一列に
- **cast a shadow** 影を落とす

147

第3章 模擬テスト

9. 正解 (A) ★★☆ ❗ There is (are) の次をしっかり聞く

解説 There is (are) の次にくる名詞の状態をしっかり聞き取ろう。「絵画が壁に複数枚掛かっている (paintings hung up on the wall)」ので (A) が正解である。(B) は「植物 (plant)」が存在せず、(C) は「ソファー (sofa)」は列になって (in a row) いないので、いずれも誤答。(D) では「ランプ (lamp)」はセンターテーブルではなくソファーの両側にあるので誤答である。

スクリプト

(A) There are paintings hung up on the wall.
(B) There is a plant in the corner of the room.
(C) There are sofas arranged in a row.
(D) There is a lamp on the center table.

スクリプトの訳

(A) 壁に絵画が掛けられている。
(B) 部屋の隅には植物がある。
(C) 列になって並べられたソファーがある。
(D) センターテーブルにはランプがある。

□ **hung up** 掛けられた　　　　□ **in the corner of** 〜の隅に
□ **in a row** 列になって　　　　□ **lamp** 名 ランプ；照明器具

---

10. 正解 (D) ★★★ ❗ 人々の動作を聞き取る。受け身表現にも注意

解説 レジで女性が財布を出して勘定をする動作をしている。つまり「購入がなされている (A purchase is being made.)」ので (D) が正解である。(A) は、「客たちは商品に手を伸ばしている (reach for a product)」わけではないので誤答。(B) は、カートは女性の横にあるが女性は押していないので誤答。(C) も、彼らが店を出ようとする共通の動作をしていないので、これも誤答である。

スクリプト

(A) They're reaching for a product.
(B) A woman is pushing a cart.
(C) They're exiting the store.
(D) A purchase is being made.

スクリプトの訳

(A) 彼らは商品に手を伸ばしている。
(B) 1人の女性がカートを押している。
(C) 彼らは店を出ようとしている。
(D) 購入がなされている。

□ **reach for** 〜に手を伸ばす　　□ **push a cart** カートを押す
□ **exit** 他 出る　　　　　　　　□ **purchase** 名 購入

Part 2

11. 正解 **(B)** ★☆☆　Where 疑問文

解説 Where 〜？と「総務部の場所」が問われている。正解は「2階」と場所で答えている (B) である。(A) は、百貨店の名前で答えていて質問に合わないので誤答。質問文と同じ単語 department に惑わされないように。(C) は、疑問詞で始まる疑問文では Yes/No で答える応答文は必ず誤答となることからも瞬時に外せる。

スクリプト

Where is the general affairs department office?
(A) Go to the Mary Department Store.
(B) On the second floor.
(C) No, I'm not an employee.

スクリプトの訳

総務部はどこにありますか。
(A) メアリー百貨店に行きなさい。
(B) 2階です。
(C) いいえ、私は従業員ではありません。

☐ **general affairs department** 総務部　　☐ **employee** 名 従業員

---

12. 正解 **(A)** ★★☆　Which 疑問文

解説 Which 〜？で「どのアパートを借りるつもりか」と問われている。正解は「山腹にあるアパート」と具体例で答えている (A) である。(B) は、疑問詞で始まる疑問文では Yes/No で答える応答文は必ず誤答。(C) は、質問文の rent の類似音 lent が入っているので惑わされないように。

スクリプト

Which apartment are you going to rent?
(A) The one on the hillside.
(B) Yes. It's too far away from my office.
(C) I'm going to lend it to you.

スクリプトの訳

どのアパートをあなたは借りるつもりですか。
(A) 山腹にあるアパートです。
(B) はい。私のオフィスから遠すぎます。
(C) 私はあなたに貸すつもりです。

☐ **rent** 他 借りる　　☐ **hillside** 名 山腹
☐ **lend** 他 貸す

第3章 模擬テスト

13. 正解 (C) ★★☆ How often 疑問文　CD 38

解説 How often 〜？と「バスの運行頻度」が問われている。正解は「30分毎」と頻度 (every 〜：〜毎に) で答えている (C) である。(A) は通勤手段を答えているので誤答。(B) は質問文の bus の類似音 bath が入っているので惑わされないようにしよう。

スクリプト

How often does the bus come?
(A) I commute by car.
(B) I took a bath.
(C) Every 30 minutes.

スクリプトの訳
どれくらいの頻度でバスは来ますか。
(A) 私は車で通勤します。
(B) 私はお風呂に入りました。
(C) 30分毎です。

☐ **commute** 通勤する

---

14. 正解 (B) ★★★ Who 疑問文　CD 39

解説 Who 〜？で「猫たちを世話する人」が問われている。正解は「私の妹」と答えている (B) である。your cats が複数なので (A) は it が them なら正解になりうる。(C) は時で答えているので誤答。

スクリプト

Who is taking care of your cats while you are away?
(A) You should take care of it.
(B) My younger sister.
(C) Next week.

スクリプトの訳
あなたの留守中は誰が猫の世話をするのですか。
(A) あなたはそれの世話をするべきです。
(B) 私の妹です。
(C) 来週です。

☐ **be away** 留守である　　☐ **take care of** 〜を世話する

15. 正解 (A) ★★☆ 　実は when 疑問文

解説 Do you know ～? 型の疑問文である。疑問詞 when を聞き取る必要がある。正解はスタートする日で答えている (A) である。(B) は、質問文の news の類似単語 newscaster が入っているので惑わされないようにしよう。(C) は質問文の drama からテレビを連想したものだが質問とかみ合っていない。

スクリプト

Do you know when the new drama will be broadcast?
(A) It will start on May 5th.
(B) I'm not a newscaster.
(C) No, I didn't change the channel.

スクリプトの訳
新しいドラマがいつ放映されるか知っていますか。
(A) 5月5日に始まります。
(B) 私はニュースキャスターではありません。
(C) いいえ、私はチャンネルを変えませんでした。

☐ **be broadcast** 放送される

---

16. 正解 (B) ★★☆ 　平叙文

解説 平叙文は話者の心中を読み取り、一番自然な応答文を選ぼう。正解は、「小包は私には重すぎる」に対して「お手伝いしましょうか」と申し出ている (B) である。(A) は平叙文の heavy からの連想で light を選ばないように。(C) は、ハンドバッグ購入のアドバイスは辻褄が合わないので誤答。parcel の類似音 purse に惑わされないように。

スクリプト

This parcel is too heavy for me.
(A) I'd like to have a light meal.
(B) Shall I help you?
(C) You should buy a new purse.

スクリプトの訳
この小包は私には重すぎます。
(A) 軽食をいただきたいです。
(B) お手伝いしましょうか。
(C) あなたは新しいハンドバッグを購入するべきです。

☐ **parcel** 小包　　☐ **purse** ハンドバッグ

第3章 模擬テスト

17. 正解 (A) ★★☆　❗許可表現　CD 42

解説 May I 〜? で許可を求めている。許可を求められたときの典型的な承認フレーズの Sure が入っている (A) Sure. I'll bring them soon. が正解である。(B) は質問文の blanket の類似音 blanks に、(C) は質問文の pillow の類似音 pills に惑わされないように。

スクリプト 🇬🇧⇒🇺🇸

May I have a blanket and a pillow?
(A) Sure. I'll bring them soon.
(B) Please fill in the blanks.
(C) You should take your pills.

スクリプトの訳

毛布と枕をいただけますか。
(A) かしこまりました。すぐにお持ちします。
(B) 空欄にご記入ください。
(C) あなたは錠剤を服用するべきです。

☐ **pillow** 名 枕　　　　　　　☐ **fill in** 〜に記入する
☐ **pill** 名 錠剤

---

18. 正解 (C) ★★☆　❗When 疑問文　CD 43

解説 When 〜? で「駅に着くべき時」を聞いている。正解は時刻で答えている (C) である。(A) は質問文の arrive の類似音 live に惑わされないように。(B) は「駅に迎えに行く」と答えているが、時間が入っていないので誤答。質問文と同じ単語の station に注意。

スクリプト 🇨🇦⇒🇦🇺

When should I arrive at the station?
(A) You will enjoy the live concert.
(B) I'll pick you up at the station.
(C) At 2 p.m.

スクリプトの訳

いつ駅に着けばいいですか。
(A) あなたはライブコンサートを楽しめますよ。
(B) 私が駅に迎えに行きましょう。
(C) 午後2時です。

☐ **pick 〜 up** 〜を車で迎えに行く

152

19. 正解 (A) ★★★ 否定疑問文

解説 否定疑問文は肯定疑問文に直して考える。Do you get tired of working overtime every day?（毎日残業して疲れますか）と考える。正解は「締め切りに間に合わせなければならない」と答えている (A) である。(B) は質問文の tired の類似音 tires に、(C) は質問文の overtime と語頭が同じである oversleep が入っているので注意。

スクリプト
Don't you get tired of working overtime every day?
(A) Yes, but I must meet the deadline.
(B) Yes, I have some tires.
(C) You shouldn't oversleep.

スクリプトの訳
毎日残業していて疲れないのですか。
(A) はい、でも締め切りに間に合わせなければならないのです。
(B) はい、私は数本のタイヤを持っています。
(C) あなたは朝寝坊してはいけません。

- **work overtime** 残業する
- **meet a deadline** 締め切りに間に合う
- **oversleep** 寝坊をする

20. 正解 (C) ★★☆ What 疑問文

解説 What is the warranty period ～? で「保証期間」を聞いている。正解は年数で答えている (C) である。(A) は質問文と同じ単語 period が使われているので惑わされないように。(B) は、質問文の watch から clock を連想して誤答しないこと。

スクリプト
What is the warranty period for this watch?
(A) I forgot to put a period there.
(B) I have a clock.
(C) Two years.

スクリプトの訳
この時計の保証期間はどれくらいですか。
(A) 私はそこにピリオドを打つのを忘れました。
(B) 私は置き時計を持っています。
(C) 2年です。

- **warranty period** 保証期間

第3章 模擬テスト

21. 正解 (C) ★★☆ 🎧 Whose 疑問文

解説 Whose task ～？で「誰の仕事か」と問われている。正解は「まだ決まっていない」と答えている (C) である。(A) は、疑問詞で始まる疑問文では Yes/No で答える応答文は必ず誤答となる。質問文の task の類義語 assignment に惑わされないように。(B) は、天気図を持っている人の名前を聞かれていないので誤答。

スクリプト　🇨🇦⇒🇺🇸

Whose task is it to make the organizational chart?
(A) No, it's not my assignment.
(B) Mike has a weather chart.
(C) It hasn't been decided yet.

スクリプトの訳
組織図を作るのは誰の仕事ですか。
(A) いいえ、私の仕事ではありません。
(B) マイクが天気図を持っています。
(C) まだ決まっていません。

☐ **organizational chart** 組織図　　☐ **assignment** 图 仕事；課題

22. 正解 (B) ★★☆ 🎧 Why 疑問文

解説 Why ～？で「会議室がなぜ暑すぎるか」を聞いている。正解は「エアコンが故障しているようだ」と答えている (B) である。(A) は質問文の hot の類似音 hat に惑わされないように。(C) は、疑問詞で始まる疑問文では Yes/No で答える応答文は必ず誤答。

スクリプト　🇦🇺⇒🇬🇧

Why is this conference room so hot?
(A) This hat is too small.
(B) The air conditioner seems to be out of order.
(C) No, it isn't cool.

スクリプトの訳
なぜ会議室はこんなに暑いのですか。
(A) この帽子は小さすぎます。
(B) エアコンが故障しているようです。
(C) いいえ、涼しくはないです。

☐ **conference room** 会議室　　☐ **be out of order** 故障している

23. 正解 (B) ★★☆ 平叙文

解説 平叙文なので自然な応答文を選ぶ。正解は「自分の月間スケジュールがない」に対して、「ファイルに入れるところを見た」と応答している (B) である。(A) は平叙文の missing の原形 miss が入っているので引っかからないように。(C) は平叙文と同じ単語の monthly に注意。

スクリプト

My monthly schedule is missing.
(A) You didn't miss the train.
(B) I saw you putting it in the file.
(C) It's not a monthly report.

スクリプトの訳
私の月間スケジュールがないのです。
(A) あなたは電車に乗り遅れませんでした。
(B) 私はあなたがそれをファイルに入れるのを見ましたよ。
(C) それは月報ではないです。

□ **miss the train** 列車に乗り遅れる

24. 正解 (B) ★★☆ 選択疑問文

解説「中華料理とフランス料理の選択」を求められているので、正解は「中華料理」と答えている (B) である。質問と同じ単語が入っている選択肢が正解になることもあるので注意しよう。(A) は、フランス語が好きであることは質問とは無関係なので誤答。(C) は、選択疑問文の場合 Yes/No を含む選択肢は誤答である。

スクリプト

Which would you like, Chinese or French food?
(A) I like studying French.
(B) I prefer Chinese dishes.
(C) Yes, Italian food, please.

スクリプトの訳
中華料理か、フランス料理のどちらになさいますか。
(A) 私はフランス語を勉強することが好きです。
(B) 中華料理がいいです。
(C) はい、イタリア料理をお願いします。

□ **prefer** 他 より好む　　□ **dish** 名 料理

第3章 模擬テスト

25. 正解 (C) ★★☆ How 疑問文

解説 How 〜？で「風邪の具合」を聞いている。正解は「回復している」と答えている(C)である。(A)は質問の cold より、寒暖を問われていると勘違いさせる引っかけの選択肢。(B)も cold を old と聞き違えて年齢を問われていると勘違いさせる誤答。

スクリプト

How is your cold?
(A) No, it is hot.
(B) I'm 25 years old.
(C) It's getting better. Thanks.

スクリプトの訳

風邪の具合はいかがですか。
(A) いいえ、暑いです。
(B) 私は25歳です。
(C) 回復しつつあります。ありがとう。

□ **get better** 回復する

26. 正解 (B) ★★★ What 疑問文

解説 What do you think of 〜？で「新しいプロジェクトについての感想」を聞いている。正解は「やりがいがある」と答えている(B)である。(A)は質問文の project の類似単語 projector が入っているので引っかからないように。(C)は、疑問詞で始まる疑問文では Yes/No で答える応答文は必ず誤答。

スクリプト

What do you think of the new project?
(A) I'm sorry, I don't have a projector.
(B) It's challenging.
(C) No, I didn't know that.

スクリプトの訳

新しいプロジェクトをどう思いますか。
(A) すみませんが、私はプロジェクターを持っていません。
(B) やりがいがあります。
(C) いいえ、私は知りませんでした。

□ **challenging** 形 やりがいのある

27. 正解 (A) ★★★ 一般疑問文

解説 be 動詞の疑問文で「秘書の仕事の空きの有無」を聞いている。正解は「面接が終了した」と答えている (A) である。(B) は質問文の secretary の類似音 secret に引っかからないように。(C) は質問文と同じ単語の executive があるので注意。

スクリプト
Is the executive secretary position still open?
(A) No, they've already interviewed the applicants.
(B) Yes, it's secret.
(C) This is an executive lounge.

スクリプトの訳
役員付秘書の仕事はまだ空きがありますか。
(A) いいえ、彼ら（会社）はすでに志願者の面接を行いました。
(B) はい、それは秘密です。
(C) これはエグゼクティブ・ラウンジです。

□ **executive secretary** 役員付秘書　　□ **position** 名 仕事；職
□ **applicant** 名 志願者

---

28. 正解 (C) ★★★ Who 疑問文

解説 Who 〜？で「請求書の送付を担当する人」を聞いている。「ジェイソンが担当している」と答えている (C) が正解である。「担当する」を意味する be responsible for と handle をしっかり覚えよう。(A) は質問文の invoice の類似音 voice に引っかからないように。(B) は、疑問詞で始まる疑問文では Yes/No で答える応答文は必ず誤答。

スクリプト
Who is responsible for sending the invoice?
(A) Nancy speaks in a small voice.
(B) Yes, Mr. Kim is a responsible person.
(C) Jason handles that.

スクリプトの訳
請求書を送付する担当者は誰ですか。
(A) ナンシーは小さな声で話します。
(B) はい、キムさんは責任感のある人です。
(C) ジェイソンが担当しています。

□ **be responsible for** 〜を担当する　　□ **invoice** 名 請求書
□ **handle** 他 担当する

第3章 模擬テスト

29. 正解 (A) ★★☆ 依頼表現

解説 Would you mind ~？の依頼文である。承諾する場合の典型的な応答の Not at all. が入っている (A) が正解である。質問文と同じ単語である (B) の choose、(C) の dress に惑わされないように。

スクリプト

Would you mind helping me choose a party dress?
(A) Not at all. Where should we go shopping?
(B) It's difficult for me to choose a book.
(C) There is no dress code.

スクリプトの訳

パーティードレスを選ぶのを手伝ってくれませんか。
(A) いいですよ。どこへ買いに行きましょうか。
(B) 私にとって本を選ぶのは難しいです。
(C) 服装規定はありません。

□ **dress code** 服装規定

---

30. 正解 (B) ★★☆ 否定疑問文

解説 否定疑問文は普通の疑問文に直して考える。「荷物は先週の金曜日に送られましたか」と聞かれているのと同じである。正解は「ケイトに聞いてください」と提案している (B) である。(A) は曜日の Friday から連想を誘う誤答。(C) は質問文と同じ単語の last に惑わされないように。

スクリプト

Wasn't the shipment sent out last Friday?
(A) Today is Monday.
(B) You should ask Kate.
(C) It lasted for one hour.

スクリプトの訳

荷物は先週の金曜日に送られたのではないですか。
(A) 今日は月曜日です。
(B) ケイトに聞いてください。
(C) それは1時間続きました。

□ **shipment** 荷物　　□ **last** 続く

31. 正解 (C) ★★★ 一般疑問文

解説 「社員食堂の食事が向上したか」と問われている。正解は「気づいていない」と答えている (C) である。(A) は意味的に不自然な受け答えなので誤答。(B) は社員食堂からシェフを連想させるが、質問とは辻褄が合わない。

スクリプト

Have the meals in the company cafeteria improved?
(A) No, I don't have any proof.
(B) I've met the chef several times.
(C) I haven't noticed.

スクリプトの訳

社員食堂の食事は良くなったのですか。
(A) いいえ、私は証拠を持っていません。
(B) 私はそのシェフに数回会ったことがあります。
(C) 私は気づきませんでした。

□ **improve** 自 良くなる　　□ **proof** 名 証拠
□ **notice** 他 気づく

32. 正解 (B) ★★★ 勧誘表現

解説 Why don't we ～?(～しませんか) の勧誘文である。正解は勧誘文に承諾する場合の典型的な応答の (B) It sounds good to me. である。(A) は、理由をたずねる疑問文と理解した際の応答だが、意味的に辻褄が合わない。(C) はインド料理店で注文するセリフなので誤答。

スクリプト

Why don't we try the new Indian restaurant next Friday?
(A) Because I need a rest.
(B) It sounds good to me.
(C) A curry and rice, please.

スクリプトの訳

来週の金曜日に新しいインド料理店でお食事しませんか。
(A) 私には休養が必要だからです。
(B) それはいいですね。
(C) カレーライスをお願いします。

□ **try** 他 試す

第3章 模擬テスト

33. 正解 (C) ★★☆ 付加疑問文

解説 付加疑問文は普通の疑問文に直して考える。Did you find the employee training helpful? に対して、正解は「すばらしかった」と答えている (C) である。(A) は質問文の training から ing が外れた train が入っているので引っかからないように。(B) は質問文と同じ単語 found に注意。

スクリプト 🇨🇦⇒🇺🇸

You found the employee training helpful, didn't you?
(A) The train was crowded.
(B) I went to the lost and found section.
(C) Yes, it was great.

スクリプトの訳
あなたは社員研修を有意義だと感じたのですね。
(A) 電車は混んでいました。
(B) 私は遺失物取扱所に行きました。
(C) はい、すばらしかったです。

□ **lost and found section** 遺失物取扱所

34. 正解 (B) ★★★ 平叙文

解説 平叙文に対して自然な応答文を選ぼう。「ホテルが予約できなかった」に対して、正解は「どこに滞在するつもりか」で応答する (B) である。(A) は内容が関係ないので誤答。(C) は、ホテルが予約できなかったことより「宴会場が満杯 (full) である」ことを連想させる引っかけの選択肢。

スクリプト 🇦🇺⇒🇬🇧

I couldn't make a hotel reservation.
(A) I've never been to Korea, either.
(B) So, where are you going to stay?
(C) The banquet room is full.

スクリプトの訳
私はホテルの予約ができませんでした。
(A) 私も韓国には行ったことがありません。
(B) それで、あなたはどこに滞在するつもりですか。
(C) 宴会場は満員です。

□ **banquet room** 宴会場   □ **full** 形 満員の

35. 正解 (B) ★★☆ 選択疑問文

解説 選択疑問文である。正解は選択疑問文への応答によく使うフレーズ「どちらでもいい」を意味する (B) Either is fine with me. である。(A) は、選択疑問文の場合 Yes/No を含む選択肢は誤答である。(C) は質問文の vacation の類似単語 vacate に惑わされないように。

スクリプト

Would you like to take a summer vacation this month or next month?
(A) No, I didn't.
(B) Either is fine with me.
(C) I vacated the house.

スクリプトの訳

夏休みを取るのは今月か来月のどちらがいいですか。
(A) いいえ、私は取りませんでした。
(B) どちらでもいいですよ。
(C) 私は家を明け渡しました。

☐ **vacate** 他 明け渡す；立ち退く

36. 正解 (A) ★★★ 付加疑問文

解説 付加疑問文は普通の疑問文に直して考える。「講習会は6時に終了しますか」と聞かれていると考え、それを Yes で受けて「食事に出かけましょう」と勧誘している (A) が正解となる。(B) は質問文の workshop の一部である shop がまぎらわしい。(C) は、workshop と販売することは無関係なので誤答。

スクリプト

This workshop should be over at 6, shouldn't it?
(A) Yes, and then let's go eat.
(B) No, I'm not a shop owner.
(C) They don't sell anything at 6.

スクリプトの訳

この講習会は6時に終了するはずですね。
(A) ええ、それから食事に出かけましょう。
(B) いいえ、私は店主ではありません。
(C) 彼らは6時に何も販売しません。

☐ **workshop** 名 講習会

第3章 模擬テスト

37. 正解 (C) ★★☆　提案表現

解説 How about ～ing? (～しませんか) の提案文である。応じる場合の典型的な承諾フレーズの (C) That's a good idea. (それはいい考えですね) が正解である。(A) は質問文の airport から air にひっかからないように。(B) も職業を聞かれていないので誤答。質問文の taxi に近い tax がまぎらわしい。

スクリプト　🇺🇸⇒🇦🇺

How about sharing a taxi to the airport with Mike?
(A) Traveling by air is wonderful.
(B) I'm not a tax office clerk.
(C) That's a good idea.

スクリプトの訳
マイクと空港まで一緒にタクシーに乗って行ったらどうですか。
(A) 飛行機旅行はすばらしいです。
(B) 私は税務署員ではありません。
(C) それはいい考えですね。

□ **tax office clerk**　税務署員

38. 正解 (A) ★★☆　What 疑問文

解説 What's the airfare ～? で「航空運賃」を聞いている。正解は（運賃の）リストを見せている (A) Here's a list. である。(B) は航空運賃と時差ボケ (jet lag) は関係ないので誤答。(C) は fare が質問文と共通だが、バス料金を聞かれているのではない。

スクリプト　🇬🇧⇒🇨🇦

What's the airfare to Ottawa?
(A) Here's a list.
(B) I've recovered from jet lag.
(C) The bus fare is high.

スクリプトの訳
オタワまでの航空運賃はいくらですか。
(A) こちらがリストです。
(B) 私は時差ボケから回復しました。
(C) バス料金は高いです。

□ **recover from**　～から回復する　　□ **jet lag**　時差ボケ

39. 正解 (C) ★★☆ How many 疑問文

解説 How many ～？で「人数」を聞いている。正解は人の数で答えている (C) である。最近の傾向として approximately が入った選択肢が正解になることが多い。(A) は「受付係の人数」を答えているので誤答。(B) も「年齢」を答えているので誤答。

スクリプト

How many people attended Mike's wedding reception?
(A) There were three receptionists.
(B) He is 28 years old.
(C) Approximately 40 people.

スクリプトの訳

マイクの結婚披露宴には何人出席しましたか。
(A) 3人の受付担当者がいました。
(B) 彼は28歳です。
(C) 約40人です。

- □ **attend** 他 出席する
- □ **receptionist** 名 受付係
- □ **reception** 名 披露宴

40. 正解 (A) ★★☆ 許可表現

解説 Can I ～？（～をしてもいいですか）と許可を求める文である。正解は承諾でも断りでもない (A) Hold on a second.（ちょっと待ってください）である。前席の人がリクライニングする前にトレイなどを整えるのだろう。(B) は質問文の recline の類似音 decline があるので惑わされないように。(C) は質問文から飛行機を連想させる引っかけの選択肢。

スクリプト

Can I recline my seat?
(A) Hold on a second.
(B) I declined his offer.
(C) I fastened my seat belt.

スクリプトの訳

座席を倒してもよろしいですか。
(A) ちょっと待ってください。
(B) 私は彼の申し出を断りました。
(C) 私はシートベルトを締めました。

- □ **recline** 他 倒す
- □ **fasten** 他 締める
- □ **decline** 他 断る

163

第3章 模擬テスト

Part 3

Questions 41-43 ★☆☆ 🇬🇧⇒🇨🇦 (CD 67)

[スクリプト] **Questions 41 through 43 refer to the following conversation.**

M: Hello, this is David Alan speaking. (41)I'm calling because I'd like to reschedule my appointment. I have an appointment for an annual dental check for next Monday, but I have a severe toothache. I want to see the dentist today.

W: (42)Let me check. Two patients have cancelled their appointments. Which would you prefer, 10 a.m. or 4 p.m.?

M: I'd like to make an appointment for 10 A.M.

W: OK. (43)Please come to our clinic 15 minutes earlier to complete the necessary forms.

[スクリプトの訳] 設問 41 ～ 43 は次の会話に関するものです。

男性：もしもし、デイビッド・アランです。(41)予約の変更をしていただきたいので電話をしています。来週の月曜日に年に1回の歯科検診を受ける予定ですが、歯がひどく痛むのです。今日、歯医者の先生に診ていただきたいのですが。

女性：(42)調べてみますね。2人の患者さんのキャンセルが入っています。午前10時と午後4時のどちらがよろしいですか。

男性：午前10時のアポがいいですね。

女性：わかりました。(43)必要な書類にご記入いただくためにクリニックには 15 分前にお越しください。

41. 正解 **(A)** ❗ 男性の1回目のセリフを聞く

[解説]「男性の電話の目的」が問われている。男性の1回目のセリフの I'm calling because I'd like to reschedule my appointment. を聞き取ろう。「予約を変更するために電話をしている」ので、正解は (A) To reschedule an appointment である。

42. 正解 **(D)** ❗ キーワードに注意

[解説]「女性の職業」が問われているので、キーワード、キーフレーズを探しながら聞く。女性の1回目のセリフの Let me check. Two patients have cancelled their appointments. を聞き取ろう。患者のアポのキャンセルを確認するのは「受付係」なので、正解は (D) A receptionist である。

43. 正解 **(C)** ❗ Please の後を聞く

[解説]「女性の男性に対する依頼の内容」が問われている。Please の次を聞き取ろう。女性の最後のセリフに Please come to our clinic 15 minutes earlier とある。「クリニックに早く到着すること」を依頼しているので、正解は (C) To arrive at the clinic early である。

164

設問・選択肢の訳

41. なぜ男性は電話をしているのですか。
  (A) 予約を変更するため
  (B) チケットを予約するため
  (C) 処方箋の調剤をしてもらうため
  (D) 抜歯してもらうため

42. 女性は誰ですか。
  (A) 医師
  (B) 患者
  (C) 外科医
  (D) 受付係

43. 女性は男性に何を依頼していますか。
  (A) 身分証明書を持ってくること
  (B) 料金を支払うこと
  (C) クリニックに早く到着すること
  (D) 本を購入すること

- □ **reschedule** 他 予定を変更する   □ **annual** 形 1年に1度の
- □ **severe** 形 激しい   □ **toothache** 名 歯痛
- □ **patient** 名 患者   □ **complete** 他 完了する
- □ **have a prescription filled** 処方箋に合わせて調剤してもらう
- □ **surgeon** 名 外科医   □ **receptionist** 名 受付係
- □ **identification card** 身分証明書

Questions 44-46 ★★☆

スクリプト Questions 44 through 46 refer to the following conversation.

W: Excuse me, where can I find a large-sized suitcase? (44) I'm looking for one to give as a present.
M: (45) We don't have a large size in stock right now. Have a look at this model. We can offer you 70% off on this medium-sized one since this is an old model.
W: My son's new job requires a lot of overseas travel on business. I feel the large-sized one is better. And anyway, green isn't a color my son likes.
M: Here is a catalogue with the latest suitcases. (46) They come in four different colors: red, navy blue, black, and gray. If you order now, we'll have a large one in three days.

スクリプトの訳 設問 44 〜 46 は次の会話に関するものです。
女性：すみません。Lサイズのスーツケースはどこにありますか。(44) プレゼントにするスーツケースを探しているのですが。
男性：(45) Lサイズは今、在庫がございません。こちらのモデルをご覧になってください。このM

第3章 模擬テスト

サイズの商品でしたら、モデルが古いので70％割引させていただきますよ。
女性：息子は新しい仕事で海外出張が多くなるんです。Lサイズの方が良いと思います。それに緑色は私の息子の好きな色ではないので。
男性：こちらに最新のスーツケースのカタログがございます。⁽⁴⁶⁾ <u>赤、紺、黒、グレーの4種類の異なった色があります。</u> 今ご注文されましたら、Lサイズは3日後に入ります。

44. 正解 (C) ❶ 女性のセリフを聞く

解説 「女性は何をしたいか」と問われている。女性の1回目のセリフにある I'm looking for one to give as a present. を聞き取ろう。one とは前文から suitcase のことである。「プレゼントをあげたい」ということは「プレゼントを購入したい」ことを意味する。present を gift に言い換えた (C) Purchase a gift が正解である。

45. 正解 (C) ❶ キーワードに注意

解説 女性が誰に話しかけているか、つまり「男性の職業」が問われている。職業を示すキーワードを聞き取ろう。男性は We don't have <u>a large size in stock</u> right now. (Lサイズは今、在庫がございません) と言っている。「在庫」は「店員」の言葉である。したがって、(C) A shop clerk が正解となる。

46. 正解 (B) ❶ How many → 数字に注意して聞く

解説 「スーツケースにはどんな色があるか」と問われている。男性の2回目のセリフに They come in <u>four</u> different colors. とある。正解は (B) Four である。(A) Three は新型スーツケースが入荷するまでの日数なので、間違わないように。

設問・選択肢の訳

44. 女性は何をしたいですか。
   (A) 海外旅行をする
   (B) カラーセラピストになる
   (C) 贈り物を購入する
   (D) 展示品を購入する

45. 女性は誰に話しかけていますか。
   (A) 税関職員
   (B) デザイナー
   (C) 店員
   (D) モデル

46. 最新のスーツケースには何色ありますか。
   (A) 3色
   (B) 4色
   (C) 5色
   (D) 6色

☐ **in stock** 在庫があって
☐ **therapist** 图 セラピスト；療法士
☐ **customs officer** 税関職員
☐ **require** 他 必要とする
☐ **floor model** 展示品

Questions 47-49 ★★☆

スクリプト　**Questions 47 through 49 refer to the following conversation.**

M: Linda, I've just drawn up the draft of the contract with ACE Architectural Firm. (47) Could you check it?
W: (48) I'm sorry, I'm tied up right now; I have to finish two estimates by five and after that meet some clients.
M: I'd appreciate it if you could do it by around 11 A.M. tomorrow, then.
W: Actually, I'm not in the office tomorrow morning. I have a physical check-up from 9 to 11, so (49) I'll put in some extra time to check it tonight.

スクリプトの訳　設問 47 〜 49 は次の会話に関するものです。
男性：リンダ、ACE建築事務所との契約書のドラフトを作ったんだ。(47) チェックしてもらえないかな?
女性：(48) すみません。今は時間が取れないんです。 5時までに2通の見積書を作成して、それから顧客に会わなければなりません。
男性：明日の朝の11時までにチェックしてもらえると嬉しいんだけどね。
女性：実は明日の朝、私はオフィスにいません。9時から11時まで健康診断があります。ですので、(49) 今晩、書類をチェックするために残業します。

47. 正解 **(A)**　❶ 依頼文を聞き取る

解説　「男性が女性に依頼している内容」が問われている。男性は1回目のセリフで the draft of the contract (契約書の草案) が完成したことを述べて、Could you check it? と女性に依頼している。つまり、「書類をチェックする」ことを依頼しているのである。the draft of the contract を document に言い換えた (A) To check a document が正解である。

48. 正解 **(B)**　❶ 女性のセリフに注意

解説　「女性が気にしていることは何か」と問われている。女性の1回目のセリフの I'm sorry, I'm tied up right now. を聞き取ろう。be tied up を too busy に言い換えた (B) She is too busy. が正解。

49. 正解 **(C)**　❶ 最後のセリフを聞く

解説　「女性が何をするつもりか」と問われている。これからの行動を問う設問なので最後のセリフに注目。女性が I'll put in some extra time to check it tonight. と言っているのを聞き取ろう。put in some extra time を work overtime に言い換えた (C) が正解である。

設問・選択肢の訳
47. 男性は女性に何をするよう頼んでいますか。
　(A) 書類を確認すること
　(B) 見積書を作ること
　(C) 彼の顧客に会うこと

(D) 約束を調整すること

48. 女性は何を気にしていますか。
(A) 彼女は計算が上手ではない。
(B) 彼女は忙しすぎる。
(C) 彼女は経験不足である。
(D) 彼女はミーティングに遅れた。

49. 女性は何をするつもりですか。
(A) 援助を求める
(B) 臨時従業員を雇う
(C) 残業をする
(D) 約束をキャンセルする

- **draw up** 〜を作成する
- **architectural** 建築の
- **estimate** 見積書
- **put in some extra time** 残業する
- **temporary worker** 臨時職員
- **draft** 草案；ドラフト
- **be tied up** 忙しい
- **physical check-up** 健康診断
- **arithmetic** 計算；数値

Questions 50-52 ★★☆

スクリプト Questions 50 through 52 refer to the following conversation.

M: I'm calling about the cooling system you installed a month ago. This morning (50) I was shocked to see some of the fruit had gone rotten. (51) The cooling system seems to be out of order.

W: Could you explain that in more detail?

M: Last night when I left the store I made sure it was working. It may have broken down during the night. It seems to have switched off suddenly. If the problem isn't solved, our losses are going to get bigger. This is the second time we've had this type of problem in a month.

W: We are very sorry for the inconvenience this may have caused you. (52) I'll send an engineer right away.

スクリプトの訳 設問50〜52は次の会話に関するものです。

男性： 1カ月前に設置していただいた冷却装置についてお電話しています。今朝、(50) 腐っている果物を見てとてもショックでした。(51) この冷却装置は故障しているようですね。

女性： もう少し詳しくご説明していただけませんか。

男性： 昨夜、店を出たとき、装置が動いていることを確認しました。夜中に壊れてしまったのかもしれません。突然スイッチが切れたようなのです。この問題が解決しなければ、大きな損失が出てしまいます。こうした問題が起きたのは、この1カ月で2度目なんですよ。

女性： ご迷惑をおかけして誠に申し訳ございません。(52) すぐにエンジニアをそちらに向かわせます。

50. 正解 (D) ⚠ キーワードやキーフレーズに注意

解説　「男性が働いている場所」が問われている。男性の最初のセリフにある I was shocked to see some of the fruit had gone rotten. を聞き取ろう。some of the fruit から男性が働く場所は「果物店」であると推測できる。正解は (D) At a fruit shop である。

51. 正解 (A) ⚠ 問題が起こっていることを念頭に聞く

解説　「問題は何か」が問われている。男性の1回目のセリフに The cooling system seems to be out of order. とある。be out of order（故障している）が does not work properly（正しく機能しない）に言い換えられた (A) The cooling system does not work properly. が正解となる。

52. 正解 (D) ⚠ 最後のセリフを聞く

解説　「女性が次にすること」が問われている。これからの行動なので最後のセリフに注目。女性は I'll send an engineer right away. と述べている。send（送る）を dispatch（派遣する）に言い換えている (D) Dispatch an engineer が正解である。

設問・選択肢の訳

50. 男性はどこで働いていますか。
- (A) 電気店
- (B) パン屋
- (C) 八百屋
- **(D) 果物屋**

51. 問題は何ですか。
- **(A) 冷却装置が正しく作動しない。**
- (B) いくつかの製品が盗難された。
- (C) 昨夜、火事があった。
- (D) 腐った果物が配達された。

52. 女性は次に何をするつもりですか。
- (A) 製品を交換する
- (B) 腐った果物の代金を支払う
- (C) 特別割引をする
- **(D) エンジニアを派遣する**

- ☐ **cooling system**　冷却装置
- ☐ **go rotten**　腐る
- ☐ **switch off**　スイッチが切れる
- ☐ **inconvenience**　名 迷惑
- ☐ **electrical shop**　電気店
- ☐ **deliver**　他 配達する
- ☐ **dispatch**　他 派遣する
- ☐ **install**　他 設置する
- ☐ **be out of order**　故障している
- ☐ **solve**　他 解決する
- ☐ **cause**　他 引き起こす
- ☐ **properly**　副 適切に
- ☐ **replace**　他 交換する

第3章 模擬テスト

Questions 53-55 ★★☆

スクリプト Questions 53 through 55 refer to the following conversation.

W: This is the first time for me to participate in an audio-guided museum tour. I've never used this kind of audio player before.

M: (54) OK, I'll show you how to use it. (53) First, look at the exhibit number near the artwork on the wall, and then enter the number on the player. Then, push the start button.

W: Oh, it's easy. Thank you. Actually, I'm really excited today to see the 17th century glasswork. On which floor can I find it?

M: Here's a floor map. It's on the third floor. It's a lot of fun looking at the works, but please be careful about the time. It's 3:30 now. (54)(55) Please make sure to be back at the bus by 4:30.

スクリプトの訳 設問 53 ～ 55 は次の会話に関するものです。

女性: 音声ガイドを使った美術館ツアーに参加するのはこれが初めてです。こうしたオーディオ・プレイヤーを今までに使ったことがないのです。

男性: (54) それでは使い方を説明しましょう。(53) 最初に美術作品のそばの壁にある展示番号を見てください。それから、その番号をプレイヤーに入力してください。次に、スタートボタンを押してください。

女性: 簡単ですね。ありがとう。実は、17世紀のガラス細工を見られるので今日はとてもワクワクしています。何階で見られるのでしょうか。

男性: 館内地図をどうぞ。3階にあります。作品を見るのは楽しいことと思いますが、時間には気をつけてくださいね。今は3時30分です。(54)(55) バスには4時半までに必ず戻ってきてください。

53. 正解 **(A)** 💡 設問の主語の exhibit number に注意

解説 「展示番号の場所」が問われている。男性の1回目のセリフに First, look at the exhibit number near the artwork on the wall とある。「美術作品のそば」を聞き取ろう。near を beside に言い換えた (A) Beside the artwork が正解である。

54. 正解 **(B)** 💡 キーワード、キーフレーズを聞き取る

解説 「男性の職業」が問われている。男性は最後のセリフで Please make sure to be back at the bus by 4:30. と言っている。「バスまで戻ってくるように指示している」ので、(B) A tour guide と推測できる。音声ガイドの使い方を curator (館長) が案内することもあるかもしれないが、curator はバスの集合時間まで指示はしないので、(C) は不適当である。

55. 正解 **(D)** 💡 時刻に注意して聞く

解説 「女性がバスに戻る時間」が問われている。男性の最後のセリフに Please make sure to be back at the bus by 4:30. とあり、4時30分までに戻ることを指示している。したがって、(D) At 4:30 が正解である。(B) At 3:30 は、男性の最後の方のセリフ

より、現在の時間なので誤答。

設問・選択肢の訳

53. 展示番号はどこにありますか。
  (A) 美術作品のそば
  (B) 新しい電化製品のそば
  (C) 3階
  (D) ガラス細工の下

54. 男性は誰ですか。
  (A) 講師
  (B) ツアーガイド
  (C) 館長
  (D) 芸術家

55. 何時に女性はバスに戻らなければなりませんか。
  (A) 3時
  (B) 3時30分
  (C) 4時
  (D) 4時30分

☐ **participate in** 〜に参加する
☐ **artwork** 名 美術作品
☐ **appliance** 名 電化製品
☐ **curator** 名 (美術館などの) 館長；学芸員
☐ **exhibit number** 展示番号
☐ **glasswork** 名 ガラス細工
☐ **lecturer** 名 講師

第3章 模擬テスト

Questions 56-58 ★★☆ 🇨🇦⇒🇬🇧

[スクリプト] **Questions 56 through 58 refer to the following conversation.**

W: ⁽⁵⁶⁾I'm leaving for Seoul on Monday. ⁽⁵⁷⁾I'm supposed to be working as a narrator at our booth in the International Trade Show from Tuesday through Saturday. This time I have one free day. Mr. Garcia is going to show me around Seoul.

M: That sounds nice. Last month I visited my cousins in Seoul. There are many beautiful sightseeing places there. We had a wonderful dinner at the Korean restaurant 'Kim's Kitchen'. By the way, ⁽⁵⁸⁾why don't you leave on Sunday to reduce the jet lag?

W: I can't change the schedule by myself. The company travel policy changed in April. Now the company controls all the reservations for plane tickets and hotels.

M: Thank you for reminding me. I haven't been on a business trip since April. Please take good care of yourself and have a nice trip.

[スクリプトの訳] 設問56〜58は次の会話に関するものです。

女性: ⁽⁵⁶⁾月曜日にソウルに発つ予定なの。⁽⁵⁷⁾火曜日から土曜日まで開かれる国際展示会で私たちの会社のブースでナレーターをするの。今回は1日フリータイムがあって、ガルシア氏がソウルを案内してくれることになっているのよ。

男性: それはいいね。先月、いとこを訪ねてソウルに行ったんだ。ソウルにはきれいな観光地がたくさんあるよ。韓国料理店キムズ・キッチンの夕食は最高だったな。そう、⁽⁵⁸⁾時差ボケを軽くするために日曜日に出発したらどうなの？

女性: 自分でスケジュールを変更することはできないの。会社の出張規定が4月に変わって、今では会社が飛行機のチケットとホテルの予約のすべてを統括しているのよ。

男性: 教えてくれてありがとう。4月から一度も出張に出ていなくて。じゃあ、気をつけて、いい旅行を！

56. 正解 **(B)** ❶ 曜日に注意

[解説]「女性がソウルへ出発する曜日」が問われている。曜日を念頭に聞こう。女性の1回目のセリフの冒頭文に I'm leaving for Seoul on Monday. とある。正解は (B) Monday である。

57. 正解 **(A)** ❶ 女性のセリフに注意

[解説]「女性の旅行の目的」が問われている。女性の1回目のセリフの I'm supposed to be working as a narrator at our booth in the International Trade Show を聞き取りたい。「国際展示会のブースでナレーターを務める」ので、(A) To work at a trade show が正解である

58. 正解 **(C)** ❶ why don't you 〜がヒントに

[解説]「男性が女性に何を提案しているか」が問われている。提案文を探しながら聞こ

う。男性は1回目のセリフの最後で why don't you leave on Sunday to reduce the jet lag? と言っている。「女性は月曜日に出発する予定なのに、男性は日曜日に出発することを提案している」ので、正解は (C) Leave on another day である。

設問・選択肢の訳
56. 女性はいつソウルへ出発する予定ですか。
(A) 日曜日
(B) 月曜日
(C) 火曜日
(D) 水曜日

57. 女性の旅行の目的は何ですか。
(A) 展示会で働くこと
(B) 観光すること
(C) 親戚を訪問すること
(D) 彼女の友達に会うこと

58. 男性は女性が何をするように提案していますか。
(A) 十分に休養する
(B) 良いレストランに行く
(C) 別の日に出発する
(D) ホテルを変える

☐ **be supposed to** 〜することになっている
☐ **trade show** 展示会；見本市
☐ **jet lag** 時差ボケ
☐ **relative** 图 親戚
☐ **sightseeing place** 観光地
☐ **remind** 他 思い出させる
☐ **take a rest** 休息する

第3章 模擬テスト

Questions 59-61 ★★☆

[スクリプト] **Questions 59 through 61 refer to the following conversation.**

W: (59) Tom, can you complete the class schedules for spring as soon as possible? I've been told to post the new schedule on our website and on the bulletin board by next Monday. We also need to mail the schedules to all the students.

M: I'm sorry I missed the deadline. (60) Actually, I haven't received a confirmation from (62) Amanda, the French cooking instructor. I tried to contact her by both e-mail and telephone. I'll call her now.

W: Thank you. Without a class schedule, we can't recruit new students.

[スクリプトの訳] 設問 59 〜 61 は次の会話に関するものです。

女性：(59) トム、春の授業のスケジュールをできるだけ早く仕上げてくれませんか。来週の月曜日までに、新しいスケジュールをウェブサイトと掲示板に載せるように言われているんです。それに、スケジュールを生徒全員に郵送する必要もあります。

男性：締切日に間に合わなくて、申し訳ないです。実は (61) フランス料理のアマンダ先生からの (60) 確認がまだ取れていないのです。メールと電話の両方で連絡を取ろうとしたのですが。今すぐに電話しますよ。

女性：ありがとう。授業のスケジュールがないと、新しい生徒を募集できないですからね。

59. [正解] **(D)** ❗ **依頼文の can you 〜？に注意**

[解説] 「女性が男性に何を依頼しているか」と問われている。依頼表現に注意して聞こう。女性の1回目のセリフの冒頭文に Tom, can you complete the class schedules 〜？と依頼文がある。「スケジュールを完成させる」ように依頼しているので、正解は (D) Complete a schedule である。

60. [正解] **(C)** ❗ **actually の次を聞こう**

[解説] 「男性が仕事を仕上げることができなかった理由」が問われている。男性のセリフの Actually, I haven't received a confirmation from Amanda, the French cooking instructor. を聞き取ろう。actually の後に理由が述べられることがよくある。「確認を受け取っていなかった」というのが理由なので、正解は (C) He hasn't received a confirmation. である。

61. [正解] **(D)** ❗ **場所のキーワードを聞く**

[解説] 「話者たちが働く場所」が問われている。「働く場所」を示唆するキーワードを探そう。男性のセリフの Amanda, the French cooking instructor (フランス料理の講師のアマンダ) から、「料理学校」の可能性が高いので、(D) At a cooking school が正解となる。

[設問・選択肢の訳]
59. 女性は男性に何をするよう依頼していますか。
　　(A) 新しいスケジュールを掲載する

174

(B) スケジュールを生徒全員に郵送する
(C) 新しい生徒を募集する
(D) スケジュールを完成する

60. なぜ男性は自分の仕事を完了できなかったのですか。
(A) 彼はそれについて知らされていなかった。
(B) 彼は出張していて不在だった。
(C) 彼は確認を受け取っていなかった。
(D) 彼は病気になった。

61. 話者たちはどこで働いているでしょうか。
(A) 就職斡旋所
(B) 語学学校
(C) コンピュータ・センター
(D) 料理学校

☐ **post** 他 掲示する　　　　　☐ **bulletin board** 掲示板
☐ **confirmation** 名 確認　　　☐ **recruit** 他 募集する
☐ **complete** 他 完了する　　　☐ **recruitment center** 就職斡旋所

Questions 62-64 ★★★ 🇨🇦⇒🇺🇸

スクリプト　Questions 62 through 64 refer to the following conversation.

W: (62)(63)Mark, have you heard that Johnny has been offered a transfer to the Mumbai plant, which is opening in October?
M: Yes. I've heard that he's being promoted to production manager. Actually, I'm thinking of transferring there. There are still two openings in the quality control department, according to today's announcement.
W: Working in another country is a good opportunity for you to broaden your horizons, (64)but you are one of the most reliable staff here, so I want you to carry on working here.

スクリプトの訳　設問 62 〜 64 は次の会話に関するものです。
女性: (62)(63)マーク、10月から稼働するムンバイ工場への転勤をジョニーが提示されているのを知っていますか。
男性: ええ。生産マネジャーに昇進すると聞きました。実は私もそちらへの転勤を考えているんです。今日の発表では、まだ品質管理部には空きポストが2つあるようなので。
女性: 他の国で働くことはあなたにとって視野を広げる良い機会だと思いますが、(64)あなたはここで一番信頼できるスタッフの一人ですからね。ここで勤務し続けてほしいですね。

62. 正解 **(A)** ⚠ 第一話者のセリフに集中

解説　「彼らが話していることの主題」が問われている。最初のセリフの Mark, have you heard that Johnny has been offered a transfer to the Mumbai plant, which is opening in October? は「ジョニーのムンバイ工場への転勤」について聞いている。正解は (A) A transfer である。

第3章 模擬テスト

63. 正解 **(C)** 🎧 Mumbai plant が出てくるところを聞く

解説 「ムンバイ工場について推測できること」が問われている。最初のセリフに the Mumbai plant, which is opening in October（10月に操業を開始するムンバイ工場）とある。つまり、「ムンバイ工場はまだ操業を開始していない」ので、正解は (C) It has not opened. となる。

64. 正解 **(D)** 🎧 男性についての評価を聞く

解説 「女性が男性をどのように思っているか」を聞き取ろう。女性の2回目のセリフに but you are one of the most reliable staff here とある。男性を「信頼できるスタッフ」と思っているのである。reliable を dependable に言い換えた (D) が正解である。

設問・選択肢の訳

62. 彼らは何について話していますか。
 (A) 転勤
 (B) 品質管理
 (C) 生産
 (D) 同僚

63. ムンバイ工場について何が推測できますか。
 (A) もうすぐ閉鎖になる。
 (B) 一番大きな系列工場である。
 (C) まだ操業を開始していない。
 (D) 多くの頼りになる労働者がいる。

64. 女性はマークのことをどのように感じていますか。
 (A) 聡明である。
 (B) 時間に正確である。
 (C) 寛大である。
 (D) 頼りになる。

☐ **transfer** 名 転勤　　　　　☐ **be promoted to** 〜に昇進する
☐ **production manager** 生産マネジャー
☐ **actually** 副 実は　　　　　☐ **opening** 名 仕事の空き
☐ **quality control department** 品質管理部
☐ **broaden one's horizons** 視野を広げる
☐ **reliable** 形 頼りになる　　☐ **carry on** 〜を続ける
☐ **coworker** 名 同僚　　　　☐ **intelligent** 形 聡明な；知性的な
☐ **punctual** 形 時間に正確な　☐ **broad-minded** 形 寛大な
☐ **dependable** 形 頼りがいのある

Questions 65-67 ★★☆

スクリプト Questions 65 through 67 refer to the following conversation.

W: Hello, this is Christy Lian, from Montana Apparel. ⁽⁶⁵⁾⁽⁶⁶⁾<u>I'm calling to ask about our orders for two office cabinets, desks, and chairs.</u>
M: May I ask your order number?
W: Yes, my order number is 5567. I ordered them last Thursday so that we could receive them today. Tomorrow morning two new employees are joining our company.
M: I processed your order last Friday and sent it over to the shipping department. Our delivery service operates from Monday through Friday. Let me check the computer. OK, your order was shipped on Monday morning. It's on its way. ⁽⁶⁷⁾<u>It will arrive at your place this afternoon.</u>

スクリプトの訳 設問65～67は次の会話に関するものです。
女性：もしもし、モンタナ・アパレルのクリスティ・リアンです。⁽⁶⁵⁾⁽⁶⁶⁾<u>2人分のオフィス・キャビネットと机、イスの注文について聞きたくて電話しています。</u>
男性：注文番号をお伺いできますか。
女性：はい、注文番号は5567です。今日、受け取れるように先週の木曜日に注文したのですが。明日の朝、新しい社員が2人入社するので。
男性：お客様のご注文は先週の金曜日に処理をして、配送部に回しております。私どもの配送サービスは月曜日から金曜日まで動いております。コンピュータをチェックさせてください。大丈夫です。ご注文品は月曜日の朝、出荷されています。そちらに向かっているところです。⁽⁶⁷⁾<u>本日の午後にはそちらに到着します。</u>

65. 正解 **(A)** 🎧 女性のセリフを聞く

解説 「女性が電話している理由」が問われている。女性の1回目のセリフ：I'm calling to ask about our orders for two office cabinets, desks, and chairs. にある to ask about our orders（注文について聞くために）をしっかり聞き取ろう。「注文の状況をチェックするため」に電話をしているので、正解は (A) である。

66. 正解 **(C)** 🎧 商品名に注意

解説 「彼らが話題にしている製品」が問われている。前問と同じく I'm calling to ask about our orders for two office cabinets, desks, and chairs. にある two office cabinets, desks, and chairs とは「オフィス家具」のこと。正解は (C) Office furniture である。

67. 正解 **(B)** 🎧 最後のセリフに注意

解説 「注文品が着く時間帯」が問われている。未来形の設問文のアンサーキーは会話の後半にあることが多い。男性の最後のセリフの It will arrive at your place this afternoon. を聞き取ろう。「今日の午後に到着する」ので、正解は (B) This afternoon である。

第3章 模擬テスト

設問・選択肢の訳

65. 女性はなぜ電話をしているのですか。
 (A) 注文品の状況をチェックするため
 (B) 新しい社員を紹介するため
 (C) 注文番号を聞くため
 (D) 製品を注文するため

66. 何の製品について彼らは話していますか。
 (A) 衣類　　　　　　　　　　(B) 船の模型
 (C) オフィス家具　　　　　(D) コンピュータ

67. いつ注文品は到着しますか。
 (A) 今日の朝　　　　　　　　**(B) 今日の午後**
 (C) 明日の朝　　　　　　　　(D) 明日の午後

- □ employee 　名 従業員　　　　□ shipping department 　配送部
- □ operate 　自 稼働する　　　　□ ship 　他 配送する
- □ status 　名 状況；状態

Questions 68-70　★★★　🇬🇧⇒🇨🇦　　CD 76

スクリプト　Questions 68 through 70 refer to the following conversation.

M: (68) Judith, did you know that Sunflower Department Store is going to merge with Mary Department Store?

W: Yes. I expect a lot from this merger. The management decided to merge to increase the domestic market share, but I'm a little bit worried about the company policies, regulations and employee training.

M: There'll probably be new company regulations. Sunflower Department Store is well known for its well-mannered shop clerks thanks to excellent trainers like you, (69) so we in the human resources department at Sunflower Department Store will probably continue to be in charge of training employees.

W: I'm happy to hear that. Training employees comes naturally to me. (70) The official announcement of the merger will be made next week, right?

スクリプトの訳　設問 68 〜 70 は次の会話に関するものです。
男性：(68)ジュディス、サンフラワー百貨店がメアリー百貨店と合併することを知っているかい？
女性：ええ。この合併に期待するところは大きいわ。経営陣は国内のマーケットシェアを増やすために合併することを決めたのだけど、会社の方針や規則、社員研修のことを考えるとちょっと心配もあるわね。
男性：会社の規則は新しくなるだろう。でもサンフラワー百貨店は君のような優秀なトレーナーのおかげで店員のマナーの良さに定評があるんだ。(69)おそらく、サンフラワー百貨店の人事部の僕たちが社員研修を続けて担当することになるよ。
男性：それを聞くと安心ね。社員研修は私にはぴったりの仕事だから。(70)合併の公式発表は来

週よね?

68. 正解 (C)　⚠ 第一話者のセリフに注意

解説　「会話の主題」が問われている。男性が会話の冒頭で Judith, did you know that Sunflower Department Store is going to merge with Mary Department Store? と言っているのを聞き取ろう。「サンフラワー百貨店がメアリー百貨店と合併する」という話である。次に女性も「合併」のことを話しているので、正解は (C) A merger である。

69. 正解 (C)　⚠ 部署名を聞く

解説　「女性の所属する部署名」が問われている。男性の2回目のセリフの so we in the human resources department の we には女性も含まれている。したがって、女性が属しているのは「人事部」だとわかる。human resources department を personnel department に言い換えた (C) が正解である。

70. 正解 (A)　⚠ 最後のセリフに注意

解説　「来週、何が起こるか」と問われているので、最後の方に注意して聞く。next week がヒントになる。女性の最後のセリフに The official announcement of the merger will be made next week, right? とある。「来週、合併についての公式の発表がなされる」ことがわかる。したがって、正解は (A) A public announcement will be made. である。

|設問・選択肢の訳|

68. 彼らは何について話し合っていますか。
(A) 買収　　　　　　　　　　(B) 倒産
(C) 合併　　　　　　　　(D) 拡大

69. 女性はどの部署に属しますか。
(A) 販売促進部　　　　　　(B) 営業部
(C) 人事部　　　　　　　(D) 海外事業部

70. 来週何が起こりますか。
(A) 公式な発表がなされる。　　(B) 社内のお知らせが掲示される。
(C) 面接が行われる。　　　　　　(D) パーティーが行われる。

☐ merge with　〜と合併する
☐ management　名 経営陣
☐ regulation　名 規則
☐ human resources department　人事部
☐ be in charge of　〜を担当する
☐ bankruptcy　名 倒産
☐ interoffice　形 部署間の；社内の

☐ merger　名 合併
☐ domestic　形 国内の
☐ be known for　〜で知られている
☐ buyout　名 買収
☐ expansion　名 (事業) 拡大

第3章 模擬テスト

Part 4

Questions 71-73 ★★☆ 交通情報 🇨🇦

CD 78

> スクリプト

Questions 71 through 73 refer to the following report.

Now for the latest radio traffic report. ⁽⁷¹⁾Route 7 and Springfield Avenue are closed due to the World Tennis Tournament. If you are travelling west, the Blue Ridge Bridge is looking pretty good, but it is beginning to slow eastbound with all the traffic for today's World Tennis Tournament. King Street is already crowded and parking is limited. ⁽⁷²⁾We recommend using the municipal subway instead of private vehicles. ⁽⁷³⁾The traffic report will be updated hourly.

> スクリプトの訳

設問 71 〜 73 は次のレポートに関するものです。

最新のラジオ交通情報をお伝えします。⁽⁷¹⁾ 7号線とスプリングフィールド・アベニューはワールド・テニストーナメントのために閉鎖されています。西に移動される方は、ブルーリッジ橋はかなり順調に動いていますが、本日のワールド・テニストーナメントに向かう車のため東向きは動きが遅くなっています。キング・ストリートはすでに混み合っており、駐車場も少ない状況です。⁽⁷²⁾自家用車の代わりに市営地下鉄のご利用をお勧めします。⁽⁷³⁾交通情報は1時間ごとに更新されます。

71. 正解 (A) ❶ due to の次を聞く

解説 「交通渋滞の理由」が問われている。 2文目の Route 7 and Springfield Avenue are closed due to the World Tennis Tournament. を聞き取ろう。the World Tennis Tournament が渋滞の原因である。これを A sports event に言い換えた (A) A sports event is being held. が正解である。

72. 正解 (B) ❶ 交通情報のアドバイスは最後の方に注意

解説 「聞き手に対するアドバイス」が問われている。最後から2文目の We recommend using the municipal subway instead of private vehicles. を聞き取ろう。正解は (B) To use public transportation である。municipal subway（市営地下鉄）が public transportation（公共交通機関）に言い換えられているので注意。なお、交通渋滞や道路閉鎖のアドバイスは、「別のルートを利用する (use an alternate route)」や「公共交通機関を利用する (use a public transportation system)」と促すことが多い。

73. 正解 (C) ❶ 交通情報の頻度は最後にある

解説 「交通情報が更新される頻度」が問われている。最後の The traffic report will be updated hourly. を聞き取ろう。正解は (C) Every 60 minutes である。hourly が every 60 minutes に言い換えられている。

180

設問・選択肢の訳

71. なぜ交通渋滞が起こっているのですか。
  (A) スポーツ行事が開催されている。
  (B) 交通事故があった。
  (C) 大統領がこの市を訪問している。
  (D) 映画が撮影されている。

72. 話し手は聞き手に何をするようアドバイスしていますか。
  (A) 自分の車を運転すること
  (B) 公共交通機関を使うこと
  (C) イベントをテレビで見ること
  (D) 車を駐車場に駐めること

73. どれくらいの頻度で交通情報は更新されますか。
  (A) 20分毎
  (B) 半時間毎
  (C) 60分毎
  (D) 2時間毎

☐ latest 形 最新の	☐ eastbound 形 東行きの	
☐ recommend 他 勧める	☐ municipal 形 市営の	
☐ instead of ～の代わりに	☐ vehicle 名 車	
☐ be updated 更新される	☐ parking lot 駐車場	

Questions 74-76 ★★☆ 音声メッセージ

スクリプト

Questions 74 through 76 refer to the following recorded message.

(74)Thank you for calling the World Amusement Park. We are open from 9:30 a.m. to 8 p.m., Monday through Friday. We now have extended hours on Saturdays and Sundays, from 9 a.m. to 10 p.m. You can enjoy the Christmas illuminations from December 1 to December 31. For further events, press one. (75)For admission fees and group discounts, press two. For information about our restaurant, press three. The winter vacation is the busiest season, so (76)we recommend you purchase tickets in advance and come to the World Amusement Park on a weekday. If you would like further information about the events, please visit our website at worldamusementpark.com.

スクリプトの訳

設問74～76は次の録音メッセージに関するものです。

(74)ワールド・アミューズメントパークにお電話いただきありがとうございます。月曜日から金曜日まで、午前9時半から午後8時まで開園しております。土曜日と日曜日は午前9時から午後10時まで開園時間を延長しております。12月1日から31日まではクリスマスのイルミネーションをお楽しみいただけます。他のイベントの情報については、1を押してください。(75)入場料や

第3章 模擬テスト

団体割引については、2を押してください。レストランの情報については、3を押してください。冬休みはいちばん混み合う期間ですので、(76) チケットを事前にご購入いただき、ワールド・アミューズメントパークに平日にお越しになることをお勧めします。イベントについてさらに情報をお知りになりたい方は私どものウェブサイト (worldamusementpark.com) をご訪問ください。

74. 正解 (A) ❗ Thank you for calling の後を聞く

解説 「電話がつながった場所」が問われている。冒頭の Thank you for calling the World Amusement Park. を聞き取れれば、正解の (A) An amusement park を選べる。

75. 正解 (B) ❗ 数字とサービス内容をセットで聞く

解説 「入場料を知るためのボタンの番号」が問われている。For admission fees and group discounts, press two. を聞き取ろう。正解は (B) Two である。

76. 正解 (C) ❗ 自動応答ではアドバイスは最後の方にある

解説 「聞き手は何をするようアドバイスされているか」は、we recommend you purchase tickets in advance を聞き取ろう。recommend という動詞の聞き取りがポイントになる。purchase を buy に、in advance を beforehand に言い換えた (C) To buy tickets beforehand が正解となる。

設問・選択肢の訳

74. 電話をかけた人はどこにつながりましたか。
- **(A)** 遊園地
- (B) 芸能プロダクション
- (C) 切符売り場
- (D) レストラン

75. 入場料を知りたい場合は、どのボタンを押せばいいですか。
- (A) 1
- **(B) 2**
- (C) 3
- (D) 4

76. 聞き手は何をするようアドバイスされていますか。
- (A) 週末に訪問すること
- (B) 施設に電話すること
- **(C) チケットを前もって購入すること**
- (D) 暖かい服装をすること

- □ **extend** 他 延長する
- □ **purchase** 他 購入する
- □ **in advance** 事前に
- □ **entertainment agency** 芸能プロダクション
- □ **ticket booth** 切符売り場
- □ **facility** 名 施設

Questions 77-79 ★★★　イベント・トーク 🇬🇧　(CD 80)

スクリプト
Questions 77 through 79 refer to the following talk.
Hello, (77)I'm Matt Carter, marketing director for Restaurant Multi Cuisine. Thank you all for coming along today. You are all customers who have been invited here (78)because we were interested in your responses to our questionnaire. We think it's important for us to listen to the opinions of focus groups, so that we can better serve our customers. We are currently planning to expand our menu, and today you have a choice of 10 new dishes of our recommendation. I'd like you to choose five, and after sampling them, make comments on the questionnaire provided. OK? (79)Now please help yourself to a dish of your choice.

スクリプトの訳
設問77～79は次のトークに関するものです。
こんにちは、(77)レストラン・マルチ・キュイジーンのマーケティング部長、マット・カーターです。本日はご参加いただきありがとうございます。(78)アンケートへのお客様の回答がとても興味深かったので、本日はご招待させていただきました。お客様へのサービスをさらに向上させるためには、皆さんのようなフォーカスグループのご意見をお伺いすることが大切だと思っております。現在、私どもではメニューを増やすことを予定しており、本日はお勧めの新料理10種類をご用意しております。5種類の料理をお選びいただき、試食の後でお渡ししたアンケート用紙にコメントをご記入いただきたいと思います。よろしいですか。(79)それでは、お好きな料理を召し上がってください。

77. 正解 **(B)**　❶ 自己紹介は最初の方に注意
解説　「話し手が働く会社の種類」が問われている。自己紹介は最初の方で行われ、役職名や会社名が述べられる。冒頭の I'm Matt Carter, marketing director for Restaurant Multi Cuisine. を聞き取ろう。Restaurant Multi Cuisine より、「レストラン」で働いていることがわかる。正解は (B) である。

78. 正解 **(B)**　❶ 聴衆は you または people で表現される
解説　「聴衆が選ばれた方法」が問われている。because we were interested in your responses to our questionnaire. を聞き取ろう。your は「聴衆」のことである。「アンケートへの回答に興味を持たれた」ために選ばれた。つまり、アンケートが検討・分析されたということなので、(B) By analyzing a questionnaire が正解となる。

79. 正解 **(D)**　❶ 次の行動は最後の方に注意
解説　「聴衆が次にすること」が問われている。話し手が最後に聴衆に向かって Now please help yourself to a dish of your choice. と言っている。「聴衆は話し手に料理を勧められている」ので、「料理を食べる」可能性が高い。正解は (D) Try some food となる。

第3章 模擬テスト

設問・選択肢の訳

77. 話し手はどんな種類の会社で働いていますか。
　(A) 異文化間コンサルティング会社　　**(B) レストラン**
　(C) マーケティング会社　　　　　　　(D) 食器会社

78. どのような方法で聴衆は選ばれましたか。
　(A) くじ引きで　　　　　　　　　　　**(B) アンケートを分析して**
　(C) エッセイを読んで　　　　　　　　(D) 料理を試食して

79. 聴衆は次に何をするでしょうか。
　(A) 彼らの顧客に会う　　　　　　　　(B) 飲み物を出す
　(C) プレゼンを見る　　　　　　　　　**(D) 試食する**

- □ **response** 图 反応
- □ **focus group** フォーカスグループ（市場調査のために抽出されたグループ）
- □ **serve** 他 サービスを提供する
- □ **expand** 他 増やす
- □ **provide** 他 供給する；提供する
- □ **intercultural** 形 異文化間の
- □ **drawing** 图 くじ引き
- □ **beverage** 图 飲み物
- □ **questionnaire** 图 アンケート
- □ **currently** 副 現在
- □ **sample** 他 試食する
- □ **help oneself to** 〜を自由にとって食べる
- □ **tableware** 图 食器
- □ **analyze** 他 分析する

Questions 80-82　★★☆　機内アナウンス

スクリプト

Questions 80 through 82 refer to the following announcement.

Good afternoon, everybody. ⁽⁸⁰⁾This is your captain, Jeff Turner, speaking. First I'd like to welcome you on board Pacific Airways Flight 167. We are currently cruising at an altitude of 35,000 feet at an airspeed of 560 miles per hour. The time is 1:25 p.m. We have a tailwind today, so we expect to arrive in London approximately ten minutes ahead of schedule. ⁽⁸¹⁾The weather in London is 12 degrees Celsius, with mist and light rain expected for this afternoon. The cabin crew will be coming around in about twenty minutes to serve you a light snack and beverage, and the inflight entertainment system will begin shortly after that. ⁽⁸²⁾Headphones can be purchased for $2. Please sit back and enjoy the flight.

スクリプトの訳

設問 80 〜 82 は次のアナウンスに関するものです。

皆さん、こんにちは。⁽⁸⁰⁾機長のジェフ・ターナーです。まず、パシフィック航空167便にご搭乗いただきましてありがとうございます。現在、巡航高度3万5千フィート、時速560マイルで飛行しております。ただ今の時刻は午後1時25分です。本日は追い風のため、ロンドンには予定より約10分早く到着する予定です。⁽⁸¹⁾ロンドンの天候は、セ氏12度で、霧が出ており、午後に

は小雨が予想されます。約20分後に、客室乗務員が軽食とお飲み物をお持ちいたします。機内エンタテインメントはその後すぐに始まります。 (82) ヘッドホンは2ドルでご購入いただけます。どうぞくつろいで、フライトをお楽しみください。

80. 正解 (C)　🎧 職業・肩書のキーワードを聞き取る

解説　「アナウンスしている人の職業」が問われている。第2文の This is your captain, Jeff Turner, speaking. を聞き取ろう。captain は「機長」である。captain を pilot と言い換えた (C) が正解である。

81. 正解 (D)　🎧 the weather と London に注意

解説　「ロンドンの天候」が問われている。The weather in London is 12 degrees Celsius, with mist and light rain expected for this afternoon. を聞き取ろう。with mist（霧がかかって）を foggy に言い換えた (D) It is foggy. が正解である。light rain なので、(C) It is raining heavily. は間違いである。

82. 正解 (B)　🎧 for a small fee（低料金）に注意

解説　「低料金で販売されるもの」が問われている。最後から2文目の Headphones can be purchased for $2. を聞き取ろう。正解は (B) Headsets である。ヘッドホンは購入を勧められたり、飛行機の遅れ等のお詫びに無料で配布されたりすることがある。

設問・選択肢の訳

80. 誰がこのアナウンスをしていますか。
- (A) 客室乗務員
- (B) 空港の従業員
- **(C) パイロット**
- (D) 天気レポーター

81. ロンドンの天候はどのようですか。
- (A) 風が強い。
- (B) 晴れている。
- (C) 豪雨である。
- **(D) 霧がかかっている。**

82. 何が低料金で販売されますか。
- (A) 飲み物
- **(B) ヘッドホン**
- (C) アイマスク
- (D) 航空会社のマスコット

- □ cruise　動 巡航飛行する
- □ tailwind　名 追い風
- □ degrees Celsius　セ氏
- □ inflight　形 飛行中の
- □ sit back　くつろぐ
- □ altitude　名 高度
- □ ahead of schedule　予定より早く
- □ mist　名 霧
- □ shortly　副 まもなく
- □ foggy　形 霧の出た

第3章 模擬テスト

Questions 83-85 ★★☆ 社内アナウンス 🇨🇦

[スクリプト]

Questions 83 through 85 refer to the following announcement.

Attention, all employees! (83)The company's 30th anniversary party will be held in the Emerald Room at the Mayland Hotel from 6:30 to 10 p.m. on June 5. All employees are invited to bring their spouses and one former employee. The "Best Employee of the Year" will also be announced at this party by (84)Mr. Albert Schneider, the founder of the company. (85)Please e-mail Tony Chen in the general affairs department by May 13th if you wish to participate and register how many guests you are bringing.

[スクリプトの訳]

設問 83 〜 85 は次のアナウンスに関するものです。

社員の皆さんにお知らせがあります！ (83)会社の30周年パーティーを、6月5日の午後6時30分から10時までメイランドホテルのエメラルドルームで開催いたします。社員の皆さんは、配偶者および元従業員1名をご同伴いただけます。このパーティーでは、(84)会社の創業者であるアルバート・シュナイダー氏によって「今年の最優秀社員」が発表されます。(85)参加を希望される方は、総務部のトニー・チェン宛てにEメールで、何人のゲスト同伴かとともに5月13日までにお知らせください。

83. 正解 (C) 🔔 冒頭に注意して聞く

解説 「パーティーの主な目的」が問われている。アナウンスの目的の正解は2〜3文目までにある。2文目の The company's 30th anniversary party will be held（会社の30周年パーティーが開催される）を聞き取れば、(C) To celebrate an anniversary を選ぶことができる。celebrate は「祝う」という意味。

84. 正解 (D) 🔔 人名のそばに注意

解説 「シュナイダー氏は誰か」と問われている。職業・勤務先・肩書は人名のそばのキーワードやキーフレーズに注意。最後から2文目の Mr. Albert Schneider, the founder of the company を聞き取ろう。正解は (D) A founder of a company である。

85. 正解 (B) 🔔 月日に注意して聞く

解説 「申し込み締め切り日」が問われている。最後の文で、Please e-mail Tony Chen in the general affairs department by May 13th if you wish to participate と話されている。(B) May 13 が正解である。

[設問・選択肢の訳]

83. このパーティーの主な目的は何ですか。
  (A) 最優秀営業担当者を表彰すること
  (B) 新入社員を歓迎すること
  (C) 創立記念日を祝うこと
  (D) 退職する従業員を歓送すること

84. シュナイダー氏はどんな人ですか。
(A) パーティーの主催者
(B) 最優秀セールスパーソン
(C) ホテルのマネジャー
(D) 会社の創立者

85. 申し込みの締め切り日はいつですか。
(A) 5月3日
(B) 5月13日
(C) 5月30日
(D) 6月5日

- **anniversary** 名 (創立) 記念日
- **founder** 名 創業者
- **register** 他 登録する
- **retire** 自 退職する
- **deadline** 名 締め切り日
- **spouse** 名 配偶者
- **general affairs department** 総務部
- **celebrate** 他 祝う
- **organizer** 名 主催者
- **application** 名 申し込み

Questions 86-88 ★★★ 広告 CD 83

スクリプト

Questions 86 through 88 refer to the following advertisement.

Want to stay healthy, beautiful, and keep your youthful looks? (86)Fresh Chemicals brings you its new Fresh Collagen Fruit Drink! It's rich in collagen and vitamins B and C; plus, it's delicious! It comes in four different flavors: apple, peach, melon, and lemon. (87)The handy-sized light paper packs mean that you can take some with you whenever you go out. (88)If you buy a dozen Fresh Collagen Fruit Drinks, you will receive two complimentary drinks for a limited time only from April 1st to April 8th!

スクリプトの訳

設問 86 ～ 88 は次の広告に関するものです。

健康で、美しく、若々しく見られ続けたいですか。(86)フレッシュ・ケミカルズはあなたにフレッシュ・コラーゲン・フルーツドリンクの新製品をお届けいたします！ コラーゲンとビタミンBとCが豊富なうえ、おいしく飲めます！ アップル、ピーチ、メロン、レモンの4種類の味があります。(87)ハンディサイズの軽い紙パックなのでお出かけの際はいつも持っていけます。(88)4月1日から8日の期間のみ、1ダースお買い上げいただくと、2本無料でプレゼントさせていただきます。

86. 正解 **(C)** ⚠ 広告の商品名は最初の方にある

解説 「宣伝されている商品の名前」が問われている。2文目の Fresh Chemicals brings you its new Fresh Collagen Fruit Drink! の Fresh Collagen Fruit Drink を聞き取れれば、「飲み物」の宣伝だとわかる。正解は (C) Drinks である。会社名から (B)

第3章 模擬テスト

New medicines (新しい薬) や (D) Cosmetics (化粧品) を選ばないようにしよう。

87. 正解 (A) 🎯 商品の利点・特長を聞き取る

解説 「商品がなぜ便利か」が問われている。The handy-sized light paper packs mean that you can take some with you whenever you go out. を聞き取ろう。「小さく軽い」ということなので、(A) It is small and light. が正解である。 handy-sized が small に言い換えられている。

88. 正解 (D) 🎯 商品購入の特典は最後の方に注意

解説 「割引を受けるのに購入すべき数」が問われている。最後の文の If you buy a dozen Fresh Collagen Fruit Drinks, you will receive two complimentary drinks から buy a dozen を聞き取ろう。dozen は 12 を意味するので、正解は (D) Twelve である。

設問・選択肢の訳

86. 何が宣伝されていますか。
　(A) 果物
　(B) 新しい薬
　(C) 飲み物
　(D) 化粧品

87. なぜこの製品は便利なのですか。
　(A) 小さく、軽い。
　(B) コンビニエンスストアで販売されている。
　(C) 家に配達される。
　(D) 調理する必要がない。

88. 割引を受けるには製品を何個購入しなければなりませんか。
　(A) 5個
　(B) 8個
　(C) 10個
　(D) 12個

□ **youthful** 形 若い　　　　　　□ **collagen** 名 コラーゲン
□ **be rich in** 〜が豊富である　　□ **flavor** 名 味；風味
□ **complimentary** 形 無料の　　□ **cosmetics** 名 化粧品

Questions 89-91 ★★★ TVトークショー

スクリプト

Questions 89 through 91 refer to the following talk.

Good afternoon. Welcome to Talk Friday. I'm your host, John Danzo. It's been cold the last few days, and there's a flu going around. Today our guest is Dr. Cindy Truman, who is going to give you some tips on how to keep yourself warm and protect yourself from catching a cold. [(89)(90)]Dr. Truman will welcome any questions from our live TV audience here after her talk. In your recent book, Cindy, you say that wearing layers of clothes is more effective than wearing just one thick jacket. You also say we shouldn't stay still in very cold weather; [(91)]we should take more exercise and keep the blood moving, and gargling before going out is essential. Please tell us more!

スクリプトの訳

設問 89 ～ 91 は次のトークに関するものです。

こんにちは。トーク・フライデイにようこそ。ホストのジョン・ダンゾです。ここのところ数日間とても寒いですね、インフルエンザも流行っています。本日のゲストのシンディ・トルーマン医師は、体を温める方法と風邪をひかない方法を教えてくれます。[(89)(90)]トルーマン医師は、お話の後、生中継のテレビ視聴者の皆さんのどんな質問にもお答えください。シンディ、あなたは最近出版された本の中で、服を重ね着することが1枚の分厚いジャケットを着るよりも効果があると書かれていますね。あなたはまた、寒い天候の中でじっとしていてはいけない、[(91)]もっと運動をして、血液の循環をよくしなければいけない。そして、外出前にうがいをすることが必要だと書かれていますね。どうぞ、もっと教えてください！

89. 正解 (B) 🚨 場所のキーワードを聞き取る

解説 「トークが行われている場所」が問われている。放送文の中ほどの Dr. Truman will welcome any questions from our live TV audience here after her talk. の our live TV audience を聞き取ろう。ここから「テレビスタジオ」であることがわかり、(B) At a TV studio が選べる。

90. 正解 (C) 🚨 after がヒントに

解説 「聴衆が後ですることは何か」が問われている。時間関係の言葉に注意して聞く。前問と同じく、Dr. Truman will welcome any questions from our live TV audience here after her talk. を聞けば答えられる。「トルーマン医師は話の後で聴衆からどのような質問も受け付ける」とは、「聴衆は後で質問をできる」ということ。(C) Ask questions が正解。

91. 正解 (A) 🚨 想像で解答を選ばずじっくり聞く

解説 「冬の寒さに対処する方法」が問われている。最後から2文目の we should take more exercise を聞き取ろう。ここから、正解は (A) Take more exercise である。アナウンスに基づかない想像で、(D) Take vitamin C を選んではいけない。また、(B)

第3章 模擬テスト

Wear a thick jacket ではなく、「重ね着」が推奨されているので、(B) も誤答である。

設問・選択肢の訳

89. このトークはどこで行われていますか。
(A) ラジオ局で　　　　　　　　　　**(B) テレビスタジオで**
(C) 空港で　　　　　　　　　　　　(D) 病院で

90. 聴衆は後で何をするでしょうか。
(A) アドバイスをする　　　　　　　(B) フィットネスクラブに登録する
(C) 質問をする　　　　　　　　　(D) 自己紹介をする

91. このトークによれば、冬の寒さに対処する方法は何ですか。
(A) もっと運動をする　　　　　　(B) 分厚いジャケットを着る
(C) 定期的にフィットネスクラブに行く　(D) ビタミンCを摂取する

- □ **flu** 名 インフルエンザ
- □ **tip** 名 アドバイス
- □ **protect A from ~** Aが~することから守る
- □ **layers of** 何層もの~
- □ **thick** 形 厚い
- □ **gargling** 名 うがい
- □ **go around** 流行る
- □ **keep oneself warm** 暖かい状態でいる
- □ **effective** 形 効果がある
- □ **take exercise** 運動する
- □ **essential** 形 絶対に必要な

Questions 92-94　★★★　留守番電話 🇺🇸　CD 85

スクリプト

Questions 92 through 94 refer to the following recorded message.

Hello, Mr. Lewis, (92)this is Joseph Jones from New World Publishing. (93)I'm calling to let you know about some mistakes you've made. I have measured the size of the company name and logo printed on the catalogue cover, but they were a little smaller than the specifications we requested. We are supposed to be distributing our new catalogue together with next year's calendar to our customers in two weeks' time, which means we have to have the printing completed by December 5. (94)We'd like to talk about how to deal with this problem as soon as possible. Please call me on my mobile phone at 060-953-1250, because I'm in the warehouse all day long today.

スクリプトの訳

設問 92 ~ 94 は次の録音メッセージに関するものです。

もしもし、ルイスさん、(92)こちらニュー・ワールド出版のジョゼフ・ジョーンズです。(93)そちらのミスについてお知らせするためにお電話を差し上げています。カタログのカバーに印刷されている社名とロゴのサイズを測りましたが、リクエストした仕様よりも少し小さいです。2週間後に、来年のカレンダーと共に新しいカタログをお客様に配布する予定です。つまり、印刷は12月5日までに完了しなければなりません。(94)できるだけ早くこの問題に関しての対処法をお話ししたいと思います。私は本日は1日中倉庫にいますので、携帯電話 060-953-1250 にお電話ください。

92. 正解 (C)　❗ This is の後に注意

解説 Who does Mr. Jones work for? で「ジョーンズ氏が働く会社」が問われている。第 1 文の this is Joseph Jones from New World Publishing. の New World Publishing（ニュー・ワールド出版）を聞き取ろう。正解は (C) A publisher（出版社）である。

93. 正解 (C)　❗ I'm calling to let you know の次を聞く

解説 「メッセージの主な目的」が問われている。2文目の I'm calling to let you know about some mistakes you've made. の some mistakes you've made から「ミスに対する苦情」の電話だと推測がつく。続く文でも苦情の内容を述べているので、正解は (C) To complain about some mistakes である。

94. 正解 (A)　❗ 依頼は最後の方に注意

解説 「ジョゼフ・ジョーンズがルイス氏に会いたい理由」が問われている。不在の相手に対する依頼は最後の方に正解がある。最後から2文目に We'd like to talk about how to deal with this problem as soon as possible. の deal with this problem（この問題に対処する）を聞き取ろう。deal with を solve（解決する）に言い換えた (A) To solve a problem. が正解である。

設問・選択肢の訳

92. ジョーンズ氏はどこで働いていますか。
(A) 印刷会社　　　　　　　　　(B) 書店
(C) 出版社　　　　　　　　　(D) 建築事務所

93. このメッセージの主な目的は何ですか。
(A) 仕様について決めること　　(B) 会社のロゴを選定すること
(C) ミスについて苦情を言うこと　(D) ミスについて謝罪すること

94. なぜ、ジョゼフ・ジョーンズはルイス氏と会うことを求めているのですか。
(A) 問題を解決するため　　　(B) 新しいプロジェクトを提案するため
(C) 製品を流通させるため　　　(D) 新しい倉庫について話し合うため

☐ **measure** 他 測定する　　　☐ **specifications** 名 仕様
☐ **be supposed to** ～する予定になっている
☐ **distribute** 他 流通させる　☐ **deal with** ～に対処する
☐ **warehouse** 名 倉庫　　　　☐ **printing company** 印刷会社
☐ **publisher** 名 出版社

第3章 模擬テスト

Questions 95-97　★★☆　工場見学ツアー

スクリプト

Questions 95 through 97 refer to the following short talk.

Good afternoon. Welcome to the Czech Republic. My name is Paul Smith. (95)I'll be your guide for this 3-hour Czech beer factory tour. Today, I'm excited to see that we have visitors from many different countries. During this tour, you'll learn about the process of producing beer. I'd like to point out several things before we begin our tour. Please refrain from smoking and drinking. (96)Also, taking pictures is not allowed within the factory. Before we enter the factory, we'll watch a video titled "The Czech Republic and the history of beer" in Room A from 1 to 2 o'clock. From 2 to 3, I'll show you around the factory and explain how the beer is brewed. From 3 to 4 o'clock you can taste our beer and enjoy some snacks in Room B. You can ask me any questions there. (97)Next to Room B, there is a gift shop, where you can purchase not only a variety of beers but also gifts such as picture postcards, mugs, plates, key holders and T-shirts.

スクリプトの訳

設問 95 〜 97 は次のショートトークに関するものです。

こんにちは。チェコ共和国にようこそ。私の名前はポール・スミスです。(95)3時間にわたるチェコのビール工場見学ツアーのガイドを務めさせていただきます。今日は多くのさまざまな国からお客様をお迎えできて、とてもわくわくしています。このツアーを通して、皆さんにはビールの製造過程を学んでいただけます。ツアーを始める前に、いくつか注意させていただきます。喫煙とお飲み物はお控えください。(96)また、写真撮影は工場内では許可されていません。工場に入る前に、1時から2時まで「チェコ共和国とビールの歴史」というタイトルのビデオをルームAで見ます。2時から3時までは、工場を回りながら、ビールの醸造方法を説明させていただきます。3時から4時までは、ルームBでビールとスナックを楽しんでください。そこではどんなご質問も歓迎です。(97)ルームBの隣にはギフトショップがあり、そこでさまざまな種類のビールをはじめ、絵葉書、マグカップ、お皿、キーホルダー、Tシャツなどのお土産をお買い求めいただけます。

95. 正解 **(C)** 🔔 ツアー内容は冒頭を聞く

解説　「ツアーの長さ」が問われている。I'll be your guide for 〜に続いてツアーの内容が話される。I'll be your guide for this 3-hour Czech beer factory tour. の 3-hour を聞き取れれば、ツアーの長さは「3時間」だとわかる。正解は (C) Three hours である。

96. 正解 **(D)** 🔔 禁止表現に注意

解説　「ツアーで禁止されていること」が問われている。not allowed などの禁止表現に注意。アナウンスの中ほどの Also, taking pictures is not allowed within the factory. を聞き取ろう。「写真撮影」が許されていないので、正解は (D) Taking pictures である。

97. 正解 **(C)**　⚡ Room B の前後を聞き逃さない

解説　「Room B の隣に何があるか」と問われている。最後の文の Next to Room B, there is a gift shop を聞き取れれば、「ギフトショップ」があることがわかる。正解は (C) A gift shop である。ツアーでは、ギフトショップやレストランの場所が最後の方で説明されることを覚えておきたい。

設問・選択肢の訳

95. このツアーの長さはどれくらいですか。
- (A) 1時間
- (B) 2時間
- **(C) 3時間**
- (D) 4時間

96. このツアーでは何が禁じられていますか。
- (A) バックパックを背負うこと
- (B) 白い線を越えて立つこと
- (C) 子供を連れてくること
- **(D) 写真を撮ること**

97. ルームBの隣には何がありますか。
- (A) レストラン
- (B) ビデオルーム
- **(C) ギフトショップ**
- (D) 写真店

☐ **point out**　〜を注意する：指摘する
☐ **show 〜 around**　〜を案内する
☐ **picture postcard**　絵葉書
☐ **refrain from**　〜を差し控える
☐ **brew**　他 醸造する

第3章 模擬テスト

Questions 98-100　★★★　ニュース 🇨🇦

[スクリプト]

Questions 98 through 100 refer to the following announcement.
This is the 6 o'clock news. ⁽⁹⁸⁾⁽⁹⁹⁾Nelson City's mayor Sammy Mason today announced the city council's approval for the construction of a road tunnel to revitalize the downtown area. Some citizens are opposed to this project because the construction work might cause traffic delays, but the mayor says he hopes it will create a quieter and more welcoming environment for citizens and that the number of visitors to the city will increase. A two-mile tunnel designed by architect David Rodez will be built under the city center. Most of the downtown traffic will use this tunnel and a car-free zone will be created on the main shopping streets. ⁽¹⁰⁰⁾According to Mr. Mason, the 3-year construction project is due to begin within the next 5 weeks.

[スクリプトの訳]

設問 98 ～ 100 は次の発表に関するものです。
6時のニュースです。⁽⁹⁸⁾⁽⁹⁹⁾ネルソン市の市長のサミー・メイソンは今日、ダウンタウン地域を活性化するために、道路にトンネルを建設する案件について市議会の承認を得たと発表しました。この建設プロジェクトが交通の遅滞を引き起こすとして反対する市民がいる一方で、市長は、トンネルの建設は、市民にとって静かで快適な環境を作り出し、市への訪問客数が増加すると述べています。建築家のデイビッド・ロデズ氏が設計を手がけた2マイルのトンネルは市の中心部の地下に作られます。ダウンタウン地域の交通のほとんどはこのトンネルを利用することになり、主な商店街には自動車の乗り入れ禁止ゾーンが作られます。⁽¹⁰⁰⁾メイソン氏によれば、この3年計画の建設プロジェクトは5週間以内に着工されるとのことです。

98. 正解 **(D)**　⚠ 冒頭部分に注意

解説　「何のプロジェクトか」と問われている。announce に注意して冒頭からキーワードを聞き取る。2文目の Nelson City's mayor Sammy Mason today announced the city council's approval for the construction of a road tunnel の the construction of a road tunnel が聞き取れれば「道路のトンネル工事」であることがわかる。(D) が正解である。

99. 正解 **(C)**　⚠ to 不定詞に注意

解説　同じく2文目の to revitalize the downtown area. を聞き取る。「ダウンタウン地域を活性化する」のが目的と理解できる。downtown area を city center（都心）に言い換えた (C) To revitalize the city center が正解である。

100. 正解 **(C)**　⚠ 数字に注意して最後まで聞く

解説　「プロジェクトが完成する時期」が問われている。最後の文の the 3-year construction project is due to begin within the next 5 weeks. の the 3-year construction project を聞き取ろう。「3年計画のプロジェクト」なので、正解は (C) In

194

three yearsである。within the next 5 weeksに惑わされて、(D) In five yearsを選ばないように。

設問・選択肢の訳
98. このプロジェクトはどんなものですか。
　(A) 新しいショッピングモールの建設
　(B) 新しい幹線道路の建設
　(C) 橋の建設
　(D) 道路トンネルの建設

99. プロジェクトの主な目的は何ですか。
　(A) 2都市を結ぶこと
　(B) 交通渋滞を緩和すること
　(C) 都心部を活性化すること
　(D) 仕事の機会を増やすこと

100. いつこのプロジェクトは完成しますか。
　(A) 1年後
　(B) 2年後
　(C) 3年後
　(D) 5年後

☐ **mayor** 名 市長　　　　　　☐ **city council** 市議会
☐ **approval** 名 承認　　　　　☐ **revitalize** 他 活性化する
☐ **cause** 他 引き起こす
☐ **car-free zone** 自動車乗り入れ禁止ゾーン
☐ **be due to ~** ~する予定になっている　☐ **traffic congestion** 交通渋滞
☐ **job opportunities** 仕事の機会

第3章 模擬テスト

Part 5

101. 正解 **(A)** ★★☆　❓ 主語 Stocks に合う自動詞は？

解説　文脈に合う動詞を選ぶ。主語は Stocks（株）で、「政治家の勝利のニュースを受けて」どうなったかと考えれば、(A) rose（上がった）が最適である。Stocks との相性だけからでも選べる。

訳　選挙でその政治家が勝利したというニュースを受けて、欧州の株価が上昇した。

☐ **election** 名 選挙

102. 正解 **(B)** ★★☆　❓ train にかかる疑問詞

解説　空所に入る疑問詞を選ぶ。空所の直後が名詞であり、「～の電車がコンベンションセンターに行くのかわからない」という文脈。選択を促す疑問詞 (B) which を入れると「どの電車」となり、文意が通る。

訳　私たちはどの電車がセミナーのあるコンベンションセンターに行くのかわからないので、タクシーを捕まえた。

☐ **convention** 名 会議；大会

103. 正解 **(B)** ★☆☆　❓ 主節の動詞が過去形である

解説　動詞 offer の形を選ぶ。空所があるのは、関係代名詞 that で導かれた節の中なので、主節の動詞との時制の一致を考える。主節の動詞は researched と過去なので、過去形の (B) offered を選ぶ。

訳　カーライルさんは、1社に決める前に、さまざまな運送会社が提示した価格とサービスを調査した。

☐ **research** 他 調査する

104. 正解 **(D)** ★☆☆　❓ 相関語句の neither A nor B

解説　expect the new job offer（新しい仕事のオファーを期待する）と renew his current contract（彼の今の契約を更新する）をつないでいる nor に着目すると、(D) neither を選んで、neither A nor B（A も B もない）とする必要がある。

訳　ラーソンさんは、新しい仕事のオファーを期待することも、今の契約を更新することもないだろう。

☐ **renew** 他 更新する

105. 正解 (A) ★★☆　❗空所の後ろに主語がないことに注目

解説　選択肢にはすべて接続詞が並んでいる。空所の後は動詞 reached があるので、made 〜と並列されていると考えられる。ここから、従位接続詞の (C) while と (D) although を除外できる。意味を見ると、前半は「株式市場は急騰した」、後半は「2年間の最高値に達した」なので、順接の (A) and を選ぶ。

訳　株式市場はここ3日で急騰して、2年間の最高値に達した。

- □ stock market　株式市場
- □ substantial　形 相当な
- □ gain　名 上昇；増加

106. 正解 (C) ★★☆　❗payroll manager との関係を考える

解説　It は to 以下を指し、「社員の納税申告を正確に行うこと」の意。「これが給与マネジャーの何か」なので、(C) の「責任」が正解である。他の選択肢は (A)「チェック；小切手」、(B)「方法；様式」、(D)「視覚；眺め」。

訳　社員の納税申告を正確に行うことは給与マネジャーの職責である。

- □ payroll　名 給与
- □ tax filing　納税申告
- □ accurate　形 正確な

107. 正解 (B) ★★☆　❗形容詞 unique と並列できるのは形容詞

解説　空所は is の後にあり、and で unique とつながっているので、unique（個性的な）と並列できる形容詞が入る。選択肢の形容詞は (A) distinct（明瞭な）か (B) distinctive（際立った）なので、(B) が適切。(C) distinguish は動詞で「識別する」、(D) distinction は名詞で「識別；特徴」。

訳　ベールさんのスタイルは際立っていて、個性的で、それが彼がトップクラスの建築家として活躍している理由だ。

- □ architect　名 建築家

108. 正解 (C) ★☆☆　❗空所の後の過去分詞と so far に注目

解説　have の形を選ぶ問題で、空所の後は signed up になっているので、完了形になることがわかる。現在完了の (C) か過去完了の (D) に絞れるが、最後の so far は「今までに」という意味なので、現在完了にしなければならない。したがって、(C) が正解。so far の代わりに until then（そのときまでに）などが使われていたら、過去完了の (D) が正解となる。

訳　これまでに20人が年に一度の会社のマラソン大会に参加する登録をしている。

- □ sign up　登録する
- □ participate in　〜に参加する
- □ annual　形 年に1度の
- □ so far　今までのところ

第3章 模擬テスト

109. 正解 **(A)** ★★☆　❗ 空所は or に関係する接続詞

解説　空所は decide の直後にあり、その後に完全な文が続くので、接続詞が入らなければならない。(A) か (B) が候補だが、before では decide とうまくつながらない。or に着目して (A) の whether を入れて、「AかBかを決める」とする。

訳　工場を移転するか現在の場所にとどめるかは、CEOが決断するだろう。

□ **relocate** 他 移転する　　　　□ **location** 名 場所

---

110. 正解 **(D)** ★★☆　❗ landed を修飾する、文意に合う副詞は?

解説　前半は「我々は〜ブリッグズ社と取引を交わせそうだった」だが、but を介して「競合相手が条件のいいオファーを提出した」と状況が変わったことを述べている。(D) の almost を入れると「ほとんど〜だった」という変化する前の状況を表せる。他の選択肢は (A)「すぐに」、(B)「めったに〜ない」、(C)「いつも」で、いずれもこの空所には不適。

訳　我々はブリッグズ社ともう少しで取引を交わせそうだったが、競合相手が条件のいいオファーを提出した。

□ **land a deal** 取引をまとめる　　□ **competitor** 名 競合相手

---

111. 正解 **(B)** ★★☆　❗ restructuring との相性を考える

解説　名詞を選ぶ問題で、restructuring (事業再編 [の]) との相性がポイント。選択肢は (A)「オフィス」、(B)「施策」、(C)「建設」、(D)「能力」で、(B) 以外に適切なものはない。restructuring policy で「事業再編策」。

訳　我が社は新しい事業再編策の一環として、利益分配制を導入する。

□ **introduce** 他 導入する　　　　□ **profit** 名 利益
□ **restructuring** 名 事業再編

---

112. 正解 **(A)** ★★☆　❗ have problems + 動名詞

解説　動詞 understand の形を選ぶ。空所は the terms を目的語にとり、かつ直前の problems につながらなければならない。(A) の動名詞の形が適切である。problems の後に in が挿入されることもある。この形で to 不定詞は使えない。

訳　契約書の条項を理解するのに問題がありましたら、私共にご連絡ください。

□ **terms** 名 条件；条項

113. 正解 (D) ★☆☆　💡 主語が最大のヒントになる

解説 空所の後ろは of the government であり、job creation（雇用創出）と the economy（経済）が政府の何なのかを考える。選択肢は (A)「費用」、(B)「部門」、(C)「遅延」、(D)「関心事；懸念」で、(D) が正解である。

訳 雇用創出と経済は、ここのところ政府の第一の関心事だ。

☐ **creation** 名 創出　　　　　　　☐ **primary** 形 第一の

114. 正解 (D) ★☆☆　💡 前置詞の後は動名詞である

解説 動詞 process の形を選ぶ。空所は前置詞 Before の直後にあるので、名詞でなければならない。名詞の形は不定詞の (B) か動名詞の (D) だが、前置詞の後に to 不定詞は続けられないので、(D) が正解となる。

訳 書類の処理をする前に、チームの全員に2ページ目に署名をお願いしたい。

☐ **paperwork** 名 書類仕事

115. 正解 (D) ★☆☆　💡 of の後、かつ so の前である

解説 months of ------- で考えると、空所には名詞が入るので、まず動詞原形の (A) と三単現の s の付いた (B) を除外できる。また、空所の直後は so でその後に文が続いている。(C) の negotiating では後ろにつながらないので、(D) の negotiation を選ぶ。

訳 クライアントは何カ月もの交渉の後でようやく契約書にサインをしたので、取引は完了した。

☐ **a done deal** 完了した取引

116. 正解 (C) ★☆☆　💡 再帰代名詞は主語に合わせる

解説 選択肢はすべて再帰代名詞なので、空所に合うものを選ぶ。この文の主語は you なので、(C) の yourself を入れる。この再帰代名詞は「あなた自身で」と you を強調する役割である。

訳 もし会社で何かを正確に実行したいなら、自分自身でしなければならない。

☐ **correctly** 副 正確に

第3章 模擬テスト

117. 正解 **(A)** ★☆☆　❶ for と組んでイディオムをつくる

解説　「毎日午前9時から午後5時まで営業している」ということと空所の後の national holidays（国民の祝日）の関係を考えて、(A) を選んで except for（〜を除いて）とすると、両者がうまくつながる。

訳　私共は国民の祝日を除いて、毎日午前9時から午後5時まで営業しています。

□ **national holiday**　国民の祝日

---

118. 正解 **(D)** ★★☆　❶ top と組んで定型表現になる

解説　top ------- の内容が is で結ばれた to find a good candidate（適任の候補を見つけること）。選択肢の意味はそれぞれ、(A)「品質」、(B)「健全；正気」、(C)「威厳」、(D)「優先課題」。(D) が文意に合う。top との相性もヒントになる。

訳　今のところ、人事部長の最優先課題は、空きになっている販売部長職に適任の候補者を見つけることだ。

□ **HR (= human resources)**　人事（部）　□ **candidate**　名 候補者

---

119. 正解 **(B)** ★☆☆　❶「〜として」の as

解説　空所は admired（評価されている）の直後にある。文脈から「トップセールスパーソンとして正当に評価されている」となることが予測できる。「〜として」を表す前置詞は (B) の as である。

訳　ジェームズは我が社のトップセールスパーソンとして、正当に評価されている。

□ **admire**　他 評価する；賞賛する

---

120. 正解 **(C)** ★☆☆　❶ current から現在進行形を

解説　動詞 cause（引き起こす）の形を選ぶ問題。意味的に受け身では文脈に合わないので (D) は不適。主語に使われている current（現在の）に着目すれば、現在進行形の (C) is causing が適切である。(A) は三単現の s がない。(B) では動詞がなくなってしまう。

訳　その国の現在の政治危機によって、通貨が激しく変動している。

□ **dramatic**　形 劇的な　　□ **currency**　名 通貨
□ **fluctuations**　名 不安定な変動

121. 正解 (B) ★★☆ 💡 flight から適切な名詞を推測

解説 reached は「到着した」という意味の他動詞で、前半は「フライトが遅れた」なので、空所には場所を表す言葉が入らなければならない。選択肢は (A)「目的」、(B)「目的地」、(C)「反対」、(D)「配送」。したがって、(B) が正解となる。

訳 フライトに遅れが出て、私たちは1時間遅れて目的地に着いた。

□ **be delayed** 遅れる

---

122. 正解 (B) ★☆☆ 💡 to 不定詞になるように

解説 document は名詞「書類」・動詞「記録する」の両用に使える。空所は to の直後にあり、wanted Jeff to ～という文脈。(B) の動詞の原形を入れると、「ジェフに記録させることを求めた」という意味となり all the data ともうまくつながる。

訳 部長はジェフに、プロジェクトのすべてのデータを書面にして、販売チームに提出するよう求めた。

□ **present** 他 提示する；提供する

---

123. 正解 (C) ★★☆ 💡 文脈に即して complete を修飾する副詞を

解説 In order to で始まる不定詞句は「このプロジェクトを～に完了するために」という文脈。選択肢は (A)「実のところ」、(B)「潜在的に」、(C)「円滑に」、(D)「急激に」なので、(C) が最適である。

訳 このプロジェクトを円滑に完了するために、我々は労働者をいくらか外部調達する必要があるだろう。

□ **complete** 他 完了する　　□ **outsource** 他 外部委託する
□ **laborer** 名 労働者

---

124. 正解 (A) ★★★ 💡 subject につながる前置詞を選ぶ

解説 空所のある部分は goods are subject ------- discounts after 30 days で、形容詞の subject は「～に委ねられる；～の対象となる」の意。この場合に使う前置詞は (A) to である。be subject to で覚えておこう。

訳 私どもは委託契約により商品を90日間にかぎり店頭販売しますが、30日後には割引を行います。

□ **goods** 名 商品　　□ **on consignment** 委託されて

第3章 模擬テスト

125. 正解 (D) ★★☆　❗together と組んでイディオムになる

解説 空所の後は together で、その後に目的語となる the best team が続く。team と相性のいい動詞句を考えて、(D) を選んで put together（組織する）とする。

訳 特別選定委員会は、新しい建設プロジェクトを担当する最良のチームを組織する責任を負うことになる。

- □ **committee** 名 委員会
- □ **be in charge of** 〜を担当している
- □ **handle** 他 取り扱う

---

126. 正解 (A) ★★★　❗integrate A in B の形

解説 by ------- search functions in their sites という文脈で考える。search functions（検索機能）を in their sites（サイトの中）にどうするかなので、integrate（統合する）が最適である。(A) が正解。他の選択肢は (B)「決定する」、(C)「〜に続く」、(D)「転送する」。

訳 ソーシャルネットワークは、そのサイトに検索機能を取り込むことによって、競争力を維持している。

- □ **competitive** 形 競争力がある
- □ **search function** 検索機能

---

127. 正解 (C) ★★☆　❗どんな team かを考える

解説 thanks to は「〜のおかげで」というイディオム。「〜な販売促進チームのおかげで売り上げを伸ばせた」という文脈。選択肢は (A)「頻繁な」、(B)「決定的でない」、(C)「献身的な；支援する」、(D)「装飾的な」なので、(C) が最適。

訳 私たちの献身的な販売促進チームのおかげで、この四半期は売り上げを伸ばすことができた。

- □ **quarter** 名 四半期
- □ **thanks to** 〜のおかげで

---

128. 正解 (B) ★★☆　❗regardless of は必須イディオム

解説 「屋外会議が開かれる」ことと「悪天候」は矛盾する関係。(B) を選んで regardless of とすれば「悪天候に関係なく」となり文意が通る。

訳 屋外会議は今週末、悪天候に関係なく開催されます。

- □ **conference** 名 会議

129. 正解 (B) ★★☆ 💡 very cautious から類推する

解説 前半で CEO が very cautious（たいへん慎重）と言っている。そこで彼が「どんな手法 (approach) をとるか」を考える。選択肢は (A)「代わりの」、(B)「保守的な」、(C)「混乱させる」、(D)「財務の」なので、(B) が最適である。

訳　私たちのCEOはたいへん慎重な人で、顧客との取引をまとめるときにはいつも保守的な手法をとる。

□ **cautious** 形 慎重な　　　　□ **strike a deal** 取引をまとめる

130. 正解 (B) ★★☆ 💡 each quarter と as に注目

解説 rise を修飾する副詞を選ぶ問題で、each quarter と as に注目したい。「…するにしたがって、毎四半期〜して上昇する」という文脈。選択肢は (A)「疑わしげに」、(B)「継続的に」、(C)「年に1回」、(D)「生き生きとした」で (B) が最適。(C) では each quarter に矛盾する。(D) は形容詞なので不適。副詞の livelily（勢いよく）なら正解になりうる。

訳　我々が成長して、他の地域に拡大するにしたがって、利益は四半期単位で継続的に上昇していくだろう。

□ **expand** 他 拡大する　　　　□ **region** 名 地域

131. 正解 (D) ★★☆ 💡 be up for の次はどの形が適切か

解説 品詞を識別する問題。前置詞 for の後ろなので名詞が入る。まず動詞の (A) promote を除外できる。次に be up for は「〜を目指す」という意味で、何を目指すかを考えると、(D) の promotion（昇進）が最適。promotion には「昇進」のほか「（販売）促進」という重要な意味がある。動詞 promote は「昇進させる」の意味なので、(A) のように動名詞 promoting にすると「昇進させること」になり、文意に合わない。

訳　ダンさんとウェアリングさんは二人とも今月昇格しようと意気込んでいて、残業をしている。

□ **be up for** 〜を目指して意気込む　　□ **put in extra hours** 残業する

132. 正解 (C) ★★☆ 💡 detailed report がヒント

解説 「〜な財務予測 (financial forecast)」は her detailed report に含まれていたわけなので、空所には detailed と関連性のある形容詞が入らなければならない。選択肢は、(A)「膨大な」、(B)「浅い」、(C)「包括的な」、(D)「勤勉な」で、(C) が最適である。

訳　ハンさんは詳細なレポートで顧客を感激させたが、そのレポートには包括的な財務予測が入っていた。

□ **impress** 他 印象づける　　　　□ **financial** 形 財務の
□ **forecast** 名 予測

第3章 模擬テスト

133. 正解 (A) ★★☆ ❗ inspection は「視察」

解説 空所の後は of the factory floor と続いている。factory floor は「工場の現場」の意味。選択肢は (A)「視察」、(B)「予測」、(C)「機械」、(D)「ターミナル」で、ひとまず (A) か (C) が候補だが、a series of (一連の) に続き、will be conducted (実施される) の主語になることを考えると、(A) が適当。

訳 今週、工場の一連の視察が行われるので、作業スペースをきれいにしておいてください。

- ☐ **a series of** 一連の~
- ☐ **factory floor** 工場（の現場）
- ☐ **conduct** 他 実施する

---

134. 正解 (D) ★★☆ ❗ 空所の後の従属節には目的語がない

解説 主節の「全身全霊を捧げてそれを行い、進歩を書き留めなさい」につながるには、従属節は譲歩構文にならなければならない。譲歩構文は複合関係詞が前に出るが、ここでは you do の目的語がなく、かつ主文にはこれを受ける it があるので、(D) の Whatever (どんなことを~しても) を選ぶ。

訳 仕事の日にどんなことをしようとも、全霊を捧げてそれを行い、進歩を書き留めなさい。

- ☐ **to one's fullest ability** 全力で
- ☐ **document** 他 書き留める
- ☐ **progress** 名 進歩

---

135. 正解 (B) ★★★ ❗ subsequent to で覚える

解説 subsequent は「~に続いて」の意味の形容詞で、目的語を従えるときは前置詞は to を使う。したがって、(B) が正解。

訳 水曜日の財務会議を受けて、経理担当者は予算に必要な調整を行った。

- ☐ **subsequent** 形 続いて起こる
- ☐ **accountant** 名 経理担当者
- ☐ **adjustment** 名 調整
- ☐ **budget** 名 予算

---

136. 正解 (A) ★★★ ❗ service を修飾できるポジティブな形容詞

解説 why 以下は「これほど多くの顧客が再度利用する」なので、会社のサービスはポジティブなものでなければならない。選択肢は (A)「比類がない」、(B)「お気に入りの」、(C)「過大評価された」、(D)「切迫した」で (A) が最適である。equal が「匹敵する」と知っていれば、unequaled で「匹敵されない」→「比類ない；最高の」という類推ができる。

訳 その会社の比類ないサービスは、これほど多くの顧客が再度利用する理由である。

137. 正解 (D) ★★☆ 🔔 in accordance with で覚える

解説 空所は in と with に挟まれていて、the state's strict health and safety laws が続いている。in accordance with は「(法律や規則)に従って」というイディオムである。したがって、(D) が正解。in compliance with でも同意。

訳 私たちのレストランは、州の厳格な健康・安全法規に従うように運営されている。

☐ **strict** 形 厳格な

---

138. 正解 (A) ★★★ 🔔 interviews との関係で選ぶ

解説 空所の後の round は「一連の」の意。「一連の〜な面接」の後で eliminated three candidates (3人の候補者を脱落させた) という文脈となる。選択肢は (A)「予備の；準備の」、(B)「占められた」、(C)「技能のある」、(D)「効率的な」なので、(A) が最適。

訳 一連の予備面接の後、フォンさんはそのポストの候補者を3人脱落させた。

☐ **eliminate** 他 除外する　　☐ **interview** 名 面接

---

139. 正解 (B) ★★☆ 🔔 trade fair でどうするのか

解説 「次の見本市ですべての新製品を〜する」という文脈。選択肢は (A)「見る」、(B)「展示する」、(C)「購入する」、(D)「与える」なので、(B) を選ぶ。showcase を知らなくても、他の選択肢は難しくないので、消去法で正解にたどり着けるだろう。

訳 10月に迫っている見本市で、我々は新製品のすべてを展示する予定だ。

☐ **upcoming** 形 次の；来るべき　　☐ **trade fair** 見本市

---

140. 正解 (D) ★★★ 🔔 投資の話に適当な表現は？

解説 空所の後の by 以下は「小さな新興企業にお金を投資することによって」。投資することがどんな行動かを考えて、(D) の「計算されたリスク」を選ぶ。他の選択肢は (A)「実績」、(B)「金利」、(C)「売り込み電話」。

訳 ファーナムさんはリスクを承知で、小さな新興企業にすべてのお金を投資した。

☐ **start-up** 名形 新興企業(の)　　☐ **venture** 名 事業

Part 6

Questions 141-143

141. 正解 **(C)** ★★☆　❶ software をヒントに

解説 選択肢はすべて動詞。目的語の software との相性を考えれば、(C) create (制作する) が最適。「顧客のためソフトウエアを制作する才能あるソフトウエア・エンジニアを募集している」となり、文意も通る。他の選択肢は (A)「助ける」、(B)「見る」、(D)「聞く」。

142. 正解 **(B)** ★★☆　❶ 空所の文の前半を確認

解説 空所のある文の前半は「当社製品は業界に革命をもたらした」。それを therefore (それゆえ) で受けて、very ------- につながっているので、「業界に革命をもたらした結果を形容する」ものを選ぶ。選択肢は (A)「経験のある」、(B)「よく知られた」、(C)「自然な」、(D)「感謝して」なので、(B) が最適である。

143. 正解 **(A)** ★★☆　❶ a part of a team がキーワード

解説 空所の文の前半にある a part of a team of programmers and managers (プログラマーやマネジャーのチームの一員) がヒントになる。チームを念頭に考えれば、work well with (〜と仲良く働く) の対象は (A) の others (他の人たち) である。(D) の coworker (同僚) も意味的には問題ないが、この語は集合名詞としては使えないので、複数形の coworkers でなければならない。

訳　設問 141 〜 143 は次の求人広告に関するものです。

トピット社は、当社顧客のためソフトウエアを (141)制作できる才能あるソフトウエア・エンジニアを募集しています。当社は音楽業界のプロフェッショナルをお客様としており、お客様が求めるのは最高品質のエンジニアリング・ソフトウェアです。当社製品は業界に革命をもたらし、それゆえ (142)知名度は抜群です。適任とされる候補者はソフトウエアのプログラミングに最低3年の経験があり、優れたコミュニケーション能力と問題解決技能を持っていなければなりません。選ばれた候補者はプログラマーやマネジャーから成るチームの一員に加わるので、(143)他の人とうまくやっていけることが条件です。履歴書と送り状をメールで job@topit.org までお送りください。必ず件名に求人番号を書き入れてください。

- **talented** 形 才能のある
- **revolutionize** 他 〜に革命をもたらす
- **troubleshooting** 名形 問題解決 (の)
- **résumé** 名 履歴書
- **subject line** 件名欄
- **clientele** 名 (集合的に) 顧客
- **candidate** 名 候補者
- **skill** 名 技能
- **cover letter** 添え状；カバーレター

Questions 144-146

144. 正解 **(D)** ★★☆　💡 very pleased からポジティブな動詞と推測

解説　空所に入る動詞は、後の into our small business owner certification program にうまくつながらなければならない。また、主節では We are very pleased to inform you と言っているので、ポジティブな意味であることも条件。(D) の accepted を選べば、「小規模事業者認定プログラムに受け入れられた」となり文意が通る。他の選択肢は、(A)「除外された」、(B)「集められた」、(C)「拒否された」。

145. 正解 **(C)** ★☆☆　💡 deal with で「～を扱う」

解説　動詞 deal を aspects of running a small business につなぐ前置詞を選ぶ問題。(C) の with を選ぶと、deal with aspects of running a small business（小規模ビジネスを経営する諸側面を扱う）となり文意も通る。なお、deal とよく結びつく前置詞は with と in で、deal in だと「～の商売をする」の意味。

146. 正解 **(A)** ★★☆　💡 smoothly と並列できる副詞は？

解説　run your business smoothly and ------- という文脈。run（経営する）を修飾する副詞で、smoothly（円滑に）と and で並列されているので、smoothly と似通った意味でなければならない。選択肢は (A)「効率的に」、(B)「粗く」、(C)「真に」、(D)「急いで」なので、(A) が正解となる。

訳　設問 144 ～ 146 は次のレターに関するものです。

5月19日
ナンシー・アーガス
ヘムロックウェイ89番地　メルボルン

アーガス様

貴殿が当校の小規模事業者認定プログラムに (144)参加いただけることになりましたので、たいへん喜ばしく思い、ここにお知らせいたします。講座は10月1日に始まり、1年間継続します。プログラムは4期に分かれていて、期ごとに小規模事業経営のさまざまな側面を (145)扱います。講座が終了するまでに、ご自分の事業を円滑かつ (146)効率的に経営できるという自信が持てるでしょう。
授業料、出席時間、学校の場所と規則については添付ファイルをご覧ください。授業料は講座が始まる2週間前までに必ずお支払いください。
ご不明な点はご遠慮なくお問い合わせください。

よろしくお願い申し上げます。
リー・ハン
ロイヤルビジネスアカデミー校長

☐ **certification** 名 認可；証明
☐ **be sectioned off into** ～に分割される
☐ **tuition** 名 授業料
☐ **commence** 動 始まる
☐ **quarter** 名 四半期
☐ **institution** 名 団体

第3章 模擬テスト

Questions 147-149

147. 正解 **(B)** ★☆☆ 💡 look for で「〜を探す」

解説　空所の後は luxurious accommodations for your trip abroad なので、「海外旅行のための豪華な宿泊施設をどうするか」考える。選択肢に並ぶ look の動詞句はそれぞれ (A)「〜のほうを見ている」、(B)「探している」、(C)「見上げている」、(D)「見下ろしている」なので、(B) が最適。

148. 正解 **(D)** ★★☆ 💡 decorated との相性を考える

解説　空所の前後は are ------- decorated with tasteful furnishings となっている。「趣味のよい家具でどのように装飾されているか」考えると、(D) の「豪華に」が最適である。他の選択肢は (A)「突然に」、(B)「ひどく」、(C)「適切なときに」。

149. 正解 **(C)** ★★☆ 💡 properties をどうするか

解説　空所の前は have で、選択肢はすべて「to + 動詞」の形。省略された関係詞で have と to ------- が the fabulous properties (すばらしい物件) につながっている。(A) の to give と (C) の to offer が候補だが、続く book online からこの会社は物件をあくまで紹介するだけ。したがって、(C) が正しい。

> 訳　設問 147 〜 149 は次の広告に関するものです。

海外旅行に豪華な宿泊施設を (147)お探しではないですか。ゴージャスホリデーホームズは、世界中の主要観光地にあなたのご要望にぴったりの宿泊施設をご用意しています。当社の賃貸物件はすべて、趣味の良い家具を使って (148)豪華に装飾され、広々として快適であることを保証します。わが社のウェブサイトにアクセスして、(149)ご用意している素敵な物件をご覧いただき、安全かつ確実にオンライン予約することができます。私共は各主要都市にオフィスがあるので、便利です。ぜひお立ち寄りいただき、幅広く取り揃えた高級賃貸物件の数々をご覧ください。書類業務はすべて私共が行いますので、お客様はバケーションをお楽しみいただくだけです。

- ☐ **luxurious** 形 豪華な；ぜいたくな
- ☐ **property** 名 不動産；物件
- ☐ **tasteful** 形 上品な；趣味のいい
- ☐ **guarantee** 他 保証する
- ☐ **fabulous** 形 とてもすばらしい
- ☐ **handle** 他 取り扱う
- ☐ **accommodations** 名 宿泊施設
- ☐ **decorate** 他 飾る
- ☐ **furnishing** 名 家具
- ☐ **spacious** 形 広々とした
- ☐ **extensive** 形 広範な
- ☐ **paperwork** 名 書類業務

Questions 150-152

150. 正解 **(D)** ★★☆　❗raise と IPO がヒントになる

解説　空所のある部分は raise the necessary -------。一方、この文章の冒頭には we are about to launch our IPO（当社はまもなく株式を新規公開する予定で）とあり、調達する（raise）べきものは (D) の capital（資本）である。他の選択肢は (A)「昇進；促進」、(B)「給与」、(C)「見通し」。

151. 正解 **(B)** ★★★　❗compare notes で「情報交換する」

解説　空所の直後は notes でこれに合った動詞を選ぶ。ここの notes は漠然と「情報；意見」を指し、compare notes で「情報交換する；意見交換する」という慣用句になる。したがって、(B) の compare が正解。他の選択肢は (A)「口述する」、(C)「描く」、(D)「隠す」。

152. 正解 **(B)** ★★☆　❗主格の関係代名詞

解説　空所の文の前半は「全社員が参加する必要がある」。why 以下は「それゆえ、我々はより広いスペースが必要だった」。空所は前文を受ける関係詞が入るが、動詞 is と補語 why ～があるので、空所に入るのは主格の関係代名詞。(B) の which が正解である。

訳　設問 150 ～ 152 は次の回覧に関するものです。

宛先：全社員
差出人：ジェイムズ・モリタ
件名：新規株式公開

ご存知の通り、当社はまもなく株式を新規公開する予定で、私は当社株式の価格を53ドルに設定しました。これによって当社は必要な (150)資本を調達することができます。この件の担当マネジャーであるメアリー・ジェンセンとステファン・クラークがこの価格を算出し、私も最も適正な価格であると確信しています。

株式上場日の翌日には会議を開き、(151)情報交換とこの件に関する話し合いを行います。会議はテニスンレーン1070番地のイースタンホテルの宴会場で午後7時からです。立食ディナーが提供されます。社員全員が出席することになる (152)ため、広い場所を探しました。メアリーとステファンが短いプレゼンテーションをしてから新規株式公開について話し合います。

このイベントにどうぞご協力ください。

ジェイムズ

- □ **IPO (= initial public offering)**　株式上場
- □ **launch**　他 始める
- □ **raise**　他 調達する
- □ **come up with**　～を考え出す
- □ **banquet**　名 晩餐会；宴会
- □ **mandatory**　形 義務の；必須の
- □ **share**　名 株（価）
- □ **in charge of**　～を担当して
- □ **appropriate**　形 適当な
- □ **buffet**　形 ビュッフェ形式の；バイキング形式の

第3章 模擬テスト

Part 7

Questions 153-154　★★☆

153. 正解 **(D)**　💡 文章の目的

解説　タイトルの The Peterson Family Reunion より、集まりは「家族会」である。family reunion は「家族の再会」の意味。また、本文冒頭の As you are a family member or a longtime good friend, you are cordially invited to the Peterson family reunion より、招待されるのは「家族」と「長い期間の友人」。「家族の集まりに人々を招待すること」とする (D) が正解である。(C) については、特定の記念日 (anniversary) の記述がないので誤り。

154. 正解 **(D)**　💡 個別情報

解説　招待状を受け取った人のアクションについては、RSVP before August 12 に注目。RSVP は招待状に返信を求める決まり文句で、もともとフランス語で Répondez s'il vous plaît. (= Please reply.)、つまり「お返事ください」という意味。「指定された日 (a designated day) までに返事をする」としている (D) が正解となる。

訳　設問 153 ～ 154 は次の招待状に関するものです。

招待状

Q153 招待状の目的 ──→ ピーターソン家の家族会

あなたは家族の一員であるか、付き合いの長い友人なので、ピーターソン家の家族会にどうぞおいでください。8月16日午前10時からです。

立食スタイルのお食事やゲームを用意します。また家族の写真のスライドショーや家族が撮った古い動画もお見せします。集まって家族の記憶や思い出話を楽しみましょう。

8月16日午前10時から午後10時まで
ジャック・ピーターソンの家で
チェリーヒルレーン1244番地
8月12日までにお返事をください ← Q154 招待状を受け取った人がすべきこと

道路の反対側のレーンズボウリング場にも駐車できます。

153. この招待状の目的は何ですか。
  (A) 昔の動画を見せること
  (B) 物語や写真を集めること
  (C) 記念日に友人を招待すること
  (D) 家族の集まりに人々を招待すること

154. この招待状を受け取った人は何をしなければなりませんか。
(A) パーティーに出席する
(B) ボウリング場に行く
(C) 10分早く来る
(D) 決められた日までに返信する

☐ **reunion** 名 再会
☐ **buffet-style** 形 ビュッフェ（バイキング）スタイルの
☐ **memory** 名 記憶
☐ **gather** 他 集める
☐ **get-together** 名 集まり
☐ **designated** 形 指定された
☐ **cordially** 副 心を込めて
☐ **bowling alley** ボウリング場
☐ **anniversary** 名 記念日
☐ **respond** 自 返事をする

Questions 155-157 ★★☆

155. 正解 (A)　⚠ 文章の目的

解説　Subject の Current downsizing plans（今回の人員削減計画）も踏まえて、メールの冒頭文を見ると、I'm writing to you to inquire about the upcoming downsizing plans. とあり、「人員削減計画について問い合わせる」のがメールを書いている理由である。Michelle は後で would certainly hate to lose any members at this time と書いているように、自分のチームに人員削減計画が及ぶことを懸念している。downsizing plans を plans to let some staff members go と言い換えて「人員の一部を解職する計画についてたずねるため」と表現している (A) が正解である。

156. 正解 (A)　⚠ 単語問題

解説　push は We have a big sales push coming up で使われている。push はここでは名詞で、sales push で「販売の推進；販売の努力」の意味。(A) の effort（努力）が最も近い。

157. 正解 (C)　⚠ 個別情報

解説　Friday は最後の文に出てくる。I will be away on business from Friday so hopefully I can get the info before then. から、金曜までに情報が欲しい理由は、彼女が「金曜から出張に出かける」からである。be away on business を go on a business trip と言い換えた (C) が正解である。

　訳　**設問 155 ～ 157 は次のメールに関するものです。**

宛先：リー・ヘルムズ
送信者：ミシェル・カーバー
件名：実行中の人員削減計画 ← Q155 ミシェルがリーにメールを書いた理由

リーさん

このたびの人員削減計画について聞きたいことがあってメールします。どの部署がこの計画で

第3章 模擬テスト

影響を受けるのか何か情報はありませんか。私はチームのどのメンバーも必要としているので、うちの営業部員のことが心配なのです。営業部ではもうすぐ大規模な販売キャンペーンがあるため、私は全員に仕事を割り当てていて、この時期に誰かが欠けることは大きな痛手になります。人員削減計画のスケジュールについても、もう少し詳しい情報をもらえないでしょうか。私たちの大規模販促キャンペーンの前に計画が実行される場合は、チームの再編成を考えなければなりません。

できれば、今週中に教えていただけるようにお願いします。金曜から出張に出かけるので、その前に情報をもらえればとても助かります。

Q156 push に意味が一番近いもの
Q157 ミシェルが金曜までに情報を必要とする理由

よろしくお願いします。
ミシェル

155. なぜミシェルはリーに書いているのですか。
 (A) 人員の一部を解職する計画についてたずねるため
 (B) 彼に次回の販促キャンペーンの仕事を割り当てるため
 (C) 彼に実行中の人員削減計画について知らせるため
 (D) 彼にスケジュールについての情報を与えるため

156. 4行目の「push」という単語に最も意味の近いものはどれですか。
 (A) 努力
 (B) 空き
 (C) 大成功
 (D) 力

157. なぜミシェルは金曜日以前に情報が欲しいのですか。
 (A) 彼女は会社を辞める。
 (B) 彼女は人員削減の対象になる。
 (C) 彼女は出張に出かける。
 (D) 彼女は休暇を取る。

- □ **downsize** 他 人員を削減する
- □ **inquire about** ～について問い合わせる
- □ **upcoming** 形 今回の；来たるべき
- □ **affect** 他 影響を与える
- □ **assign** 他 割り当てる
- □ **certainly** 副 確実に；きっと
- □ **timetable** 名 予定表
- □ **concerning** 前 ～に関して
- □ **regroup** 他 再編成する
- □ **be away on business** 出張に出かける
- □ **quit** 他 辞める
- □ **leave of absence** 休暇

Questions 158-159 ★★☆

158. 正解 **(B)** 📄 文章の目的

解説　記事のテーマなので冒頭を見る。The government recently announced plans to inspect several major factory assembly lines to make sure that the working environments of their employees are up to current standards. とあり、「従業員の業務環境が基準に合っているかどうか確かめるため大型工場の査察を行う」と書かれている。the working environments of their employees を the conditions of plant workers と言い換えて「工場労働者の環境を検査する計画」としている (B) が最適。

159. 正解 **(B)** 📄 NOT 設問

解説　(A)「組み立てラインを査察する」は inspect several major factory assembly lines に、(C)「工場で安全に働けることを確認する」は Officials will also look for safety violations に、(D)「9月1日から7日までの間に査察を実施する」は The inspections are scheduled to be conducted by officials during the week of September 1 to 7. にそれぞれ対応する。(B)「(政府が) 工場に対して苦情を申し立てる」という記述はないので、これが正解となる。

訳　設問 158 〜 159 は次の記事に関するものです。

Q158 記事のテーマ　　　Q159 政府が実行すると決定していること → 消去

政府は先ごろ、従業員の業務環境が現行の基準を満たしているかどうかを確認するために、数カ所の大型工場の組み立てラインを査察すると発表した。政府のこの決定はある大手工場の工場労働者から不満の声が上がっているためであり、人権グループの要請によるものでもある。査察は9月1日から7日の週の間に、担当係官によって行われる予定だ。不満の声の中には長時間労働と低賃金も含まれている。工場の安全環境について苦情の申し立てはないが、係官は安全基準違反についても調査する予定だ。

158. この記事は何についてのものですか。
(A) 政府職員の業務環境
(B) 工場労働者の環境を検査する計画
(C) 人権擁護団体との面談
(D) 工場の製品についての苦情

159. 政府が実行すると決定しなかったことは何ですか。
(A) 組み立てラインを査察する
(B) 工場に対して苦情を申し立てる
(C) 工場で安全に働けることを確認する
(D) 9月1日から7日までの間に査察を実施する

☐ **inspect** 他 査察する；検査する
☐ **working environments** 職場環境
☐ **current** 形 現行の
☐ **human rights group** 人権団体
☐ **violation** 名 違反
☐ **assembly line** 組み立てライン
☐ **be up to** 〜に合致して
☐ **complaint** 名 クレーム
☐ **conduct** 他 実施する
☐ **lodge a complaint** 苦情を申し立てる

第3章 模擬テスト

Questions 160-162　★★☆

160.　正解　(B)　類推問題

解説　冒頭の Thank you for making your travel reservations with Sky's the Limit online travel agency. は、オンラインの旅行代理店に予約をした人に対するお礼を述べた文である。したがって、「旅行をする人が予約をしたところだ」とする (B) が正解。類推問題だが、実質的には文章の目的がわかれば解ける。

161.　正解　(D)　個別情報

解説　設問の 24 hours は第 2 文に出てくる。Please allow up to 24 hours to process your reservation. とあり、「予約の処理に 24 時間かかる」ことがわかる。また、次の文には We will be sending your itinerary shortly after processing. とあって、「処理後に旅行スケジュールが送られる」。itinerary を travel schedule と言い換えて、「この客の旅行日程表が送信される」とする (D) が正解である。

162.　正解　(B)　個別情報

解説　By using Sky's the Limit, you save 20 percent on airfare, hotels, car rentals and much, much more. から、Sky's the Limit を使うだけで20パーセントの割引を受けられる。そして、次の文の Use our site during a Time Travel period and save even more. から、「タイムトラベル期間に予約をすればさらに割引を受けられる」、つまり割引率は more then 20 percent になるわけである。具体的な割引率はこの後に up to 50% と出ている。「ある期間内に旅行の予約をすることで」とする (B) が正解となる。

訳　設問 160 〜 162 は次の情報に関するものです。　Q160 この情報について言えること
オンラインの旅行代理店スカイズ・ザ・リミットで旅行のご予約をいただきありがとうございます。ご予約の手続きは最大24時間かかりますのでご承知おきください。手続きが終わり次第、旅行日程表をお送りいたします。スカイズ・ザ・リミットをご利用になると、航空券、ホテル、レンタカーをはじめとするサービスが20パーセント割引になります。タイムトラベル期間中に当社サイトをご利用になると、さらにお得です。タイムトラベルの期間は当社の月間スケジュールに記載されていて、一定の期間内に旅行の予約をすると、最大50パーセントの割引を受けることができます。当社のサービスや特典、またご予約についてのご質問は、いつでもカスタマーサービス部へお問い合わせください。年中無休で営業しております。お友達にもスカイズ・ザ・リミットをどうぞお勧めください。　Q161 24時間後に何が起こるか
Q162 20%以上の割引を受ける方法

160. この情報についてどのようなことが言えますか。
　(A) 誰かが旅行代理店の仕事に応募したところだ。
　(B) 旅行をする人が予約をしたところだ。
　(C) 客が旅行日程表についてたずねたところだ。
　(D) 旅行者が旅行から帰ったところだ。

214

161. 24時間後に何が起こりますか。
(A) この客の予約の手続きが始まる。
(B) この客が求人応募の結果を受け取る。
(C) この客が予約をする。
(D) この客の旅行日程表が送信される。

162. 客はどのようにして航空券を20パーセント以上の割引にできますか。
(A) オンラインで旅行の予約をすることで
(B) ある期間内に旅行の予約をすることで
(C) この代理店のカスタマーサービス部へ連絡することで
(D) 客の月間スケジュールを提出することで

- □ **up to** 〜まで
- □ **itinerary** 图 旅行スケジュール
- □ **airfare** 图 航空運賃
- □ **apply for** 〜に応募する
- □ **process** 他 処理する
- □ **shortly** 副 すぐに
- □ **department** 图 部門
- □ **submit** 他 提出する

Questions 163-165　★★☆

163. 正解 **(C)** 　 🔔 文章の目的

解説 お知らせの目的なので、冒頭を見る。This apartment building is scheduled for demolition on April 1, from 10:00 a.m. とあり、「アパートの建物の取り壊し (demolition) のスケジュール」を告知している。以下は、「取り壊し中の注意点」→「取り壊し後の計画」と続く。あくまで、アパートの取り壊しが主題である。そこで、「人々に建物が取り壊されると注意を促すこと」としている (C) が正解。なお、raze は「壊す」という意味の動詞。

164. 正解 **(A)** 　 🔔 個別情報

解説 設問の from 10 a.m. weekdays は、Please note that there will be a considerable amount of noise starting from 10:00 a.m., Monday through Friday に出てくる。weekdays が Monday through Friday になっている点に注意。a considerable amount of noise (かなりの騒音) が発生するということなので、「ひどい騒音がある」としている (A) が正解。

165. 正解 **(B)** 　 🔔 個別情報

解説 「取り壊し後の敷地の利用法」は後半に書かれている。The area will temporarily be paved and turned into a parking lot for visitors to the mall next door. より、「一時的に隣のモールの駐車場になる」。 Early next year the owners will decide what to do with the area より、「来年早い時期にオーナーが利用法を決める」。後者から (B) を選ぶ。(C) のように「常設の駐車場」になるわけではない。

第3章 模擬テスト

> 訳　設問 163 〜 165 は次のお知らせに関するものです。

お知らせ

Q163 お知らせの目的　　　　Q164 平日の午前10時から起こること

当アパートの建物は4月1日午前10時から解体作業が予定されています。4月15日までに終了する予定です。この間、黄色い柵の中に入らず、足場の近くを歩かないようにしてください。解体作業が終わるまで、月曜から金曜の午前10時以降はかなりの騒音があると予想されます。跡地は一時的に舗装され、隣のショッピングセンターの来客用駐車場になります。来年の早期に所有者が跡地の利用法を決めることになっており、私共は今後とも近隣の方々に情報をお知らせいたします。この建築計画に対してのご心配があれば、市役所までお電話ください。

Q165 この場所に起こること

163. このお知らせの目的は何ですか。
- (A) 人々に新しい建築計画について知らせること
- (B) 人々に新しい駐車場について知らせること
- **(C) 人々に建物が取り壊されると注意を促すこと**
- (D) 人々に地元の市役所に電話するよう知らせること

164. 平日の午前10時から何が起こりますか。
- **(A) ひどい騒音がある。**
- (B) 黄色い柵が設置される。
- (C) 建物の建築が始まる。
- (D) 駐車場が取り壊される。

165. この場所に何が起こりますか。
- (A) ショッピングセンターになる。
- **(B) 所有者が来年の早い時期に決める。**
- (C) 常設の駐車場になる。
- (D) 所有者が市に売却する。

- ☐ **demolition** 名 解体
- ☐ **be expected to** 〜することが予想される
- ☐ **complete** 他 完了する
- ☐ **avoid** 他 避ける
- ☐ **considerable** 形 かなりの；相当な
- ☐ **pave** 他 舗装する
- ☐ **parking lot** 駐車場
- ☐ **keep 〜 informed** 〜に情報を伝え続ける
- ☐ **raze** 他 解体する
- ☐ **put 〜 in place** 〜を設置する；〜を配備する
- ☐ **permanent** 形 常設の
- ☐ **barrier** 名 柵；障壁
- ☐ **scaffolding** 名 足場
- ☐ **temporarily** 副 一時的に
- ☐ **turn 〜 into …** 〜を…に変える

Questions 166-168 ★☆☆

166. 正解 **(C)** 🖊 文章の目的

解説 冒頭文を見る。Susan Jay's new novel is a gripping tale about the sudden disappearance of a powerful company CEO, and the mystery behind it. の中にある「新作の小説」「CEOの失踪の話」「謎」から、「ミステリー小説」の広告だと見当がつく。第2文以下も、この小説のストーリーの紹介が続く。「ミステリー小説を紹介する」としている (C) が正解。

167. 正解 **(C)** 🖊 個別情報

解説 前問でも引いた the sudden disappearance of a powerful company CEO の powerful company CEO を famous manager に言い換え、sudden disappearance を is suddenly missing と表現している (C) が正解。

168. 正解 **(D)** 🖊 個別情報

解説 設問の surprise の類似表現が the reader と一緒に使われているのは、The exciting conclusion will astound the reader である。読者を驚かせるのは「刺激的な結末」。「物語の結末」とする (D) が正解。(B) の「CEOの死」や (C) の「探偵の運命」については具体的な記述がない。

訳　設問 166 ～ 168 は次の広告に関するものです。

　　　　Q166 広告の目的　　　　　　　　　　　　Q167 何についての本か
スーザン・ジェイの新作は、強大な力を持つ企業経営者の突然の失踪とその背後の謎を追う面白さ満載の小説だ。読者ははらはらしながら読み続け、したたかな探偵チャールズ・マッデンの活躍で謎がゆっくりと解き明かされていく。1年以上にわたるCEOの失踪の痕跡をたどるうちに、マッデンは彼の人生の中に驚くべきものを見つける。刺激的な結末に読者は愕然とし、続きを渇望することになるだろう。良質の探偵小説のファンには強くお勧めしたい。すべての大手書店で金曜日に発売。
　　　　　　　　　　　　　　　　　　　　　Q168 読者を驚かせるもの

166. この広告の目的は何ですか。
   (A) 新しい教科書を紹介すること
   (B) 新進の著者を紹介すること
   (C) ミステリー小説を紹介すること
   (D) 探偵の仕事を紹介すること

167. この本は何についてのものですか。
   (A) 現代のCEOがどのように失踪しているか
   (B) 食欲旺盛な人たちのための刺激的なレシピ
   (C) 突然姿を消す有名な経営者
   (D) 強大な力を持つCEOのためのサプライズパーティー

第3章 模擬テスト

168. 何が読者を驚かせるでしょうか。
 (A) 書店の棚
 (B) CEOの死
 (C) 探偵の運命
 (D) 物語の結末

- **novel** 名 長編小説
- **disappearance** 名 失踪
- **unravel** 他 解きほぐす
- **detective** 名 探偵
- **conclusion** 名 結末
- **on the shelves** 発売されて
- **recipe** 名 レシピ
- **destiny** 名 運命
- **gripping** 形 心を掴む
- **suspense** 名 サスペンス；不安
- **sly** 形 狡猾な；したたかな
- **trail** 名 足跡
- **recommend** 他 推薦する
- **author** 名 著者
- **appetite** 名 食欲

Questions 169-171　★★☆

169.　正解　(C)　類推問題

解説　冒頭に This is an important notice for all our valued customers. とあり、「顧客」に宛てたお知らせである。タイトルの Important Information Concerning Your Account や第2文の Starting from July 15, we will no longer be offering new housing loans to customers. から、お知らせの発行主体は「銀行」であると推測がつく。(C) の「銀行の顧客」が正解。(A) の Home builders は「住宅建設業者」で本文に記述がない。(D) の Credit card holders も本文では触れられていない。

170.　正解　(D)　個別情報

解説　設問の July 15 は Starting from July 15, we will no longer be offering new housing loans to customers. に出てくる。「7月15日を期して、住宅ローンを取りやめる」ということなので、(D) が正解となる。

171.　正解　(C)　個別情報

解説　設問の questions が使われている If you have any questions regarding this or how it will affect your current account, please refer to our online FAQ or call the main branch. を見る。質問の解決法は「オンラインのFAQを見る」か「本店に電話する」かの2通り。後者が (C) に合致する。

訳 設問169〜171は次のお知らせに関するものです。

貴口座についての重要なお知らせ　　　　　　　　　　　　Q170 7月15日に起こること

Q169 だれへの告知か

当行をご利用いただいている大切なお客様に重要なお知らせがあります。7月15日をもって、お客様に対する新規の住宅ローンのお取り扱いが終了となります。しかし、借り換えサービスについては引き続きご利用いただけます。新規ローンの申し込みをお考えのお客様は、7月15日の少なくとも1週間前までにお申し込みください。このサービスは当行の本店を通じてのみのお取り扱いになります。また、金利の変更は当社サイトに一覧表示されますので、ご確認ください。この件についてのご質問や、お客様の現在の口座に対する影響についてのご質問は、当行のオンラインFAQをご覧になるか、当行本店までお電話ください。この件によってご不便をおかけしますことをお詫び申し上げます。変わりないご愛顧に感謝いたします。

Q171 質問がある顧客はどうするか

169. この告知は誰に対するものですか。
   (A) 住宅建設業者
   (B) 賃貸マンションの住人
   (C) 銀行の顧客
   (D) クレジットカードの保有者

170. 7月15日に何が起こりますか。
   (A) 銀行が顧客から新規ローンの申し込みを受け付ける。
   (B) 銀行が借り換えサービスを中止する。
   (C) 銀行が金利を変更する。
   (D) 銀行が住宅ローンサービスを中止する。

171. 質問がある顧客は何ができますか。
   (A) 取引のある最寄りの支店に行く
   (B) オンラインの書式に書き込む
   (C) 本店に電話する
   (D) いずれかの支店の顧客サービス部へ電話する

□ **valued** 形 大切な
□ **housing loan** 住宅ローン
□ **apply for** 〜に申し込む
□ **regarding** 副 〜に関して
□ **main branch** 本店
□ **inconvenience** 名 不便
□ **patronage** 名 愛顧

□ **no longer** もはや〜ない
□ **refinancing** 名 (住宅ローンの) 借り換え
□ **interest rates** 金利
□ **current** 形 現在の
□ **apologize for** 〜という理由で詫びる
□ **cause** 他 〜をもたらす
□ **fill out** 〜に記入する

第3章 模擬テスト

Questions 172-175 ★★☆

172. 正解 **(D)** ⚠ 単語問題

解説　As we draw closer to our big sales campaign event という文脈からもわかるように、draw closer to で「〜に近づく」という意味。come closer to でも同様の意味を表せるので (D) が最適。

173. 正解 **(C)** ⚠ 個別情報

解説　「イベントの担当者」については、First, please note that Justin Harris has been called away on another urgent assignment and won't be able to assist us in leading the operations for this event. から、「Justin Harris が担当者だったが、別の仕事で担当できなくなった」。そして、次の文では I have asked Paula Rodriguez to fill in for him. と述べている。fill in for は「〜の代理をする」という意味。したがって、イベントの担当者は Paula Rodriguez である。(C) が正解。

174. 正解 **(A)** ⚠ 個別情報

解説　設問の expect という動詞は I expect that there will be a huge turnout for this event and that next-day sales will increase tenfold. で使われている。tenfold は「10倍に」という意味で、「翌日の売り上げが10倍に増える」ということ。したがって、「売り上げを増やす」とする (A) が正解。

175. 正解 **(D)** ⚠ 個別情報

解説　設問にある office と tomorrow は Please come to my office after 3:00 p.m. tomorrow if you would like to pick up a hard copy of the schedule and get more details. で使われている。Turner Reed のオフィスで手に入るものは、「スケジュールのコピー」と「詳細な情報」である。前者が (D) に対応する。

> 訳　設問 172 〜 175 は次のメモに関するものです。

差出人：ターナー・リード
宛先：販売部員
日付：10月12日
件名：次の販売キャンペーン

[Q172] draw に意味が一番近いもの
[Q173] イベントの運営リーダーになるのはだれか
[Q174] リードがこのイベントに期待すること

マークマン・デパートチェーンの特別販促イベントが近づいてきたので、皆さんにいくつかお伝えしたいことがあります。まず、ジャスティン・ハリスが他の急な仕事に招集されているため、このイベントの運営を担当できなくなりました。ポーラ・ロドリゲスに彼の代理をお願いしています。このイベントで働くことを申し出てくれている人は、彼女に業務内容を聞いてください。イベントには相当の人出があり、翌日の販売は10倍になると予測しています。そこで、電話対応とオンライン注文のために追加のスタッフを外部に委託しました。外部委託スタッフの担当はデイビッド・テートです。スケジュールのコピーが必要な人や、詳細情報を手に入れたい人は、明日の午後3時以降に私のオフィスに来てください。皆さんどうぞよろしくお願いします。キャンペーンをぜひ成功させましょう。

[Q175] リードのオフィスに立ち寄る社員が受け取るもの

172. 1行目の「draw」という単語に最も意味の近いものはどれですか。
　(A) 創造する
　(B) 取る
　(C) スケッチする
　(D) 来る

173. 誰がこのイベントの運営リーダーになりますか。
　(A) デイビッド・テート
　(B) ターナー・リード
　(C) ポーラ・ロドリゲス
　(D) ジャスティン・ハリス

174. ターナー・リードはこのイベントが何をすると期待していますか。
　(A) 販売を増やす
　(B) より多くの会員を呼び込む
　(C) より多くのボランティアにアピールする
　(D) あと10人の販売員を投入する

175. 明日、ターナー・リードのオフィスに立ち寄る社員は何を受け取ることができますか。
　(A) 昇進
　(B) 昇給
　(C) イベントスケジュールのプレゼン
　(D) 紙に書かれたイベントスケジュール

☐ **draw closer to** 　〜に近づく
☐ **call away** 　呼び出す
☐ **assignment** 　名 業務
☐ **fill in for** 　〜の代理をする
☐ **huge** 　形 巨大な
☐ **tenfold** 　副 10倍に
☐ **be in charge of** 　〜を担当して
☐ **attract** 　他 引きつける
☐ **touch base with** 　〜と連絡を取る
☐ **urgent** 　形 緊急の
☐ **operation** 　名 運営
☐ **volunteer to** 　自発的に〜する
☐ **turnout** 　名 人出；参加者数
☐ **outsource** 　他 外部委託する
☐ **bring in** 　〜を呼び込む；〜を参加させる
☐ **raise** 　名 昇給

第3章 模擬テスト

Questions 176-180　★★★

176.　正解　(A)　⚠文章の目的

解説　手紙を書いた理由なので冒頭を見る。第2文に I am writing to invite you to participate in the festival. とあり、「フェスティバルへ招待する」ために書いていることが理解できる。第1文から festival は「詩のフェスティバル」。また第2パラグラフ第1文より Mr. Parker は poet（詩人）である。これらをまとめて、「詩人に詩のフェスティバルへの参加を頼むため」とする (A) が正解。

177.　正解　(C)　⚠個別情報

解説　設問の people who attend the festival の類似表現は第2パラグラフ第1文に those who attend the festival would be very interested in having a Q&A session with you. とある。参加者がしたいことは Q&A session である。これを「パーカーさんに質問をする」と言い換えた (C) が正解である。

178.　正解　(C)　⚠NOT 設問

解説　(A)「30人以上の詩人が自作の詩をステージで朗読する」は We will have 35 poets in total reading their works に、(B)「参加者のためにワークショップが開かれる」は We are also planning to conduct workshops に、(D)「ワークショップの参加者が自分の完成した作品を読むことができる」は Those who participate in the workshops can also read their finished works onstage にそれぞれ対応する。(C)「参加者はこの詩人の作品を買うことができる」だけが記述がないのでこれを選ぶ。

179.　正解　(D)　⚠単語問題

解説　budding は We are also planning to conduct workshops to help budding poets sharpen their skills. で使われている。poets を修飾していて、「～の詩人の技術を高める手助けをする」という文脈なので、「まだ技術的に完成されていない」というニュアンスであろうと見当がつく。選択肢は (A)「招待された」、(B)「技術のある」、(C)「専門的な」、(D)「野心を持つ」。「未完成な」ため「野心を持つ」ので、(D) が最適である。なお、budding は「新進の；駆け出しの」の意。名詞 bud は「（植物の）芽」の意味である。

180.　正解　(C)　⚠個別情報

解説　設問の respond の派生語が最後のパラグラフに I look forward to your response. とある。次の文には We would appreciate it if you could give us your answer by September 1. と日付が指定されている。(C)「9月の初めに」が正解。

> 訳　設問 176 〜 180 は次のレターに関するものです。

ジョシュ・パーカー
モリスレーン2089番地
オークパーク、イリノイ州

前略　パーカー様

　　　　　　　　　　　　　　　　　　　Q176 ミラーが手紙を書いた理由

　私の名前はチャド・ミラーと申しまして、ロンドンで開催される今年のポエトリー・フェスティバルの責任者を務めています。あなたにこのフェスティバルにご参加いただきたいと思い書いております。ご承知の通り、このフェスティバルは世界で最大の詩のイベントで、そのため世界中から訪問客があります。

　　　　　　　　　　　　　Q177 イベント参加者が望むもの

　パーカー様は詩集を何冊も出版されていますので、フェスティバルの参加者にとってパーカー様と質疑応答の時間を持てれば、大きな喜びとなることでしょう。質疑応答にご参加いただくとともに、ステージで受賞作の詩を何点か朗読していただけないでしょうか。フェスティバルの期間中、毎日、全部で35名の詩人が自作の詩を朗読する予定です。1人の詩人の朗読時間は15分までで、何作品でもお好きなだけ朗読していただけます。Q179 buddingに意味が一番近いもの
私たちはまたワークショップを開いて、新進の詩人の技術を高める手助けもしたいと考えています。このワークショップに参加する人は、完成させた作品をステージ上で朗読することもできます。これがフェスティバルの最後に行われ、参加者それぞれに10分間の朗読時間があります。この催しにもご協力いただけるかどうかお知らせください。
　お返事をお待ちしております。9月1日までにお返事をいただければ幸いです。

Q178 フェスティバルで起こること
　　→ 消去

Q180 ミラーはパーカーに
いつ返信してもらいたいか

草々
チャド・ミラー

176. なぜチャド・ミラーはこの手紙を書いたのですか。
　　(A) 詩人に詩のフェスティバルへの参加を頼むため
　　(B) 詩人を音楽フェスティバルに招待するため
　　(C) 詩人に賞を贈るため
　　(D) イベントのために35編の詩作を詩人に依頼するため

177. このフェスティバルに参加する人々は何をすることを望みますか。
　　(A) ステージで詩を読む
　　(B) パーカーさんの本を買う
　　(C) パーカーさんに質問をする
　　(D) ワークショップを開く

178. フェスティバルで起こらないことは何ですか。
　　(A) 30人以上の詩人が自作の詩をステージで朗読する。
　　(B) 参加者のためにワークショップが開かれる。
　　(C) 参加者はこの詩人の作品を買うことができる。
　　(D) ワークショップの参加者は自分の完成した詩を読むことができる。

第3章 模擬テスト

179. 第3パラグラフ1行目の「budding」に最も意味が近いものはどれですか。
 (A) 招待された
 (B) 技術のある
 (C) 専門的な
 (D) 野心を持つ

180. ミラーさんはパーカーさんにいつ返信してもらいたいですか。
 (A) すぐに
 (B) 9月中旬までに
 (C) 9月の初めに
 (D) 9月の終わりに

☐ **director** 名 責任者；統括者
☐ **participate in** 〜に参加する
☐ **award-winning** 形 賞を受けている
☐ **workshop** 名 研修会；ワークショップ
☐ **be involved in** 〜に参加する
☐ **poetry** 名 詩
☐ **attract** 他 引きつける
☐ **conduct** 他 実施する
☐ **sharpen** 他 鋭くする；研ぐ

Questions 181-185　★★☆

181.　正解　(D)　🚨 個別情報

解説　スタッフについての感想は、アンケートの最後のコメント欄に書かれている。Your staff was very helpful, however, and immediately exchanged it for me with no problem. より、スタッフは「とても親切 (very helpful)」で、問題なく交換に応じてくれた」。したがって、「適切なサービスをしてくれる」とする (D) が正解。(A) の friendly は「親しみやすい」という接客態度を言っているだけで、サービスの内容を正確に表してはいない。

182.　正解　(A)　🚨 NOT 設問

解説　(B)「顧客がオンラインで買い物をするかどうか」は How often do you purchase a product from our online store? に、(C)「顧客がこの会社から最後に品物を買ったのはいつか」は When was your last purchase? に、(D)「顧客の注文品が時間通りに届いたかどうか」は Do you usually receive your orders on time? にそれぞれ対応する。(A)「価格に関する顧客の意見」という質問事項がないので、これを選ぶ。

183.　正解　(B)　🚨 文章の目的

解説　メールの第1パラグラフ第1文の Thank you very much for filling out our survey and for your comments. と、第2パラグラフ第1文の To show our appreciation, we are including a coupon code in this message that you can use to get 40 percent off your next purchase. を見る。「アンケート記入へのお礼」と「クーポンコードの贈呈」がメールの目的である。「感謝の意を表し、割引を提供する」としている (B) が正解となる。

184.　正解　(B)　🚨 個別情報

解説　Lewis Reynolds の肩書はメールの最後に出ている。Lewis Reynolds, General Manager, Gonnart Interiors とあることから「ゴナート・インテリアズ社のゼネラル・マネジャー」である。main manager としている (B) が正解。ゼネラル・マネジャーは本部長クラスで、CEOより下の職階。(A) は誤り。

185.　正解　(A)　🚨 個別情報

解説　coupon は To show our appreciation, we are including a coupon code in this message that you can use to get 40 percent off your next purchase. に使われている。クーポンコードは「次の買い物で40％の割引ができる」。また、次の文の You may either use it online, or copy the code and show it to a clerk at our retail store. から、クーポンはオンラインでも小売店でも使えるので、(B) は間違いで、(A) が正解。

第3章 模擬テスト

訳 設問 181〜185 は次のアンケートとメールに関するものです。

[文書①]

ゴナート・インテリアズ社では、お客様に最高のサービスとサポートを提供することに全力を傾けています。そのため、お客様のご意見をちょうだいすることは私どもにはとても大切です。少々お時間をいただいて、以下の質問にお答えいただき、ご返送をお願いいたします。ありがとうございます。

1. 普段、どのような製品を注文しますか。
   敷物、照明器具、小物家具
2. 注文した品物は、いつも時間通りに受け取っていますか。
   はい
3. どのくらいの頻度で当社のオンラインストアから製品を買いますか。
   買ったことはない
4. どのくらいの頻度で当社の小売店から製品を買いますか。
   月に1度ぐらい
5. 最近ではいつ買い物をしましたか。
   2月12日
6. 注文した品物はいつも適切に包装されていますか。
   適切に包装されているが、小さい品物は過剰包装になっている。

Q182 アンケートで聞かれていること → 消去

他にご意見などがありましたら、ここにお書きください。
   御社のラグや壁掛けのデザインがとても気に入っていますが、一度だけ、裂け目があったラグを返品したことがあります。しかし、担当の方がとても親切で、問題なく、すぐに取り替えてもらえました。

Q181 担当者についてのメイソンの感想

ありがとうございました。

[文書②]

宛先：グウェニス・メイソン
送信者：ゴナート・インテリアズ
件名：ありがとうございました

メイソン様

当社のアンケートへご記入いただき、またコメントもいただきまして、誠にありがとうございます。ご返品の際に、私どもの担当者がご満足のいく対応ができたようで、嬉しく思っております。

Q183 メイソン宛てのメールの目的

感謝のしるしとして、このメールに、次回のお買い物の際に4割引となるクーポンコードを添付したします。オンラインでもご利用いただけますし、コードをコピーして当社小売店の店員にご提示いただくこともできます。
いつもご愛顧いただきありがとうございます。

Q185 何のためのクーポンか

コード：DFOJU69E5

よろしくお願い申し上げます。

ルイス・レイノルズ
ゼネラル・マネジャー ←── Q184 ルイス・レイノルズはどんな人か
ゴナート・インテリアズ

181. メイソンさんはスタッフについてどう感じていますか。
  (A) 親しみやすい。
  (B) もっと人数が必要だ。
  (C) あまり親切ではない。
  (D) 適切なサービスをしてくれる。

182. このアンケートで聞かれていないことは何ですか。
  (A) 価格に関する顧客の意見
  (B) 顧客がオンラインで買い物をするかどうか
  (C) 顧客がこの会社から最後に品物を買ったのはいつか
  (D) 顧客の注文品が時間通りに届いたかどうか

183. メイソンさん宛てのメールの目的は何ですか。
  (A) 質問票に書き込むよう彼女に依頼する
  (B) 感謝の意を表し、割引を提供する
  (C) 新しい敷物の割引クーポンを送る
  (D) 彼女が交換をしたかどうかを確認する

184. ルイス・レイノルズはどのような人ですか。
  (A) ゴナート・インテリアズのCEO
  (B) ゴナート・インテリアズの主要な管理職
  (C) 顧客サービス係の1人
  (D) ウェブサイトの管理者

185. クーポンは何のためのものですか。
  (A) この会社の製品の4割引
  (B) 会社の製品をオンラインで買った場合のみ4割引
  (C) 彼女の次回から2回分の買い物の4割引
  (D) 彼女の次のサービス請求書から4割引

- **be dedicated to** 〜することに傾注している
- **utmost** 形 最高の
- **fill out** 〜に記入する
- **rug** 名 ラグ；敷物
- **retail shop** 小売店
- **item** 名 商品
- **tear** 名 裂け目
- **survey** 名 アンケート
- **appreciation** 名 感謝
- **patronage** 名 愛顧
- **feedback** 名 意見
- **questionnaire** 名 アンケート
- **furnishing** 名 家具
- **properly** 副 適切に
- **wall hanging** 壁掛け
- **exchange** 他 交換する
- **satisfactorily** 副 満足して
- **clerk** 名 店員
- **bill** 名 請求(書)

第3章 **模擬テスト**

Questions 186-190　★★☆

186. 正解 **(D)**　⚠ 文章の目的

解説　レターの冒頭を見るが、第1パラグラフには「過去の献金への謝礼」が述べられているだけ。第2パラグラフはこの団体の仕事の現状が書かれている。第3パラグラフを見ると、Therefore, we are sending a donation form that will allow our regular contributors to <u>automatically donate funds directly into our bank account on a monthly basis</u>. と、レターの目的がようやく述べられている。「月次の献金」をお願いしているので、「寄付提供者に定期的な寄付を依頼する」としている (D) が正解となる。

187. 正解 **(D)**　⚠ 個別情報

解説　設問の need more funds は、第2パラグラフの最後に As a result, we will <u>need more funding</u> to increase our efforts around the world. と使われている。As a result とあるので、前文を見る。Because of recent climate changes in the world, we are experiencing more natural disasters such as hurricanes, flooding, etc. とあり、さらに資金が必要なのは「自然災害」のためである。「自然災害の犠牲者に対する援助を増やすため」とする (D) が正解となる。

188. 正解 **(A)**　⚠ クロスレファレンス

解説　フォームを見ると、Transfer start month（送金開始月）は April と記入されている。一方、レターの第3パラグラフの最後には Fund transfers will be on a monthly basis and made <u>on the first day of each month</u>. という記述があり、送金が行われるのは「毎月の最初の日」。したがって、Martina Novolich の最初の送金日は「4月1日」である。(A) が正解。

189. 正解 **(A)**　⚠ 個別情報

解説　Transfer end month の項目を見ると、Will continue until given notice:（終了の通知をするまで継続）にチェックが入っている。これを「ノボリッチさんが決めた月の後に」と言い換えた (A) が正解となる。

190. 正解 **(D)**　⚠ 個別情報

解説　送金額は Amount to be transferred monthly: $60.00 より60ドルだが、欄外アスタリスクの *Please note that there will be a $5.00 bank service fee for every transfer. から「5ドルの銀行手数料」がかかる。よって支払額は (D) の「65ドル」である。

| 訳 | 設問 186 ～ 190 は次のレターとフォームに関するものです。

[文書①]

ビルディット・チャリティーズ
エルム・ストリート267番地
フレモント、カリフォルニア州

5月27日

マルティナ・ノボリッチ様
ファロンレーン7893番地
サンホセ、カリフォルニア州

ノボリッチ様

　　　　　　　　　　　　　　　　　　　　　　　　　　Q187 なぜもっと資金が必要か

　恵まれない人たちの救護施設を建設するという私たちの取り組みに、先ごろご寄付をいただき、誠にありがとうございました。あなたのような方々のおかげで、自然災害で家を失った人たちのために、昨年は2000軒以上の救護施設を建設することができました。
　私たちの仕事は今も継続中です。災害を予測することは決してできませんが、私たちの助けを必要する人々に対応できるよう常に準備をしています。昨今の世界的な気候変動によって、ハリケーンや洪水などの自然災害に見舞われることが多くなっています。その結果、世界中で私たちの仕事を拡大するため、より多くの資金が必要になります。　Q186 手紙の目的
　そこで、いつもご寄付をいただいている方々に対して、毎月当方の銀行口座に、直接、自動的に寄付金が振り込まれる寄付申込書をお送りいたします。これによってあなたにとっては寄付が簡単になり、また、私どもにとっては、必要に迫られている資金を定期的に受け取ることが確実にできます。寄付金の送金は月単位で、各月の初日に処理されます。
　　私どもの取り組みに引き続きご支援いただける場合は、申込書にご記入のうえご返送をお願いします。

よろしくお願い申し上げます。
ジェフ・ロジャーズ　　　　　　　　　　　　Q188 最初の送金が行われる日
ビルディット・チャリティーズ

[文書②]
寄付申込書

寄付提供者の氏名：マルティナ・ノボリッチ
寄付提供者の住所：ファロンレーン7893番地

送金開始月：4月

各月の送金額：60ドル　　Q190 ノボリッチの支払額

送金終了月：
終了の通知をするまで継続：[✓]　　Q189 送金の終了日
終了予定月：[　　]

229

第3章 **模擬テスト**

スイフトコード：HANBAUS
支店番号：#920367
ハンデル銀行口座番号 3578

＊各送金につき5ドルの銀行手数料が発生します。 ←― **Q190** ノボリッチの支払額

186. この手紙の目的は何ですか。
　(A) 寄付提供者に一度かぎりの寄付を依頼する
　(B) 寄付提供者にアンケートを送る
　(C) 顧客に品物をいくつか注文するように依頼する
　(D) 寄付提供者に定期的な寄付を依頼する

187. 手紙によると、この団体はなぜもっと資金が必要なのですか。
　(A) 女性用の避難所を建設するため
　(B) 孤児への援助を増やすため
　(C) 従業員用に新しい事務所を建設するため
　(D) 自然災害の犠牲者に対する援助を増やすため

188. いつ最初の送金が行われますか。
　(A) 4月1日
　(B) 4月10日
　(C) 4月30日
　(D) 5月1日

189. 書式によると、送金はいつ終わりますか。
　(A) ノボリッチさんが決めた月の後に
　(B) 1年後に
　(C) 1カ月後に
　(D) この団体が決めた月の後に

190. ノボリッチさんはいくら支払いますか。
　(A) 毎年60ドル
　(B) 毎月60ドル
　(C) 毎月5ドル
　(D) 毎月65ドル

☐ **past** 形 過去の
☐ **shelter** 名 避難所
☐ **due to** 〜の原因で
☐ **ongoing** 形 進行している
☐ **respond** 自 応じる
☐ **flooding** 名 洪水
☐ **donation** 名 寄付
☐ **desperately** 副 ひどく
☐ **SWIFT CODE** スイフトコード（世界の銀行を特定するためのコード）
☐ **routing number** 銀行支店番号（コード）
☐ **orphan** 名 孤児

☐ **contribution** 名 寄付
☐ **impoverished** 形 窮乏した
☐ **natural disaster** 自然災害
☐ **predict** 他 予測する
☐ **climate change** 気候変動
☐ **funding** 名 財源；資金
☐ **on a monthly basis** 月単位で
☐ **transfer** 名 送金 他 送金する

☐ **victim** 名 犠牲者

Questions 191-195　★★☆

191.　正解　(D)　🅘 個別情報

解説　メール1を見る。設問の today's meeting については、冒頭文に As we will be creating the first draft of the budget for the next fiscal year at the meeting today と書かれている。「予算の最初の草案をつくる」ことが目的なので、これを「予算計画をつくる」と言い換えた (D) が正解となる。

192.　正解　(A)　🅘 個別情報

解説　Fred から Genevieve への依頼なのでメール1を見る。設問の bring to the meeting の類似表現は、there are a few things that I need you to include in your presentation. にあり、「(会議の)プレゼンに入れるべきものは a few things」だとわかる。a few things の具体的な内容は、次の文の後半にある the balance sheets, ledgers, etc. from last year (昨年のバランスシートと元帳等) である。これを financial data と言い換えた (A) が正解となる。

193.　正解　(C)　🅘 クロスレファレンス

解説　2人が会う時間はメール1の終わりの方に Let's meet at 3:00 p.m. to go over some of the points before the meeting starts. We'll have one hour to do so. と書かれていて、「3時からで、会議前の1時間」である。一方、メール2にも記述があり、Also, I have another meeting this afternoon that won't wrap up until 3:30. I will come to your office immediately after that meeting. から、Genevieve は3時半にしか都合がつかない。結果的に話し合える時間は「30分」となる。(C) が正解。

194.　正解　(D)　🅘 個別情報

解説　メール2を見る。依頼表現は Do you think you could ask someone from the tech department come and have a look at it, or perhaps lend me another one with the software installed? で使われている。Genevieve が Fred にお願いしているのは「技術部から誰か呼んで見てもらうように頼む」か、「そのソフトがインストールしてある他のパソコンを貸す」かである。(D) が前者に合致する。

195.　正解　(B)　🅘 NOT 設問 + クロスレファレンス

解説　(A)「顧客に会う」はメール2の Also, I have another meeting ... it's with an important client に、(C)「プレゼンテーションを行う」はメール1の there are a few things that I need you to include in your presentation などに、(D)「フレッドと話し合う」はメール1の Let's meet at 3:00 p.m. to go over some of the points にそれぞれ対応する。(B)「技術部に行く」だけが記述がないので、これを選ぶ。

第3章 模擬テスト

訳 設問 191 ～ 195 は次の2通のメールに関するものです。

[文書①]

送信者：fredrickh@netstar.com
宛先：genevievem@netstar.com
日付：11月11日
件名：今日の財務会議

おはよう、ジュヌビエーブ **Q191** 今日の会議の目的

Q192 フレッドがジュヌビエーブに会議に用意してもらいたいもの

今日の会議で来年度予算案の第一原案を決めることになるので、いくつか君のプレゼンテーションに加えてもらいたい内容があります。まず、先週の会議のデータをすべて加えてください。去年のバランスシートや元帳などです。損益計算書が正確であるようにダブルチェックをお願いします。スーザンが会議の議事録をとってくれる予定なので、来週の最終予算検討会議に入る前に彼女に細かい部分をすべて把握してもらいたいと思っています。

会議が始まる前に大事なところを確認したいので、午後3時に会いましょう。確認に1時間かけられます。

Q195 今日の午後にジュヌビエーブがすること → 消去

私のオフィスに3時に来てください。
よろしく。
フレッド

Q193 会議の前にフレッドがジュヌビエーブに会える時間

[文書②]

送信者：genevievem@netstar.com
宛先：fredrickh@netstar.com
日付：11月11日
件名：Re: 今日の財務会議

Q194 ジュヌビエーブがフレッドにしてもらいたいこと

ありがとう、フレッド
プレゼンテーションに加えるように言われたものは、確実にそろえます。ところで1つお願いがあります。パソコンの調子が悪くてプレゼンに必要なソフトを動かすと時々フリーズしてしまうのです。技術部から誰か呼んで見てもらうように頼んでいただくか、そのソフトがインストールしてある他のパソコンを貸していただけないでしょうか。この重要なプレゼンの最中に問題が起こるのは絶対に避けたいので。

それから、今日の午後は他の会議が入っていて3時半まではかかりそうです。その会議が終わり次第、すぐにオフィスにうかがいします。時間的にきつくなりますが、大切なクライアントなので予定を変えるわけにいかないのです。
どうぞご理解ください。

よろしくお願いします。
ジュヌビエーブ

191. 今日の会議の目的は何ですか。
(A) 前回の会議の議事録を確認すること
(B) 最終予算案を検討すること
(C) 予算を顧客に提示すること
(D) 予算計画を作成すること

192. フレッドがジュヌビエーブに会議に用意してもらいたいものは何ですか。
(A) 昨年度の財務データ
(B) 先週の元帳とバランスシート
(C) 先週の会議の議事録
(D) 先週の予算案

193. 会議の前にフレッドはジュヌビエーブとどのくらい会うことができますか。
(A) 3時間
(B) 5分間
(C) 30分間
(D) 60分間

194. ジュヌビエーブはフレッドに何をしてもらいたいですか。
(A) 彼女にコンピュータを買う
(B) 彼女に技術部の職を与える
(C) 彼女のコンピュータを借りる
(D) 彼女のコンピュータを直すために人を送る

195. 今日の午後にジュヌビエーブがしないことは何ですか。
(A) 顧客に会う
(B) 技術部に行く
(C) プレゼンテーションを行う
(D) フレッドと話し合う

- □ **fiscal** 形 財務の；会計の
- □ **budget** 名 予算
- □ **balance sheet** バランスシート；貸借対照表
- □ **ledger** 名 (経理の) 元帳
- □ **expense** 名 経費
- □ **take the minutes** 議事録をとる
- □ **crash** 自 クラッシュする；機能が停止する
- □ **tech department** 技術部
- □ **wrap up** 終わる
- □ **reschedule** 他 〜の予定を変更する
- □ **draft** 名 草案
- □ **include** 他 含める
- □ **income** 名 収入；所得
- □ **accurate** 形 正確な
- □ **at times** 時々
- □ **install** 他 インストールする
- □ **immediately** 副 今すぐに
- □ **fix** 他 修理する

第3章 模擬テスト

Questions 196-200　★★★

196. 正解 (B) 　類推問題

解説　Mary Simpson のメールを見る。第1パラグラフの a copy of <u>the article that I wrote</u> about your current research と It's scheduled to be published in <u>next month's Science Monthly</u> and the deadline is in four days. から、Mary は「月刊誌に記事を書いている」ことがわかる。writer とする (B) が正解である。

197. 正解 (D) 　個別情報

解説　同様に、メールの第1文の I've attached a copy of the article that I wrote about your current research. を見る。メールに添付されているのは「Dr. Nussbaum の最近の研究についての記事」である。research を work に、article を piece に言い換えた (D) が正解である。

198. 正解 (C) 　個別情報

解説　Mary のお願いなので依頼表現をメール中に探す。So <u>I hope you can</u> look over it and give me your feedback as soon as possible. <u>Please</u> make any changes in red and send the file back to me. とあって、「記事に目を通して戻す」「訂正は赤で入れる」の2つを依頼している。これらを合体して「記事を直して、送り返す」としている (C) が正解。

199. 正解 (C) 　文章の目的

解説　記事を見る。メールから記事は Dr. Nussbaum の research についてのものなので、research を探すと第3文に出てくる。Through his <u>research</u>, he discovered that certain cells in the body that constantly divide eventually stop, and this is what causes aging and diseases such as cancer. から、「分裂を止めて、加齢を促進する細胞を発見した」というのが博士の研究の内容である。「加齢を起こす細胞についての博士の研究」とする (C) が正解。

200. 正解 (B) 　個別情報

解説　設問の not discover を記事中に探すと、At the moment Dr. Nussbaum <u>hasn't discovered</u> a way to do this で使われている。do this の具体的な内容は前文を見る。So in order to stop this, it would be necessary to get rid of these "<u>dead cells</u>" from a person's body. から、「人間の体から死んだ細胞を除去する方法」がまだ発見されていないのである。get rid of を remove に、dead cells を useless cells と言い換えた (B) が正解。

> **訳** 設問 196 ～ 200 は次のメールと記事に関するものです。

[文書①]
宛先：マーク・ナスバウム <mnuss@tilman.edu>
送信者：メアリー・シンプソン <simps@ritu.org>
件名：私の記事

ナスバウム様　　**Q197** シンプソンが　　　　　　　　　　**Q196** メアリー・シンプソンに
　　　　　　　　　ナスバウム博士に送ったもの　　　　　　　　　　ついて言えること

進行中のあなたのご研究について書いた記事のコピーを添付しました。ご感想をお聞きしたいですし、掲載される前に変更が必要かどうか知りたいと思います。記事は来月の「サイエンス・マンスリー」に掲載される予定で、締め切りは4日後です。ご一読くださり、なるべく早くご意見をお聞かせください。変更があれば赤字で記入し、そのファイルを私に戻してください。もう一度お送りできるかもしれませんし、質問があれば電話をいたします。
この記事についてのご協力に重ねて感謝いたします。ご満足いただけると良いのですが。

　　　　　　　　　　　　　　　　　　　　　　　Q198 シンプソンがナスバウム
　　　　　　　　　　　　　　　　　　　　　　　　　博士にしてほしいこと
よろしくお願い申し上げます。
メアリー・シンプソン

[文書②]
　　　　　　　　　　　　　　　　　　　　　　　　　　　Q199 記事のテーマ
寿命を延ばすために、加齢を起こす古い細胞を集めて捨ててしまうということが可能だろうか。科学者のジョージ・ナスバウムによると、これは実際に可能である。彼は研究で、常に分裂を続けている体内のある細胞が最終的に分裂を止めること、そしてこれが加齢やガンなどの疾病を引き起こすことを突き止めた。また、これらの細胞は時に周囲の組織を傷つけることで加齢を促進させることもわかった。そこで、これを止めるためには、これら「死滅細胞」を人間の体から取り除くことが必要になるであろう。現時点でナスバウム博士はその方法を見つけていないが、人間の体からこの細胞を除去する方法について研究を続けている。成功すれば、将来には加齢やガンを完全になくすことができるかもしれない。

　　　　　　　　　　　　　　Q200 ナスバウム博士がまだ発見していないこと

第3章 模擬テスト

196. メアリー・シンプソンについてどのようなことが言えますか。
    (A) 彼女は科学者である。
    (B) 彼女は記者である。
    (C) 彼女は教授である。
    (D) 彼女は医師である。

197. メアリー・シンプソンはナスバウム博士に何を送りましたか。
    (A) ナスバウム博士の研究に関するある博士の論文
    (B) 新しい研究に関する掲載済みの記事
    (C) 彼に評価してもらうためのエッセー
    (D) 彼の仕事に関する記事

198. メアリー・シンプソンはナスバウム博士に何をしてほしいですか。
    (A) 彼女に電話して質問をする
    (B) 4日のうちに彼女に折り返し電話する
    (C) 記事を直して、送り返す
    (D) 彼女の記事を掲載する

199. この記事は何についてのものですか。
    (A) ある研究者の生活
    (B) 体の死滅した細胞を取り除く方法
    (C) 加齢を起こす細胞についての博士の研究
    (D) 加齢を防ぐために医師たちが現在行っていること

200. ナスバウム博士がまだ発見していないことは何ですか。
    (A) 死滅した細胞を使ってガンと戦わせる方法
    (B) 体から不要な細胞を除去する方法
    (C) どのように細胞が分裂し活動を止めるか
    (D) 加齢を促進する細胞を見つける方法

- ☐ **attach** 他 添付する
- ☐ **research** 名 研究
- ☐ **deadline** 名 締め切り；納期
- ☐ **feedback** 名 意見
- ☐ **be satisfied with** ～に満足している
- ☐ **cause** 他 引き起こす
- ☐ **discard** 他 捨てる；除く
- ☐ **indeed** 副 本当に
- ☐ **divide** 自 分裂する
- ☐ **cancer** 名 ガン
- ☐ **damage** 他 損なう
- ☐ **tissue** 名 組織
- ☐ **eliminate** 他 取り除く
- ☐ **get back to** ～に折り返し連絡する
- ☐ **prevent** 他 妨げる
- ☐ **current** 形 現在の
- ☐ **publication** 名 発行
- ☐ **look over** ～に目を通す
- ☐ **piece** 名 (新聞・雑誌などの) 記事
- ☐ **cell** 名 細胞
- ☐ **aging** 名 加齢
- ☐ **longevity** 名 寿命
- ☐ **certain** 形 ある；さる
- ☐ **eventually** 副 最後に
- ☐ **promote** 他 促進する
- ☐ **surrounding** 形 隣接する；周りの
- ☐ **at the moment** 今のところ
- ☐ **eradicate** 他 根絶する
- ☐ **correct** 他 修正する
- ☐ **remove** 他 取り除く

●著者紹介

成重　寿　　Hisashi Narishige

三重県出身。英語教育出版社、海外勤務の経験を生かして、TOEICを中心に幅広く執筆・編集活動を行っている。著書は『TOEIC TEST英単語スピードマスター』、『TOEIC TESTリーディングスピードマスター Ver.2』、共著に『TOEIC TEST英熟語スピードマスター』、『TOEIC TEST 800点突破問題集』(以上、Jリサーチ出版) など。TOEIC TEST満点。

柴山かつの　　Katsuno Shibayama

オフィスレム顧問。日米英語学院梅田校および多くの大学・企業でTOEIC、英検、ビジネス英語、日本文化の講師歴豊富。英検1級、通訳案内士国家試験保持。著書に『英検2級英単語スピードマスター1500』、『TOEIC Bridgeスピードマスター』(以上、Jリサーチ出版) など多数。6冊は海外数カ国で翻訳出版。

Vicki Glass　　ビッキー・グラス

アメリカ・カリフォルニア州バークレー出身。ライター・編集者・ナレーターとして多彩に活動している。東進ハイスクールのチーフ・イングリッシュエディターを務めるほか、CD、DVD、ラジオ・テレビ番組のナレーションを行う。著書に『新TOEIC TESTリスニング問題集』、『新TOEIC TESTスピードマスター完全模試』、共著に『TOEIC TEST英熟語スピードマスター』、『TOEIC TEST 800点突破リーディング問題集』(以上、Jリサーチ出版) など。

カバーデザイン	滝デザイン事務所
本文デザイン／DTP	江口うり子 (アレピエ)
翻訳・校正協力	深瀬正子
英文校正	Paul Dorey

はじめて受ける TOEIC® TEST 総合スピードマスター

平成25年 (2013年) 2月10日　初版第1刷発行
平成27年 (2015年) 4月10日　第5刷発行

著　者	成重寿／柴山かつの／Vicki Glass
発行人	福田富与
発行所	有限会社　Jリサーチ出版 〒166-0002　東京都杉並区高円寺北2-29-14-705 電話 03(6808)8801(代)　FAX 03(5364)5310 編集部 03(6808)8806 http://www.jresearch.co.jp
印刷所	㈱シナノ パブリッシング プレス

ISBN978-4-86392-128-3　　禁無断転載。なお、乱丁・落丁はお取り替えいたします。
©2013 Hisashi Narishige, Katsuno Shibayama, Vicki Glass, All rights reserved.

Jリサーチ出版の TOEIC®関連書

受験者の支持を受け シリーズ累計200万部突破!

実売60万部超 TOEIC® TEST 単語集 No.1

オール紀伊國屋書店、オールジュンク堂書店、大学生協連合平成22年間調査より

TOEIC® TEST 英単語スピードマスター

CD2枚付 赤シート付

●7つの戦略で効率的に完全攻略 頻出3000語

本書の特長
① 7つの戦略で英語攻略のルートがくっきり見える。
② 類義語や関連語もいっしょに覚えてしまう効率的学習スタイル。
③ 国際ビジネス語彙をしっかりカバー。
④ 本番の試験を意識した例文700センテンス、50パッセージを掲載。
⑤ 全例文をCD2枚に収録。リスニングにも効果的。

成重 寿 著　　　　定価1400円(本体)

頻出熟語1400をマスター

TOEIC® TEST 英熟語スピードマスター
CD2枚付 赤シート付

TOEICによく出る動詞句・イディオム・会話表現を1440語句収録。4レベル別の構成。CDには全ての例文を収録。
成重 寿/ビッキー・グラス 共著　定価1400円(本体)

最重要単語を7日間で完全チェック

TOEIC® TEST 英単語スピードマスター問題集
CD付

最重要語を短時間で総復習するための1冊。初級者から800点超の読者まで役立つ。問題文をCDにも収録。
成重 寿/ビッキー・グラス 共著　定価1400円(本体)

【超入門】430点をめざす!

TOEIC® TEST 英単語超入門編
CD付 赤シート付

即戦力になる超重要単語から順に覚えられるように構成。類義語や派生語も紹介。別冊で練習問題つき。
霜村 和久 著　定価1200円(本体)

【初級】600点をめざす!

TOEIC® TEST 最頻出語スピードマスター
CD2枚付 赤シート付

最頻出の1400語を5つのボキャブラリー戦略で効率よくマスター。全ての見出し語には本試験さながらのリアルな例文つき。
成重 寿/ビッキー・グラス 共著　定価1400円(本体)

全国書店にて好評発売中!

TOEIC is a registered trademark of Educational Testing Service (ETS).

ttp://www.jresearch.co.jp　**Jリサーチ出版**　〒166-0002 東京都杉並区高円寺北2-29-14-705
TEL03-6808-8801　FAX03-5364-5310

Jリサーチ出版のTOEIC®関連書

受験者の支持を受け **シリーズ累計200万部突破!**

めざせ！900点【上級者向け】
スピードマスターシリーズ
最新の出題傾向に完全対応

Part1~4

TOEIC® TEST リスニングスピードマスターVer.2

24の解法を駆使して900点をめざす。リスニングセクション全問題に共通の究極解法をマスターできる。最新の出題傾向と本番スタイルのトレーニングが実力をつける。

定価1600円(本体)
松本 恵美子 著

Part5・6

新TOEIC® TEST 英文法・語彙スピードマスター

Part5&6を完全マスターするための1冊。最新・頻出の出題傾向に対応。攻略法と学習ポイントをわかりやすく解説。高得点をめざす方必携。

定価1400円(本体)
安河内 哲也 著

Part7

TOEIC® TEST リーディングスピードマスターVer.2

Part7に必要な学習項目を網羅。最難関Part攻略のための最強の戦略・解法をマスターできる。最新の出題傾向と本番スタイルのトレーニングが実力をつける。

定価1500円(本体)
成重 寿 著

めざせ！730点【初級~中級者向け】
ベーシックマスターシリーズ
まずは600点をめざす！

Part1~4

TOEIC® TEST リスニングベーシックマスター

Part1~4で確実に得点できる8つの基本戦略をもとに実践練習できる。重要ボキャブラリーと模試(ハーフ50問)を収録。

定価1500円(本体)
妻鳥 千鶴子/松井 こずえ/Philip Griffin 共著

Part5・6

TOEIC® TEST 英文法・語彙ベーシックマスター

11の基本戦略でPart5と6の攻略のコツがしっかりわかる。出題傾向を徹底分析し、頻出語彙と問題パターンのみを厳選収録。52問の模擬試験付。

定価1400円(本体)
宮野 智靖 著

Part7

TOEIC® TEST リーディングベーシックマスター

7つの基本戦略でPart7(読解問題)攻略のコツがしっかりわかる。時間戦略、問題の取捨、速読法など、実戦的なノウハウも伝授。

定価1400円(本体)
成重 寿/ビッキー・グラス 共著

めざせ！600点【入門者向け】
Jリサーチ出版のTOEIC入門書
最初の1冊におすすめ！

総合対策

TOEIC® TEST 学習スタートブック まるごと基礎固め編

3ヶ月学習プラン、効果的な学習法まで一目でわかる、TOEICビギナーが絶対持っておきたい1冊。完全模試1回分つき。

定価762円(税込800円)
成重 寿/松本恵美子/Craig Brantley 共著

総合対策

はじめて受ける TOEIC® TEST 総合スピードマスター

はじめて受ける人のために親切に書かれた入門書。この1冊でTOEICを完全攻略。完全模試1回分つき。

定価1500円(本体)
成重 寿/柴山 かつの/ビッキー・グラス 共著

全国書店にて好評発売中！

TOEIC is a registered trademark of Educational Testing Service

http://www.jresearch.co.jp **Jリサーチ出版** 〒166-0002 東京都杉並区高円寺北 2-29-14-
TEL03-6808-8801 FAX03-5364-53

はじめて受ける TOEIC® TEST 総合スピードマスター

模擬テスト問題

この別冊は、強く引っぱると本体から取り外せます。

Jリサーチ出版

TOEIC is a registered trademark of Educational Testing Service (ETS).
This publication is not endorsed or approved by ETS.

模擬テスト
問題

学習の仕上げに模擬テストにトライしましょう。本番と同じ200問で構成されています。「正解・解説」は本体（p.143-237）にあります。わからなかったところ、間違ったところはしっかりと復習しておきましょう。

リスニング・セクション ……… 2
CD Track (CD 24) - (CD 87)

リーディング・セクション ……… 24
制限時間：**75分**

マークシート ……… 61
スコアレンジ換算表 ……… 63

LISTENING TEST

In the Listening test, you will be asked to demonstrate how well you understand spoken English. The entire Listening test will last approximately 45 minutes. There are four parts, and directions are given for each part. You must mark your answers on the separate answer sheet. Do not write your answers in your test book.

PART 1

Directions: For each question in this part, you will hear four statements about a picture in your test book. When you hear the statements, you must select the one statement that best describes what you see in the picture. Then find the number of the question on your answer sheet and mark your answer. The statements will not be printed in your test book and will be spoken only one time.

Example

Sample Answer
Ⓐ Ⓑ ● Ⓓ

Statement (C), "They're standing near the table," is the best description of the picture, so you should select answer (C) and mark it on your answer sheet.

PART 1

1.

Ⓐ Ⓑ Ⓒ Ⓓ

2.

Ⓐ Ⓑ Ⓒ Ⓓ

GO ON TO THE NEXT PAGE

3.

Ⓐ Ⓑ Ⓒ Ⓓ

4.

Ⓐ Ⓑ Ⓒ Ⓓ

PART 1

5.

Ⓐ Ⓑ Ⓒ Ⓓ

6.

Ⓐ Ⓑ Ⓒ Ⓓ

GO ON TO THE NEXT PAGE

5

7.

Ⓐ Ⓑ Ⓒ Ⓓ

8.

Ⓐ Ⓑ Ⓒ Ⓓ

PART 1

9.

Ⓐ Ⓑ Ⓒ Ⓓ

10.

Ⓐ Ⓑ Ⓒ Ⓓ

GO ON TO THE NEXT PAGE

7

PART 2

Directions: You will hear a question or statement and three responses spoken in English. They will not be printed in your test book and will be spoken only one time. Select the best response to the question or statement and mark the letter (A), (B), or (C) on your answer sheet.

Example

You will hear: Where is the meeting room?
You will also hear: (A) To meet the new director.
(B) It's the first room on the right.
(C) Yes, at two o'clock.

The best response to the question "Where is the meeting room?" is choice (B), "It's the first room on the right," so (B) is the correct answer. You should mark answer (B) on your answer sheet.

PART 2

CD 36 ~ CD 65

11. Mark your answer on your answer sheet. Ⓐ Ⓑ Ⓒ

12. Mark your answer on your answer sheet. Ⓐ Ⓑ Ⓒ

13. Mark your answer on your answer sheet. Ⓐ Ⓑ Ⓒ

14. Mark your answer on your answer sheet. Ⓐ Ⓑ Ⓒ

15. Mark your answer on your answer sheet. Ⓐ Ⓑ Ⓒ

16. Mark your answer on your answer sheet. Ⓐ Ⓑ Ⓒ

17. Mark your answer on your answer sheet. Ⓐ Ⓑ Ⓒ

18. Mark your answer on your answer sheet. Ⓐ Ⓑ Ⓒ

19. Mark your answer on your answer sheet. Ⓐ Ⓑ Ⓒ

20. Mark your answer on your answer sheet. Ⓐ Ⓑ Ⓒ

GO ON TO THE NEXT PAGE

21. Mark your answer on your answer sheet. Ⓐ Ⓑ Ⓒ

22. Mark your answer on your answer sheet. Ⓐ Ⓑ Ⓒ

23. Mark your answer on your answer sheet. Ⓐ Ⓑ Ⓒ

24. Mark your answer on your answer sheet. Ⓐ Ⓑ Ⓒ

25. Mark your answer on your answer sheet. Ⓐ Ⓑ Ⓒ

26. Mark your answer on your answer sheet. Ⓐ Ⓑ Ⓒ

27. Mark your answer on your answer sheet. Ⓐ Ⓑ Ⓒ

28. Mark your answer on your answer sheet. Ⓐ Ⓑ Ⓒ

29. Mark your answer on your answer sheet. Ⓐ Ⓑ Ⓒ

30. Mark your answer on your answer sheet. Ⓐ Ⓑ Ⓒ

PART 2

31. Mark your answer on your answer sheet. Ⓐ Ⓑ Ⓒ

32. Mark your answer on your answer sheet. Ⓐ Ⓑ Ⓒ

33. Mark your answer on your answer sheet. Ⓐ Ⓑ Ⓒ

34. Mark your answer on your answer sheet. Ⓐ Ⓑ Ⓒ

35. Mark your answer on your answer sheet. Ⓐ Ⓑ Ⓒ

36. Mark your answer on your answer sheet. Ⓐ Ⓑ Ⓒ

37. Mark your answer on your answer sheet. Ⓐ Ⓑ Ⓒ

38. Mark your answer on your answer sheet. Ⓐ Ⓑ Ⓒ

39. Mark your answer on your answer sheet. Ⓐ Ⓑ Ⓒ

40. Mark your answer on your answer sheet. Ⓐ Ⓑ Ⓒ

GO ON TO THE NEXT PAGE

PART 3

Directions: You will hear some conversations between two people. You will be asked to answer three questions about what the speakers say in each conversation. Select the best response to each question and mark the letter (A), (B), (C), or (D) on your answer sheet. The conversations will not be printed in your test book and will be spoken only one time.

41. Why is the man calling?
    (A) To reschedule an appointment
    (B) To reserve a ticket
    (C) To have a prescription filled
    (D) To have some teeth pulled out

42. Who is the woman?
    (A) A doctor
    (B) A patient
    (C) A surgeon
    (D) A receptionist

43. What does the woman ask the man to do?
    (A) To bring an identification card
    (B) To pay the fee
    (C) To arrive at the clinic early
    (D) To purchase a book

PART 3

44. What does the woman want to do?
 (A) Travel overseas
 (B) Become a color therapist
 (C) Purchase a gift
 (D) Buy a floor model

Ⓐ Ⓑ Ⓒ Ⓓ

45. Who is the woman talking to?
 (A) A customs officer
 (B) A designer
 (C) A shop clerk
 (D) A model

Ⓐ Ⓑ Ⓒ Ⓓ

46. How many colors do the latest suitcases come in?
 (A) Three
 (B) Four
 (C) Five
 (D) Six

Ⓐ Ⓑ Ⓒ Ⓓ

47. What does the man ask the woman to do?
 (A) To check a document
 (B) To draw up some estimates
 (C) To meet his clients
 (D) To arrange an appointment

Ⓐ Ⓑ Ⓒ Ⓓ

48. What is the woman concerned about?
 (A) She is not good at arithmetic.
 (B) She is too busy.
 (C) She is not experienced.
 (D) She was late for the meeting.

Ⓐ Ⓑ Ⓒ Ⓓ

49. What is the woman going to do?
 (A) Ask for help
 (B) Hire a temporary worker
 (C) Work overtime
 (D) Cancel an appointment

Ⓐ Ⓑ Ⓒ Ⓓ

GO ON TO THE NEXT PAGE

50. Where does the man work?
   (A) At an electrical shop
   (B) At a bakery
   (C) At a vegetable shop
   (D) At a fruit shop

51. What is the problem?
   (A) The cooling system does not work properly.
   (B) Some products were stolen.
   (C) There was a fire last night.
   (D) Some rotten fruit was delivered.

52. What is the woman going to do next?
   (A) Replace the products
   (B) Pay for the rotten fruit
   (C) Give a special discount
   (D) Dispatch an engineer

53. Where is the exhibit number found?
   (A) Beside the artwork
   (B) Near the new appliance
   (C) On the third floor
   (D) Below the glasswork

54. Who is the man?
   (A) A lecturer
   (B) A tour guide
   (C) A curator
   (D) An artist

55. When will the woman have to be back at the bus?
   (A) At 3
   (B) At 3:30
   (C) At 4
   (D) At 4:30

PART 3

56. When is the woman going to leave for Seoul?
  (A) Sunday
  (B) Monday
  (C) Tuesday
  (D) Wednesday

57. What is the purpose of the woman's trip?
  (A) To work at a trade show
  (B) To do some sightseeing
  (C) To visit relatives
  (D) To meet her friend

58. What does the man suggest the woman do?
  (A) Take a good rest
  (B) Go to a good restaurant
  (C) Leave on another day
  (D) Change hotels

59. What does the woman ask the man to do?
  (A) Post a new schedule
  (B) Mail schedules to all the students
  (C) Recruit new students
  (D) Complete a schedule

60. Why has the man been unable to finish his task?
  (A) He was not informed about it.
  (B) He was out of the office on business.
  (C) He hasn't received a confirmation.
  (D) He became sick.

61. Where do the speakers probably work?
  (A) At a job recruitment center
  (B) At a language school
  (C) At a computer center
  (D) At a cooking school

GO ON TO THE NEXT PAGE

62. What are they talking about?
   (A) A transfer
   (B) Quality control
   (C) Production
   (D) A coworker

63. What can be inferred about the Mumbai plant?
   (A) It will close soon.
   (B) It is the largest branch plant.
   (C) It has not opened.
   (D) It has many reliable workers.

64. How does the woman feel about Mark?
   (A) He is intelligent.
   (B) He is punctual.
   (C) He is broad-minded.
   (D) He is dependable.

65. Why is the woman calling?
   (A) To check the status of the order
   (B) To introduce some new employees
   (C) To ask the order number
   (D) To order some products

66. What products are they talking about?
   (A) Clothes
   (B) Model ships
   (C) Office furniture
   (D) Computers

67. When will the order arrive?
   (A) This morning
   (B) This afternoon
   (C) Tomorrow morning
   (D) Tomorrow afternoon

PART 3

68. What are they talking about?
   (A) A buyout
   (B) A bankruptcy
   (C) A merger
   (D) An expansion

69. Which department does the woman belong to?
   (A) The marketing department
   (B) The sales department
   (C) The personnel department
   (D) The overseas department

70. What will probably happen next week?
   (A) A public announcement will be made.
   (B) An interoffice notice will be put up.
   (C) An interview will be conducted.
   (D) A party will be held.

GO ON TO THE NEXT PAGE

PART 4

Directions: You will hear some talks given by a single speaker. You will be asked to answer three questions about what the speaker says in each talk. Select the best response to each question and mark the letter (A), (B), (C), or (D) on your answer sheet. The talks will not be printed in your test book and will be spoken only one time.

71. Why is the traffic heavy?
    (A) A sports event is being held.
    (B) There was a traffic accident.
    (C) The president is visiting the city.
    (D) A movie is being shot.

72. What does the speaker advise the listeners to do?
    (A) To drive their own cars
    (B) To use public transportation
    (C) To watch the event on TV
    (D) To park their vehicles in the parking lot

73. How often is the traffic report updated?
    (A) Every 20 minutes
    (B) Every half an hour
    (C) Every 60 minutes
    (D) Every two hours

PART 4

74. Where has the caller reached?
 (A) An amusement park
 (B) An entertainment agency
 (C) A ticket booth
 (D) A restaurant

75. If they want to know the admission fee, which button should be pressed?
 (A) One
 (B) Two
 (C) Three
 (D) Four

76. What are listeners advised to do?
 (A) To visit on weekends
 (B) To call the facility
 (C) To buy tickets beforehand
 (D) To dress warmly

77. What kind of company does the speaker work for?
 (A) An intercultural consulting firm
 (B) A restaurant
 (C) A marketing company
 (D) A tableware company

78. How was the audience chosen?
 (A) By a drawing
 (B) By analyzing a questionnaire
 (C) By reading their essays
 (D) By sampling their dishes

79. What will the audience probably do next?
 (A) Meet their customers
 (B) Serve some beverages
 (C) Watch a presentation
 (D) Try some food

GO ON TO THE NEXT PAGE

80. Who is making this announcement?
 (A) A cabin attendant
 (B) An airport employee
 (C) A pilot
 (D) A weather reporter

81. What is the weather like in London?
 (A) It is windy.
 (B) It is sunny.
 (C) It is raining heavily.
 (D) It is foggy.

82. What will be sold for a small fee?
 (A) Beverages
 (B) Headsets
 (C) Eye masks
 (D) Airline mascots

83. What is the main purpose of this party?
 (A) To honor the best sales representative
 (B) To welcome new employees
 (C) To celebrate an anniversary
 (D) To say farewell to retiring employees

84. Who is Mr. Schneider?
 (A) A party organizer
 (B) The best sales person
 (C) A hotel manager
 (D) A founder of a company

85. When is the deadline for applications?
 (A) May 3
 (B) May 13
 (C) May 30
 (D) June 5

PART 4

86. What is being advertised?
   (A) Fruit
   (B) New medicines
   (C) Drinks
   (D) Cosmetics

87. Why is this product convenient?
   (A) It is small and light.
   (B) It is sold in convenience stores.
   (C) It is delivered to your house.
   (D) It is not necessary to cook it.

88. How many items do the customers have to purchase to receive a discount?
   (A) Five
   (B) Eight
   (C) Ten
   (D) Twelve

89. Where does this talk take place?
   (A) At a radio station
   (B) At a TV studio
   (C) At an airport
   (D) At a hospital

90. What will the audience do later?
   (A) Give tips
   (B) Register for a fitness club
   (C) Ask questions
   (D) Introduce themselves

91. According to the talk, what is one way to deal with a winter cold?
   (A) Take more exercise
   (B) Wear a thick jacket
   (C) Go to a fitness club regularly
   (D) Take vitamin C

GO ON TO THE NEXT PAGE

92. Who does Mr. Jones work for?
 (A) A printing company
 (B) A bookstore
 (C) A publisher
 (D) An architectural firm

93. What is the main purpose of this message?
 (A) To decide on some specifications
 (B) To choose a company logo
 (C) To complain about some mistakes
 (D) To apologize for some mistakes

94. Why does Joseph Jones request a meeting with Mr. Lewis?
 (A) To solve a problem
 (B) To propose a new project
 (C) To distribute some products
 (D) To discuss the new warehouse

95. How long is this tour?
 (A) One hour
 (B) Two hours
 (C) Three hours
 (D) Four hours

96. What is prohibited during this tour?
 (A) Carrying a backpack
 (B) Standing beyond the white line
 (C) Bringing children
 (D) Taking pictures

97. What can you find next to Room B?
 (A) A restaurant
 (B) A video room
 (C) A gift shop
 (D) A photo shop

PART 4

98. What is this project?
- (A) The construction of a new shopping mall
- (B) The construction of a new highway
- (C) The construction of a bridge
- (D) The construction of a road tunnel

Ⓐ Ⓑ Ⓒ Ⓓ

99. What is the main purpose of the project?
- (A) To connect two cities
- (B) To decrease traffic congestion
- (C) To revitalize the city center
- (D) To increase job opportunities

Ⓐ Ⓑ Ⓒ Ⓓ

100. When will the project be completed?
- (A) In one year
- (B) In two years
- (C) In three years
- (D) In five years

Ⓐ Ⓑ Ⓒ Ⓓ

This is the end of the Listening test. Turn to Part 5 in your test book.

GO ON TO THE NEXT PAGE

READING TEST

In the Reading test, you will read a variety of texts and answer several different types of reading comprehension questions. The entire Reading test will last 75 minutes. There are three parts, and directions are given for each part. You are encouraged to answer as many questions as possible within the time allowed.

You must mark your answers on the separate answer sheet. Do not write your answers on your test book.

PART 5

Directions: A word or phrase is missing in each of the sentences below. Four answer choices are given below each sentence. Select the best answer to complete the sentence. Then mark the letter (A), (B), (C), or (D) on your answer sheet.

PART 5

101. Stocks in Europe ------- on news of the politician's recent victory in the election.

(A) rose
(B) went
(C) bought
(D) ended

Ⓐ Ⓑ Ⓒ Ⓓ

102. We were not really sure ------- train to take to get to the convention center for the seminar so we took a cab.

(A) how
(B) which
(C) where
(D) when

Ⓐ Ⓑ Ⓒ Ⓓ

103. Ms. Carlyle researched the prices and services that the various shipping companies ------- before choosing one.

(A) offer
(B) offered
(C) offering
(D) have offered

Ⓐ Ⓑ Ⓒ Ⓓ

104. Mr. Larson will ------- expect the new job offer nor renew his current contract.

(A) but
(B) both
(C) either
(D) neither

Ⓐ Ⓑ Ⓒ Ⓓ

105. The stock market made substantial gains over the past three days ------- reached its highest level in two years.

(A) and
(B) but
(C) while
(D) although

Ⓐ Ⓑ Ⓒ Ⓓ

GO ON TO THE NEXT PAGE

25

106. It's the ------- of the payroll manager to make sure the employees' tax filings are accurate.
    (A) check
    (B) manner
    (C) responsibility
    (D) sight

107. Mr. Bale's style is ------- and unique, which is why he is one of the top architects around.
    (A) distinct
    (B) distinctive
    (C) distinguish
    (D) distinction

108. Twenty people ------- signed up to participate in the annual company marathon so far.
    (A) have had
    (B) are having
    (C) have
    (D) had

109. The CEO will decide ------- we relocate the factory or keep it at its current location.
    (A) whether
    (B) before
    (C) soon
    (D) later

110. We ------- landed the Briggs deal, but our competitor put a better offer on the table.
    (A) soon
    (B) seldom
    (C) always
    (D) almost

PART 5

111. Our company will introduce profit sharing as part of its new restructuring -------.

(A) office
(B) policy
(C) building
(D) ability

Ⓐ Ⓑ Ⓒ Ⓓ

112. Please contact us if you have any problems ------- the terms of the contract.

(A) understanding
(B) to understand
(C) understand
(D) understands

Ⓐ Ⓑ Ⓒ Ⓓ

113. Job creation and the economy are the primary ------- of the government these days.

(A) costs
(B) sections
(C) delays
(D) concerns

Ⓐ Ⓑ Ⓒ Ⓓ

114. Before ------- the paperwork, we will need every member of the team to sign page two.

(A) processed
(B) to have processed
(C) process
(D) processing

Ⓐ Ⓑ Ⓒ Ⓓ

115. The client finally signed the contract after months of ------- so it's a done deal.

(A) negotiate
(B) negotiates
(C) negotiating
(D) negotiation

Ⓐ Ⓑ Ⓒ Ⓓ

GO ON TO THE NEXT PAGE

116. If you want something done correctly in our office, you have to do it -------.
    (A) ourselves
    (B) himself
    (C) yourself
    (D) myself

117. We are open every day from 9:00 a.m. to 5:00 p.m. ------- for national holidays.
    (A) except
    (B) concerning
    (C) given
    (D) alongside

118. At the moment the HR manager's top ------- is to find a good candidate for the open sales management position.
    (A) quality
    (B) sanity
    (C) dignity
    (D) priority

119. James is truly admired ------- the top salesperson in our company.
    (A) at
    (B) as
    (C) for
    (D) with

120. The current political crisis in the country ------- dramatic currency fluctuations.
    (A) cause
    (B) causing
    (C) is causing
    (D) will be caused

PART 5

121. Our flight was delayed so we reached our ------- one hour behind schedule.

(A) purpose
(B) destination
(C) objection
(D) delivery

122. The manager wanted Jeff to ------- all the data for the project and present it to the sales team.

(A) documented
(B) document
(C) documents
(D) documenting

123. In order to complete this project -------, we will need to outsource some laborers.

(A) actually
(B) potentially
(C) smoothly
(D) sharply

124. We take goods on consignment at our shop for a period of 90 days only and goods are subject ------- discounts after 30 days.

(A) to
(B) for
(C) on
(D) with

125. A special selection committee will be in charge of ------- together the best team to handle the new building project.

(A) being
(B) having
(C) making
(D) putting

GO ON TO THE NEXT PAGE

126. Social networks are staying competitive by ------- search functions in their sites.
    (A) integrating
    (B) determining
    (C) following
    (D) forwarding

127. We were able to increase sales this quarter thanks to our ------- marketing team.
    (A) frequent
    (B) inconclusive
    (C) supportive
    (D) decorative

128. The outdoor conference will be held this weekend ------- of the bad weather.
    (A) due
    (B) regardless
    (C) instead
    (D) out

129. Our CEO is very cautious and always takes a ------- approach when striking a deal with a client.
    (A) alternative
    (B) conservative
    (C) confusing
    (D) financial

130. Our profits will ------- rise each quarter as we grow and expand to other regions.
    (A) doubtfully
    (B) continually
    (C) annually
    (D) lively

PART 5

131. Ms. Dunn and Mr. Waring are both up for ------- this month and have been putting in extra hours.
   (A) promote
   (B) promoting
   (C) promoter
   (D) promotion

132. Ms. Han impressed the client with her detailed report, which included a ------- financial forecast.
   (A) enormous
   (B) shallow
   (C) comprehensive
   (D) diligent

133. A series of ------- of the factory floor will be conducted this week so keep your work stations clean.
   (A) inspections
   (B) projections
   (C) machines
   (D) terminals

134. ------- you do during your work day, do it to your fullest ability and document your progress.
   (A) However
   (B) Whenever
   (C) Whomever
   (D) Whatever

135. Subsequent ------- our financial meeting on Wednesday, the accountant made the necessary adjustments to the budget.
   (A) from
   (B) to
   (C) at
   (D) for

GO ON TO THE NEXT PAGE

136. The company's ------- service is the reason why so many customers keep coming back.

(A) unequaled
(B) favorite
(C) overrated
(D) imminent

137. Our restaurant runs in ------- with the state's strict health and safety laws.

(A) order
(B) caution
(C) time
(D) accordance

138. Mr. Fong eliminated three candidates for the post after the ------- round of interviews.

(A) preliminary
(B) occupied
(C) skillful
(D) efficient

PART 5

139. We will be ------- all of our new products at the upcoming trade fair in October.
    (A) seeing
    (B) showcasing
    (C) purchasing
    (D) giving

140. Ms. Farnham took a ------- by investing all of her money into the small start-up venture.
    (A) track record
    (B) interest rate
    (C) cold call
    (D) calculated risk

GO ON TO THE NEXT PAGE

PART 6

Directions: Read the texts that follow. A word or phrase is missing in some of the sentences. Four answer choices are given below each of the sentences. Select the best answer to complete the text. Then mark the letter (A), (B), (C), or (D) on your answer sheet.

Questions 141-143 refer to the following wanted ad.

Topit Corp. is looking for a talented software engineer to ------- software

141. (A) help
(B) see
(C) create
(D) listen

Ⓐ Ⓑ Ⓒ Ⓓ

for its clientele. Our company caters to professionals in the music industry, and they demand the very best engineering software. Our products have revolutionized the industry and are therefore very -------.

142. (A) experienced
(B) well-known
(C) natural
(D) grateful

Ⓐ Ⓑ Ⓒ Ⓓ

The successful candidate must have at least 3 years experience programming software and excellent communication and troubleshooting skills. The chosen candidate will be a part of a team of programmers and managers so he or she must be able to work well with -------. Please send your résumé and cover letter by e-mail to

143. (A) others
(B) him
(C) herself
(D) coworker   Ⓐ Ⓑ Ⓒ Ⓓ

job@topit.org. Be sure to include the job reference number in the subject line.

PART 6

Questions 144-146 refer to the following letter.

May 19
Nancy Argus
89 Hemlock Way
Melbourne

Dear Ms. Argus,

We are very pleased to inform you that you have been ------- into our
- 144. (A) omitted
- (B) centered
- (C) rejected
- (D) accepted

small business owner certification program at our academy. The course will commence on October 1 and is one year long. Our program is sectioned off into four quarters, and each quarter will deal -------
- 145. (A) on
- (B) from
- (C) with
- (D) into

aspects of running a small business. By the end of the course, you can be confident that you will be able to run your business smoothly and -------.

146. (A) effectively
(B) coarsely
(C) truly
(D) hurriedly

Please see the attached file for information on tuition, attendance hours, location and rules of the institution. Please note that tuition payment must be made at least two weeks before the course begins.

Don't hesitate to contact us if you have any further questions.

Best regards,
Lee Han
Administrator
Royal Business Academy

GO ON TO THE NEXT PAGE

Questions 147-149 refer to the following advertisement.

Are you ------- luxurious accommodations for your trip abroad? At
    147. (A) looking to
        (B) looking for
        (C) looking up
        (D) looking down   Ⓐ Ⓑ Ⓒ Ⓓ

Gorgeous Holiday Homes we have accommodations in major vacation spots all around the world to suit your needs. All of our rental properties are ------- decorated with tasteful furnishings, and guaranteed to be
    148. (A) suddenly
        (B) terribly
        (C) timely
        (D) richly   Ⓐ Ⓑ Ⓒ Ⓓ

spacious and comfortable. You can access our website to see the fabulous properties we have ------- and book online safely and securely.
    149. (A) to give
        (B) to see
        (C) to offer
        (D) to buy   Ⓐ Ⓑ Ⓒ Ⓓ

We also have offices in every major city for your convenience. Drop by to see our extensive array of fine rental properties. We handle all the paperwork so all you have to do is enjoy your vacation.

PART 6

Questions 150-152 refer to the following memo.

To: All staff
From: James Morita
Subject: IPO offering

As you all know, we are about to launch our IPO and I have set the price of our shares at $53. This should allow us to raise the necessary -------.

150. (A) promotion
(B) salary
(C) prospect
(D) capital

The managers in charge of this, Mary Jensen and Stephan Clark came up with the price and I believe it is the most appropriate one.

We will be having a meeting the day after the launch to ------- notes and

151. (A) dictate
(B) compare
(C) portray
(D) conceal

discuss it. The meeting will be held at the Eastern Hotel banquet room at 1070 Tennyson Lane at 7:00 p.m. A buffet dinner will be included. It is mandatory for all employees to attend, ------- is why we needed the

152. (A) whom
(B) which
(C) what
(D) whose

bigger space. Mary and Stephen will make short presentations before we start to discuss the IPO.

Thanks to all for your support of this event.

James

GO ON TO THE NEXT PAGE

37

PART 7

Directions: In this part you will read a selection of texts, such as magazine and newspaper articles, letters, and advertisements. Each text is followed by several questions. Select the best answer for each question and mark the letter (A), (B), (C), or (D) on your answer sheet.

PART 7

Questions 153-154 refer to the following invitation.

Invitation

The Peterson Family Reunion

As you are a family member or a longtime good friend, you are cordially invited to the Peterson family reunion to be held August 16 from 10:00 a.m.

We will have buffet-style food, games, and show a family picture slideshow and old home movies. Please come and share your family memories and stories.

August 16, 10:00 a.m. to 10:00 p.m.
at Jack Peterson's house
1244 Cherry Hill Lane
RSVP before August 12

Extra parking is available at Lanes Bowling Alley across the street.

153. What is the purpose of this invitation?

(A) To show old movies
(B) To gather stories and pictures
(C) To invite friends to an anniversary
(D) To invite people to a family get-together

154. What must those who have received this invitation do?

(A) Attend the party
(B) Go to the bowling alley
(C) Come ten minutes early
(D) Respond by a designated day

GO ON TO THE NEXT PAGE

Questions 155-157 refer to the following e-mail.

To: Lee Helms
From: Michelle Carver
Subject: Current downsizing plans

Hi Lee,

I'm writing to you to inquire about the upcoming downsizing plans. Can you give me any information about which departments will be affected by these plans? I am concerned about my sales staff as I really need each member of our team. We have a big sales push coming up and I have assigned everyone a task and would certainly hate to lose any members at this time. I hope you can give me a little bit more information about the timetable concerning the downsizing plans as well. If it will be happening before our big sales promotion I will have to make plans to regroup.
Please let me know sometime this week if possible. I will be away on business from Friday so hopefully I can get the info before then.

Best regards,
Michelle

155. Why is Michelle writing to Lee?
    (A) To ask about plans to let some staff members go
    (B) To assign him a task for an upcoming sales promotion
    (C) To let him know about the current downsizing plans
    (D) To give him information about a timetable

156. The word "push" in line 4 is closest in meaning to
    (A) effort
    (B) open
    (C) hit
    (D) force

157. Why does Michelle need info before Friday?
    (A) She will quit the company.
    (B) She will be downsized.
    (C) She will go on a business trip.
    (D) She will take a leave of absence.

PART 7

Questions 158-159 refer to the following article.

The government recently announced plans to inspect several major factory assembly lines to make sure that the working environments of their employees are up to current standards. The government made the decision after receiving several complaints from the factory employees of a major factory and at the request of human rights groups. The inspections are scheduled to be conducted by officials during the week of September 1 to 7. Some of the complaints have included longer working hours and lower salaries. Officials will also look for safety violations although no complaints have been lodged about safety conditions at the factory.

158. What is this article about?
 (A) Government employees' working conditions
 (B) Plans to check the conditions of plant workers
 (C) Interviews with human rights groups
 (D) Complaints about factory-made products

159. What is one thing the government did NOT decide to do?
 (A) Inspect assembly lines
 (B) Lodge a complaint against factories
 (C) Make sure the factories are safe to work in
 (D) Conduct inspections from September 1 to 7

GO ON TO THE NEXT PAGE

Questions 160-162 refer to the following information.

Thank you for making your travel reservations with Sky's the Limit online travel agency. Please allow up to 24 hours to process your reservation. We will be sending your itinerary shortly after processing. By using Sky's the Limit, you save 20 percent on airfare, hotels, car rentals and much, much more. Use our site during a Time Travel period and save even more. Time Travel periods are listed on our monthly schedules and travelers that book their vacations during these certain time periods can have savings up to 50 percent. If you have any questions about our services or specials, or your reservations, please contact our customer service department any time. We are at your service 24 hours a day, 7 days a week. Be sure to tell your friends about Sky's the Limit.

160. What can be inferred about this information?
　(A) Someone has just applied for a job with a travel agency.
　(B) A traveler has just made a reservation.
　(C) A customer has asked about a travel itinerary.
　(D) A traveler has just returned from a trip.

161. What will happen after 24 hours?
　(A) The customer's reservation will start processing.
　(B) The customer will receive job application results.
　(C) The customer will make a reservation.
　(D) The customer's travel schedule will be sent out.

162. How can a customer save more than 20 percent on airfare?
　(A) By booking a trip online
　(B) By booking a trip during a certain time period
　(C) By contacting the agency's customer service department
　(D) By submitting his or her monthly schedules

PART 7

Questions 163-165 refer to the following notice.

NOTICE

This apartment building is scheduled for demolition on April 1, from 10:00 a.m. This is expected to be completed by April 15. During this period, do not cross the yellow barriers and avoid walking near the scaffolding. Please note that there will be a considerable amount of noise starting from 10:00 a.m., Monday through Friday until the demolition is complete. The area will temporarily be paved and turned into a parking lot for visitors to the mall next door. Early next year the owners will decide what to do with the area and we will keep the neighborhood informed. Please call the local city hall if you have any concerns about these construction plans.

---

163. What is the purpose of this notice?

   (A) To let people know about a new building project
   (B) To inform people about a new parking lot
   (C) To warn people that a building will be razed
   (D) To tell people to call the local city hall

164. What will happen from 10 a.m. weekdays?

   (A) There will be a lot of noise.
   (B) Yellow barriers will be put in place.
   (C) The construction of the building will start.
   (D) The parking lot will be demolished.

165. What will happen to the area?

   (A) It will be turned into a mall.
   (B) The owners will decide early next year.
   (C) It will be a permanent parking lot.
   (D) The owners will sell it to the city.

GO ON TO THE NEXT PAGE

Questions 166-168 refer to the following advertisement.

Susan Jay's new novel is a gripping tale about the sudden disappearance of a powerful company CEO, and the mystery behind it. The book keeps its reader in suspense as it slowly unravels the mystery through the work of a sly detective, Charles Madden. Madden makes some surprising discoveries about the life of the CEO while following the trail of his disappearance over one year's time. The exciting conclusion will astound the reader and leave him or her hungry for more. Highly recommended for fans of good detective novels. On the shelves from Friday at all major bookstores.

PART 7

166. What is the purpose of this advertisement?
    (A) To introduce a new textbook
    (B) To introduce a new author
    (C) To introduce a mystery novel
    (D) To introduce a detective's work

167. What is the book about?
    (A) How the modern CEO is disappearing
    (B) Exciting recipes for people with big appetites
    (C) A famous manager who is suddenly missing
    (D) A surprise party for a powerful CEO

168. What will surprise the reader?
    (A) The shelves of the bookstores
    (B) The CEO's death
    (C) The destiny of the detective
    (D) The ending of the story

GO ON TO THE NEXT PAGE

Questions 169-171 refer to the following notice.

Important Information Concerning Your Account

This is an important notice for all our valued customers. Starting from July 15, we will no longer be offering new housing loans to customers. We will, however, continue our refinancing services. If you are interested in applying for a new loan, please do so at least one week before July 15. This service will only be offered through our main branch. Please also note the changes in the interest rates listed on our site. If you have any questions regarding this or how it will affect your current account, please refer to our online FAQ or call the main branch. We apologize for any inconvenience this may cause you. Thank you for your continued patronage.

PART 7

169. Who is this notice for?

    (A) Home builders
    (B) Apartment tenants
    (C) Bank customers
    (D) Credit card holders

170. What will happen on July 15?

    (A) The bank will allow customers to apply for new loans.
    (B) The bank will stop its refinancing services.
    (C) The bank will change its interest rates.
    (D) The bank will stop its housing loan service.

171. What can customers who have questions do?

    (A) Visit his or her nearest branch
    (B) Fill out an online form
    (C) Call the main branch
    (D) Call the customer service department at any branch

GO ON TO THE NEXT PAGE

Questions 172-175 refer to the following memo.

From: Turner Reed
To: Sales staff
Date: October 12
Re: The upcoming sales campaign

As we draw closer to our big sales campaign event at the Markman Department store chain, I wanted to touch base with you all on a few things. First, please note that Justin Harris has been called away on another urgent assignment and won't be able to assist us in leading the operations for this event. I have asked Paula Rodriguez to fill in for him. Those who volunteered to work at this event should report to her for their assignments. I expect that there will be a huge turnout for this event and that next-day sales will increase tenfold. Therefore I have outsourced for extra assistance manning the telephones and taking online orders. David Tate will be in charge of the outsourced staff. Please come to my office after 3:00 p.m. tomorrow if you would like to pick up a hard copy of the schedule and get more details. Thanks to all, and I look forward to a very successful campaign.

PART 7

172. The word "draw" in line 1 is closest in meaning to
    - (A) create
    - (B) take
    - (C) sketch
    - (D) come

173. Who will lead the operations for the event?
    - (A) David Tate
    - (B) Turner Reed
    - (C) Paula Rodriguez
    - (D) Justin Harris

174. What does Turner Reed expect the event will do?
    - (A) Increase sales
    - (B) Bring in more members
    - (C) Attract more volunteers
    - (D) Bring in ten more salespeople

175. What can employees who drop by Turner Reed's office tomorrow receive?
    - (A) A promotion
    - (B) A raise
    - (C) A presentation of the event schedule
    - (D) The event schedule on paper

GO ON TO THE NEXT PAGE

Questions 176-180 refer to the following letter.

Josh Parker
2089 Morris Lane
Oak Park, Ill.

Dear Mr. Parker,

My name is Chad Miller, and I am the director of this year's poetry festival to be held in London. I am writing to invite you to participate in the festival. As you know, this festival is the biggest global poetry event and therefore attracts visitors from all over the world.

As you have published several poetry books, those who attend the festival would be very interested in having a Q&A session with you. It is my hope that you will participate in that as well as read some of your award-winning poems live on stage. We will have 35 poets in total reading their works each day of the festival. Each poet will have up to 15 minutes to read, so you may read as many of your works as you like.

We are also planning to conduct workshops to help budding poets sharpen their skills. Those who participate in the workshops can also read their finished works onstage. This will happen at the end of the festival, and each participant will have 10 minutes to read his or her works. Please let me know if you would be interested in helping out with that as well.

I look forward to your response. We would appreciate it if you could give us your answer by September 1.

Yours truly,
Chad Miller

PART 7

176. Why did Chad Miller write this letter?
    (A) To ask a poet to be involved in a poetry festival
    (B) To invite a poet to a music festival
    (C) To give a poet an award
    (D) To ask a poet to write 35 poems for an event

177. What will people who attend the festival want to do?
    (A) Read poetry on stage
    (B) Buy Mr. Parker's books
    (C) Ask Mr. Parker some questions
    (D) Conduct workshops

178. What will NOT be happening at the festival?
    (A) Over 30 poets will read their works onstage.
    (B) Workshops will be offered to attendees.
    (C) Attendees can purchase the poet's works.
    (D) Workshop attendees can read their finished poems.

179. The word "budding" in paragraph 3, line 1, is closest in meaning to
    (A) invited
    (B) skilled
    (C) professional
    (D) aspiring

180. When would Mr. Miller like Mr. Parker to respond?
    (A) Immediately
    (B) By mid-September
    (C) At the beginning of September
    (D) At the end of September

Questions 181-185 refer to the following survey and e-mail.

At Gonnart Interiors, Inc. we are dedicated to bringing our customers the utmost service and support. Therefore it is important for us to get feedback from our customers. Please take a moment to fill out the following questionnaire and send it back to us. Thank you.

1. Which product/products do you usually order?
   Rugs, lamps and small furnishings
2. Do you usually receive your orders on time?
   Yes
3. How often do you purchase a product from our online store?
   Never
4. How often do you purchase a product from our retail shop?
   About once a month
5. When was your last purchase?
   February 12
6. Are your products usually packaged properly?
   Yes, except the smaller items have too much packaging

Please add any additional comments here:
I like the design of your rugs and wall hangings very much. But once, I had to take a rug back because it had a tear in it. Your staff was very helpful, however, and immediately exchanged it for me with no problem.

Thank you.

181. How does Ms. Mason feel about the staff?
   (A) They are friendly.
   (B) They need more members.
   (C) They aren't very helpful.
   (D) They give good service.

182. What is one thing that is NOT asked in the survey?
   (A) The customer's opinion about the price
   (B) If the customer shops online
   (C) When the customer last bought an item from the company
   (D) If the customer's orders arrived on time

PART 7

> To: Gwenyth Mason
> From: Gonnart Interiors
> Subject: Thank you
>
> Dear Ms. Mason,
>
> Thank you very much for filling out our survey and for your comments. We were pleased to know that our staff helped you satisfactorily when you returned our product.
>
> To show our appreciation, we are including a coupon code in this message that you can use to get 40 percent off your next purchase. You may either use it online, or copy the code and show it to a clerk at our retail store.
>
> Thank you for your continued patronage.
>
> CODE: DFOJU69E5
>
> Sincerely,
> Lewis Reynolds
> General Manager
> Gonnart Interiors

183. What is the purpose of the e-mail to Ms. Mason?

   (A) To ask her to fill out a questionnaire
   (B) To express thanks and offer a discount
   (C) To send a discount coupon for a new rug
   (D) To find out if she made an exchange

184. Who is Lewis Reynolds?

   (A) The CEO of Gonnart Interiors
   (B) The main manager at Gonnart Interiors
   (C) A customer service representative
   (D) A website manager

185. What is the coupon for?

   (A) 40 percent off the company's goods
   (B) 40 percent off the company's goods online only
   (C) 40 percent off her next two purchases
   (D) 40 percent off her next service bill

GO ON TO THE NEXT PAGE

Questions 186-190 refer to the following letter and form.

Buildit Charities
267 Elm street
Fremont, CA

May 27

Ms. Martina Novolich
7893 Fallon Lane
San Jose, CA

Dear Ms. Novolich,

Thank you very much for your past contributions to our efforts to build shelters for impoverished people. Thanks to people like you, we were able to build over 2,000 shelters last year for people who lost their homes due to natural disasters.

Our work is ongoing. We can never predict disasters but are always ready to respond for those who need our assistance. Because of recent climate changes in the world, we are experiencing more natural disasters such as hurricanes, flooding, etc. As a result, we will need more funding to increase our efforts around the world.

Therefore, we are sending a donation form that will allow our regular contributors to automatically donate funds directly into our bank account on a monthly basis. This will make it easier for you and will ensure that we can regularly receive the funds we so desperately need. Fund transfers will be on a monthly basis and made on the first day of each month.

Please fill out the form and send it back to us if you would like to continue to support our efforts.

Best Regards,
Jeff Rodgers
Buildit Charities

186. What is the purpose of the letter?

(A) To ask a donor to make a one-time donation
(B) To send a survey to a donor
(C) To ask a customer to order some goods
(D) To ask a donor to make regular donations

Ⓐ Ⓑ Ⓒ Ⓓ

DONATION FORM

Donor name: *Martina Novolich*
Donor address: *7893 Fallon Lane*

Transfer start month: *April*

Amount to be transferred monthly: *$60.00*

Transfer end month:
Will continue until given notice: [✓]
End month will be: [   ]

SWIFTCODE: *HANBAUS*
Routing number: *#920367*
Handel Bank account number 3578

*Please note that there will be a $5.00 bank service fee for every transfer.

187. According to the letter, why does the organization need more funds?
    (A) To build a women's shelter
    (B) To increase aid to orphans
    (C) To build a new office for its employees
    (D) To increase aid to victims of natural disasters

188. When will the first transfer be made?
    (A) April 1
    (B) April 10
    (C) April 30
    (D) May 1

189. According to the form, when will the transfers end?
    (A) After the month Ms. Novolich chooses
    (B) After one year
    (C) After one month
    (D) After the month the organization chooses

190. How much will Ms. Novolich pay?
    (A) $60.00 per year
    (B) $60.00 per month
    (C) $5.00 per month
    (D) $65.00 per month

GO ON TO THE NEXT PAGE

Questions 191-195 refer to the following e-mails.

From: fredrickh@netstar.com
To: genevievem@netstar.com
Date: November 11
Subject: Today's fiscal meeting

Good morning, Genevieve.

As we will be creating the first draft of the budget for the next fiscal year at the meeting today, there are a few things that I need you to include in your presentation. First, please include all the data from last week's meeting: the balance sheets, ledgers, etc. from last year. Please double check to make sure the income and expense statements are accurate. Susan will be taking the minutes at the meeting for us and I want her to capture every detail before going into the final budget review meeting next week.

Let's meet at 3:00 p.m. to go over some of the points before the meeting starts. We'll have one hour to do so.
See you at three in my office.

Regards,
Fred

From: genevievem@netstar.com
To: fredrickh@netstar.com
Date: November 11
Subject: Re: Today's fiscal meeting

Thanks, Fred.
I'll make sure to include everything you've asked for in the presentation. I have a request, though. I'm having trouble with my computer so at times it crashes when I run the software I need for the presentation. Do you think you could ask someone from the tech department come and have a look at it, or perhaps lend me another one with the software installed? I would hate to have a problem during this important presentation.

Also, I have another meeting this afternoon that won't wrap up until 3:30. I will come to your office immediately after that meeting. I know the time will be tight, but it's with an important client so I don't want to reschedule it.
Thanks for your understanding.

Regards,
Genevieve

PART 7

191. What is the purpose of today's meeting?
    (A) To go over the minutes of a previous meeting
    (B) To have a final budget review
    (C) To propose a budget to a client
    (D) To make a budget plan

192. What does Fred want Genevieve to bring to the meeting?
    (A) The financial data from last year
    (B) The ledgers and balance sheets from last week
    (C) The minutes from last week's meeting
    (D) The budget proposal from last week

193. How long will Fred meet with Genevieve before the meeting?
    (A) Three hours
    (B) Five minutes
    (C) Thirty minutes
    (D) Sixty minutes

194. What would Genevieve like Fred to do?
    (A) Buy her a computer
    (B) Give her a job in the tech department
    (C) Borrow her computer
    (D) Send someone to fix her computer

195. What is one thing Genevieve will NOT do this afternoon?
    (A) Meet a client
    (B) Go to the tech department
    (C) Make a presentation
    (D) Talk with Fred

GO ON TO THE NEXT PAGE

Questions 196-200 refer to the following e-mail and article.

To: Mark Nussbaum <mnuss@tilman.edu>
From: Mary Simpson <simps@ritu.org>
Subject: My article

Dear Mr. Nussbaum,

I've attached a copy of the article that I wrote about your current research. I would like to know your thoughts, or if it requires any changes before publication. It's scheduled to be published in next month's *Science Monthly* and the deadline is in four days. So I hope you can look over it and give me your feedback as soon as possible. Please make any changes in red and send the file back to me. I may send it to you again or call if I have any questions.
Thanks once again for your cooperation with this piece and I hope you will be satisfied with it.

Yours truly,
Mary Simpson

Could it be possible to gather old cells that cause aging and discard them in order to increase longevity? According to scientist George Nussbaum, it is indeed possible. Through his research, he discovered that certain cells in the body that constantly divide eventually stop, and this is what causes aging and diseases such as cancer. He also found that these cells sometimes promote aging by damaging surrounding tissues. So in order to stop this, it would be necessary to get rid of these "dead cells" from a person's body. At the moment Dr. Nussbaum hasn't discovered a way to do this, but he is continuing his research on ways to eliminate these cells from the human body. If he succeeds, we may be able to eradicate aging and cancer in the future.

PART 7

196. What can be inferred about Mary Simpson?

    (A) She is a scientist.
    (B) She is a writer.
    (C) She is a professor.
    (D) She is a doctor.

197. What did Mary Simpson send to Dr. Nussbaum?

    (A) A doctor's study on Dr. Nussbaum's research.
    (B) A published article on new research.
    (C) An essay for him to grade.
    (D) A piece about his work.

198. What would Mary Simpson like Dr. Nussbaum to do?

    (A) Call her and ask questions
    (B) Get back to her in four days
    (C) Correct the article and send it back
    (D) Publish her article

199. What is the article about?

    (A) The life of a researcher
    (B) How to get rid of dead cells in the body
    (C) A doctor's research on cells that cause aging
    (D) What doctors are doing now to prevent aging

200. What hasn't Dr. Nussbaum discovered yet?

    (A) How to use dead cells to fight cancer
    (B) How to remove useless cells from the body
    (C) How cells divide and stop
    (D) How to find the cells that promote aging

マークシート ▶▶▶ p.61

模擬テストの「解答用紙」(マークシート) は次ページを切り取ってお使いください。

スコアレンジ換算表 ▶▶▶ p.63

模擬テストの「スコアレンジ換算表」は63ページにあります。模擬テストの結果からTOEICのスコアを推定することができます。

はじめて受けるTOEIC® TEST 総合スピードマスター 模擬テスト [解答用紙]

フリガナ
NAME 氏名

LISTENING SECTION

Part 1	No.	ANSWER A B C D
	1	Ⓐ Ⓑ Ⓒ Ⓓ
	2	Ⓐ Ⓑ Ⓒ Ⓓ
	3	Ⓐ Ⓑ Ⓒ Ⓓ
	4	Ⓐ Ⓑ Ⓒ Ⓓ
	5	Ⓐ Ⓑ Ⓒ Ⓓ
	6	Ⓐ Ⓑ Ⓒ Ⓓ
	7	Ⓐ Ⓑ Ⓒ Ⓓ
	8	Ⓐ Ⓑ Ⓒ Ⓓ
	9	Ⓐ Ⓑ Ⓒ Ⓓ
	10	Ⓐ Ⓑ Ⓒ Ⓓ

Part 2	No.	ANSWER A B C
	11–20	Ⓐ Ⓑ Ⓒ
	21–30	Ⓐ Ⓑ Ⓒ
	31–40	Ⓐ Ⓑ Ⓒ

Part 3	No.	ANSWER A B C D
	41–70	Ⓐ Ⓑ Ⓒ Ⓓ

Part 4	No.	ANSWER A B C D
	71–100	Ⓐ Ⓑ Ⓒ Ⓓ

READING SECTION

Part 5	No.	ANSWER A B C D
	101–130	Ⓐ Ⓑ Ⓒ Ⓓ

Part 6	No.	ANSWER A B C D
	131–150	Ⓐ Ⓑ Ⓒ Ⓓ

Part 7	No.	ANSWER A B C D
	151–200	Ⓐ Ⓑ Ⓒ Ⓓ

※繰り返し利用するためにコピーして使用することをお勧めします。

模擬テスト・スコアレンジ換算表

リスニング・セクション		リーディング・セクション	
素点レンジ	換算レンジ	素点レンジ	換算レンジ
96 − 100	470 − 495	96 − 100	455 − 495
91 − 95	420 − 485	91 − 95	405 − 470
86 − 90	390 − 440	86 − 90	375 − 425
81 − 85	365 − 410	81 − 85	350 − 395
76 − 80	335 − 385	76 − 80	320 − 370
71 − 75	305 − 355	(71 − 75)	(290 − 340)
66 − 70	275 − 325	66 − 70	260 − 310
(61 − 65)	(245 − 295)	61 − 65	230 − 280
56 − 60	215 − 265	56 − 60	200 − 250
51 − 55	185 − 235	51 − 55	170 − 220
46 − 50	160 − 205	46 − 50	145 − 190
41 − 45	130 − 180	41 − 45	115 − 165
36 − 40	110 − 150	36 − 40	95 − 135
31 − 35	85 − 130	31 − 35	70 − 115
26 − 30	65 − 110	26 − 30	50 − 95
21 − 25	45 − 85	21 − 25	40 − 80
16 − 20	30 − 65	16 − 20	30 − 65
11 − 15	20 − 50	11 − 15	20 − 50
6 − 10	15 − 35	6 − 10	15 − 35
1 − 5	5 − 20	1 − 5	5 − 20

例：リスニング・セクションの素点が46から50のいずれかであれば、リスニング・セクションの換算点のレンジは160点から205点です。

(スコアの算出法)

リスニング・セクションの素点が63点で、リーディング・セクションの素点が73点だった場合、トータル・スコアレンジは①と②の合計の③である535-635の間になります。

	素点	換算スコアレンジ	
リスニング・セクション	63	245 — 295	①
リーディング・セクション	73	290 — 340	②
トータル・スコアレンジ		535 — 635	③

600点をめざす！ TOEIC 解法5つのポイント

ポイント1
リスニング・セクションでは聞こえたらすぐに判断する。長考をしてはいけない。第一印象を大切に！

ポイント2
Part 1の写真問題は「主語 + 動詞 + 目的語」に注意して聞く。Part 2の応答問題は文頭に意識を集中させて聞く。

ポイント3
Part 3と4は問題文が流れる前に設問・選択肢を先読みする。時間がなければ設問だけでもいい。Directions・設問の音声は聞く必要はない。

ポイント4
リーディング・セクションはタイムマネジメントが重要。Part 5・6 ＝ 26分、Part 7 ＝ 49分を基本に、自分の時間配分を決めて進めよう。

ポイント5
Part 5・6は、確実に解ける問題を解き、わからない語彙問題はあきらめて適当にマークする。Part 7は難しい問題は後回しにする。得点できるところでできるかぎり得点するのが基本戦略だ。